三峡大学学科建设经费资助项目

"新乡土中国志"系列丛书

三峡大学民族学院田野调查实践成果

【 新乡土中国志 】

依山傍水：

福建福安桂林村的社会与文化

黄祥深　编著

厦门大学出版社
XIAMEN UNIVERSITY PRESS

国家一级出版社
全国百佳图书出版单位

图书在版编目（CIP）数据

依山傍水：福建福安桂林村的社会与文化 / 黄祥深
编著. -- 厦门：厦门大学出版社，2024.5
（新乡土中国志）
ISBN 978-7-5615-9289-2

Ⅰ．①依… Ⅱ．①黄… Ⅲ．①乡村-社会变迁-研究
-福安-现代 Ⅳ．①C912.82

中国国家版本馆CIP数据核字(2024)第029554号

责任编辑　薛鹏志　陈金亮
美术编辑　蒋卓群
技术编辑　朱　楷

出版发行　厦门大学出版社
社　　　址　厦门市软件园二期望海路39号
邮政编码　361008
总　　　机　0592-2181111　0592-2181406(传真)
营销中心　0592-2184458　0592-2181365
网　　　址　http://www.xmupress.com
邮　　　箱　xmup@xmupress.com
印　　　刷　厦门市明亮彩印有限公司

开本　720 mm×1 000 mm　1/16
印张　20
插页　2
字数　340 千字
版次　2024 年 5 月第 1 版
印次　2024 年 5 月第 1 次印刷
定价　80.00 元

厦门大学出版社
微信二维码　　厦门大学出版社
微博二维码

新乡土中国志
编委会

总　序

　　中国民族学界向来关注乡土社会的叙事。20世纪前半叶,吴文藻、费孝通、林耀华等前辈行走中国广大农村,用朴素且有力的文字记录了我国传统乡土社会的面貌。1948年,费孝通先生更是以"乡土中国"为名,挥墨写下十四篇章专门阐述中国农村的"本色"。中华人民共和国成立后,几经社会变革,中国农村社会发生了巨大变化。改革开放后,党中央持续推动我国农村发展,先后提出"新农村建设"、"美丽乡村建设"、"精准扶贫"及"乡村振兴"等极具时代意义的规划与战略。中国四方之农村随之卷入快速地流动与变革中,其社会结构、习俗文化等发生了深刻变迁,熟人社会被"半熟人社会"甚至被"陌生人社会"重新表述,传统的农村结构被解构。最终,传统的乡土中国演变成了"新乡土中国"。

　　新时代,习近平总书记倡导要把论文写在祖国的大地上,写在中华民族伟大复兴的征程中。田野调查是民族学研究生培养的成年礼,三峡大学民族学院积极响应总书记的号召,发挥专业优势,带领研究生走进祖国各地农村,开展深入的田野调查,以民族志方法切入新时代乡土中国的社会土壤与文化肌理,最终以"新乡土中国志"的形式呈现新时代巨变中我国农村社会的图景,深描日常事象与社会体系之间复杂而动态的关联。因此,以"新乡土中国志"记录乡村百年变迁,讲好中国乡村故事,既具有时代意义,也具有较高的学术价值。

　　"新乡土中国志"资料翔实,描绘的是当下的"地方",是中国一隅,提供的是"地方性知识",因而它首先是认识和理解新时代背景下不同地域的中国农村社会的学术作品。它既关注千古村落的浮沉、宗族社会的起落,也关注新农村和城中村的发展;既观察汉族村的社会变革,也关照民族村落的蜕变;既重视对内地乡土的描述,也不忽略对边疆村落的考察。"新乡土中国志"是对吴文藻、费孝通、林耀华等前辈传统乡土志的继承与发展,试图结合历时性和共时性描述,观察、理解并客观呈现当代中国农村的生态环境、经济生活、风俗习惯、文化教育、脱贫致富、乡村振兴、社会治理等内容。"新乡土中国志"关注地方,但又超越地方,其由微观到宏观、由个体及族群、由点到面所呈现的新时代中国农村的历史现实图景,更是蓬勃发展的中国经验。

"新乡土中国志"既是专业学术著作,也是大众化读物,融研究与普及、历史与现实于一体。它以朴素的描述,图文并茂,内容深入浅出,充分展现了新乡土中国的文化景观与独特魅力。对调查地来说,"新乡土中国志"是当地一笔宝贵的精神财富,既能让当地村民全方位了解村史村情、乡风民俗,也能够充分挖掘新乡贤的价值,带动地方传承优秀传统文化,繁荣乡土文化,促进乡村振兴。于读者而言,"新乡土中国志"可在文字和图像中感受新时代中国乡土社会翻天覆地的变化,是领略"他者"社会真实图景的读物。

丛书的编辑采取编委会审稿制,主编负责定稿。丛书编辑委员会主要由三峡大学民族学院研究人员组成,还包括中央民族大学、厦门大学、四川大学、南京大学、中山大学、云南大学、中南民族大学、湖北大学的部分专家和学者。我们殷切地希望本套丛书能够得到全国学术界的支持和批评。

是为序。

何伟军

2022 年 3 月

目　　录

导　言

　　田野调查是民族学硕士研究生应该经历的人生"礼仪",国内外院校都十分重视民族学硕士研究生的田野调查实践。三峡大学民族学院为了全面提升研究生培养质量,更好地完成培养任务,系统地组织研究生开展田野调查。学院试图通过集中开展田野调查来提高研究生论文写作、理论应用、发现问题、解决问题、人际交往、团结协作等方面的能力。最重要的是要确保研究生能真正地经历并理解这一重要的学术"礼仪"。

　　2022年的一个田野调查点最终确定在福建省宁德市福安市穆云畲族乡桂林村。这是学院蓝炯熹老师积极联络的结果。桂林村有意向编写一部村志,但受限于人力,资料的搜集较为缓慢。蓝炯熹老师建议由学院老师和研究生负责资料搜集,并撰写一部关于桂林村的田野调查报告。同时搜集到的资料也可供桂林村编写村志。桂林村为师生进行田野调查提供方便,如此,双方各取所需,互有帮助。

　　学院经过2020年、2021年两年的实践,取得了初步成效,也发现了一些问题。如何真正让学生重视这样一场礼仪,而不是学院和老师的一厢情愿呢?带队教师经过和学院其他老师讨论后认为,研究生普遍未能理解田野调查对于他们今后学习工作的重要意义,尚未理解田野调查的价值所在,也就不可能寻找到田野调查的兴趣点。对此,笔者也只能在严格要求的前提下,尽可能去引导他们发现"有意思"的问题,然后再从田野中找寻答案,激励他们去探索乡土文化的魅力。众所周知,"高手在民间",但如何通过我们的努力去找寻属于我们的"高手"呢?这需要研究生做好充足的准备,并进行一定的理论学习。

　　在去田野调查前一个月,带队教师和同学们每周见面,共同熟悉桂林村的基本情况,学习蓝炯熹老师编撰的《穆云畲族乡志》以及其他书籍,通过网络尽可能多地搜集桂林村的相关资料;拟定一些专题,做好调查问卷,以备

1

不时之需；准备好田野调查需要的物品，不断强调田野调查的注意事项。经过这些准备，研究生对桂林村有了初步了解。

然而，纵使我们有了一些准备，仍然不足以应付田野调查中遇到和发现的问题。首先，是语言问题。我们一般认为即使有方言，村民也能用普通话进行交流，然而许多村民在说普通话的时候夹杂着浓厚的地方口音，让这些从全国各地来的研究生们一时无所适从。其次，是桂林村的规模问题。桂林村人口众多，居住密集，我们发现在有限的时间内不可能一一入户访谈，为此，不得不重点突破，抓住最具特色的文化加以深入调查。每一专题都只能选择几个最突出的问题或亮点予以关注。再次，桂林村虽然归穆云畲族乡管辖，但村内少数民族人口较少，如何体现我们调查的特点还需要进一步凝练。

宗族文化是桂林村传统文化中的重要部分。在新乡土中国，宗族如何发挥作用？如何与村委会协调好关系？如何让年轻人参与宗族事务并继承宗族文化呢？在王姓占绝对优势的村落里，如何促使不同宗族和谐共进？如何解决历史纠纷？这些都值得深入调查。

在调查村民经济活动时发现，这里村民收入来源普遍呈现多样化，单一收入来源的村民较少，这与"一村一品"有很大的不同。桂林村的茶产业形成了完整的产业链，这条产业链是如何形成的？桂林村的茶人与其他地方有何不同？即使茶产业是村里的主要产业，但村民也表示，在家庭收入中，茶叶收入只占其中一部分，其他收入来自务工、经商，或其他种植业。所以，桂林村村民的收入来源依托的是村里整体性经济的发展，而非完全依靠单一产业，这种发展模式的优势体现在哪里？这些问题都引起我们的兴趣。

桂林村村民的饮食离不开青草药，笔者一行在调查期间也受益于青草药。青草药虽名为药，但村民常将它与食物混合食用，青草药在食物中起到什么样的作用？青草药的文化又是如何继承发展的？青草药与中药有什么区别呢？这些疑问也促使我们不断去了解村里的青草药店，而不同村民或医生对青草药的不同解释也让我们领略到，民间传统医药知识的魅力和深厚底蕴。

桂林村村民的信仰文化十分丰富，制度性宗教和非制度性宗教都可以在这里找到它们的踪迹，而且村民关于不同信仰的解释也具有地方特色。村里十座宫庙的存在就已经让师生充满了疑惑，更何况还有不同宗教信仰和祖先信仰以及众多的禁忌。这既让民族学的研究生兴奋，又让我们这些外来之人迷惑。

　　桂林村村民的风俗习惯也具有地方特色。研究生乐于参加村民的婚礼,他们发现原先习惯性地以为传统礼仪和婚礼程序会越来越被简化,但事实上,村民在简化传统礼仪之时,又加入了新的元素,且这些新元素还别具特色。桂林村村民传统的游神踩街活动也是如此。而一些人生和节日礼仪,包括丧葬仪式,随着社会发展,传统环境的改变,也就不可避免地被年轻人淡化。

　　总之,桂林村的历史悠久,文化多样,在我们有限的调查时间内难以一一将它完整呈现出来,还需要继续努力!

第一章

走进田野

　　乡村发展与自然环境密不可分，也与其所处的社会环境紧密相关。在古代，地处河流边上的乡村往往能够近水楼台先得月，经济社会率先得到发展，为今天乡村振兴奠定基础。村落悠久的历史、厚重的文化，给乡村留下丰厚的文化遗产，成为乡风文明建设的资源和旅游业发展的依托。福建省福安市桂林村是一个既拥有优越自然环境，又有着悠久历史的村落。

第一节　生计环境

一、八山一水一分田的地形

　　桂林村，又名卓家坂、桂林坂，因古时"遍林桂花，香闻数里"[①]而得名，是福建省福安市穆云畲族乡管辖的行政村。桂林村位于福建东北部，福安市西部，穆云畲族乡的南部，与穆阳镇、康厝畲族乡紧邻，距离福安市区约20公里，距离宁德市区约60公里。桂林村北边洋中厝、秀溪自然村与穆云畲族乡的虎头村、中岙村相邻，西边与穆阳镇的穆阳村相邻，南边的桂林新村、东

图1-1　两乡一镇鸟瞰图　谭雅云摄

边的桥南路与康厝畲族乡的邮亭、苏坂、凤洋等村相邻。从整体上看，穆阳

---

　　① 《开闽桂林太原王氏族谱·沿革·山川》（1945年），手抄本。

溪穿过桂林村,并在村东南拐了个大弯,流向也从西北——东南转变成西南——东北,由此形成一块凸出的三角状平原。

表 1-1　桂林村有编号的古树

编号	品种	树龄(年)	树高(米)	胸围(米)	冠幅(南北/东西)(米)
350981203001	香樟	404	12	3.30	9/13
350981203002	香樟	504	15	6.00	14/22
350981203003	香樟	404	10	5.30	13/12
350981203004	香樟	304	13	3.30	13/20
350981203005	香樟	404	16	3.60	13/19
350981203006	小叶榕	304	11	4.60	19/15
350981203007	香樟	404	12	4.90	11/15
350981203008	香樟	504	15	6.50	17/20
350981203009	小叶榕	604	16	8.70	35/28
350981203010	香樟	304	14	4.40	27/24
350981203011	香樟	564	18	6.56	27.3/25.6
350981203012	香樟	564	18	6.52	17/18

资料来源:福安市林业局。

桂林村是穆云畲族乡最大的行政村,全村占地面积 10.12 平方公里,其中农田只有 3000 多亩,山田 1000 多亩,茶园 4600 多亩,森林覆盖率 59.74%,属于"八山一水一分田"的地形。据载,桂林王氏十分重视山林的保护,认为山林属"烝尝之用",[①]也就是说山林是属于集体的,禁止个人砍伐。村境内丘陵山地海拔多在 100～800 米间,穆阳溪旁的平原海拔只有 30 米。村中生态环境良好,古树参天、森林密布,已经形成初具规模的生态林,并建有桂林森林公园。2022 年,桂林村有生态林 5700 余亩,每年获得国家发放的生态公益林补偿基金 10 余万元。[②] 众山之中,最著名的要数位于穆阳溪北岸的螺峰山,也称之为福源山、陇山,海拔约 83 米,因顶圆而下

①　《开闽桂林太原王氏族谱·沿革·禁革》(1945 年),手抄本。
②　数据来源于穆云畲族乡政府。

方,形似田螺,故得名。王氏先人王珩公带领王氏族人在螺峰山"依阜筑楼居焉"。[①] 但因明中后期至清代,王氏与穆阳缪氏对此山的归属存在分歧,致使王、缪两族长期争讼,这对桂林村的经济社会影响深远。

二、水利资源丰富

桂林村属亚热带季风性气候,温暖湿润,冬短夏长,四季分明,平均气温19.2℃,无霜期有250～280天,年均降水量达到1652.6毫米。部分年份受台风影响,降水量会有波动,正常气候下雨热同期,非常适合茶叶、柑橘、桃子等生长。因为光照充足、降水丰沛,仍有部分村民种植水稻。

穆阳溪及其支流秀溪、下逢溪在桂林村境内交汇,在三条河流的作用下,形成了三角形的小平原,桂林村即位于这个平原上。穆阳溪是福建第五大水系交溪的支流,源于政和县半源村,进入康厝畲族乡后,经穆阳、穆云、溪潭等地至赛岐镇汇入交溪,总长116公里,有航道约22公里,河面宽20～200米,可通行7吨以下的木船。在福穆公路修通之前,这条水路承担了当时穆阳、周宁、政和、松溪等地的百货运输重任,从海上来的货物运至穆阳码头,然后通过人力背挑至上述地区或闽西北。穆阳码头紧挨着桂林村,也是旧时桂林村对外交往的重要集散点。在秀溪也有一座旧码头(今桂林村天后宫附近),这座码头负责运输沙盐和其他货物。所以,古时桂林村是闽东地区物资集散地,人口密集、商贸发达、文化交流频繁,当地素有"福安好穆阳"之称。

第二节　悠久的历史传承

一、桂林村的区划沿革

桂林村的形成时间已经不可考,在北宋时属长溪县,南宋淳祐年间属福安县,至清朝时,今穆云属福安县用儒乡钦德里,桂林坂属十七都。[②] 明朝时,穆阳已经成为福安的商贸经济中心,直至清代乾隆年间,穆阳仍占有重

---

① 《开闽桂林太原王氏族谱·沿革·山川》(1945年),手抄本。
② 张景祁等纂修:(光绪)《福安县志》卷三《疆域》,台北:成文出版社,1967年,第37页。

6

要地位,是闽西北地区食盐的交易中心,①其辐射范围包括今天的穆阳、穆云和康厝。桂林村还留存有一些古宅,这些古宅旁往往会有古井,见证了桂林村村民世代的繁衍生息,至今一些古井的水仍然能够饮用。

表1-2　桂林村内古井统计表

地点	井口外直径(厘米)	井口厚(厘米)	井口高(厘米)
福源路 32 号旁	55.0	8.0	34.0
福源路 17 号	58.0	8.0	37.0
福源路 65 号	55.0	无法测量	40.0
长春路 41—6 号	67.0	10.0	34.0
华光路 11 号旁	54.0	12.0	27.0
华光路 34 号	66.0	8.0	42.0
华光路 38 号	67.5	12.5	37.5
南路路 39—1 号	52.5	5.5	42.0
南路路 48—3 号	58.0	7.0	32.0
花亭里	50.0	7.0	40.0
天后宫旁	39.0	6.0	48.5

资料来源:蒙祖娟、潘宏特调查并整理。

民国初期,福安县沿用 32 个都的行政区划。南京国民政府时期,桂林村几经变更。1929 年,国民政府将福安县划为 7 个区,成立了桂林乡。1935 年,因推行保甲制度,穆阳及其附近村落桂林、龙波等划为四个联保。②1936 年,福安县划分为 4 个区,第三区区署在穆阳,下辖 9 个联保,桂林属第三区桂龙联保。全面抗战初期,桂林属第三区穆阳镇。1938 年,福安县在桂林和龙芦成立桂龙乡,乡长金仰琛,副乡长王明琨、郑全章,管辖今桂林的樟林、长春、华光等地。③

---

① 蓝炯熹主编:《穆云畲族乡志》,福州:海峡书局,2014 年,第 3 页。
② 《县有关各乡镇区域、保甲、户口统计表等呈报》(1942 年),福安市档案馆藏,卷宗号:2-5-222。
③ 《省县乡镇有关颁发各联保长图记印模册表》(1938 年),福安市档案馆藏,卷宗号:2-2-567。

表 1-3　民国时期桂林的乡长、保长统计表

保名或乡名	保长或乡长	在任时间
桂龙乡	金仰琛（乡长） 王明琨、郑全章（副乡长）	1938 年
桂龙联保桂林乡 18 保	王志森	1939 年 12 月
桂龙联保桂林乡 20 保	王俊生	1939 年 12 月
桂龙联保桂林乡 21 保	王祖惠	1939 年 12 月
桂龙联保桂林乡 29 保	王明琨	1939 年 12 月
复兴保	王志森	1942 年 4 月
长春保	王俊生	1942 年 4 月
华光保	王庆周	1942 年 4 月
樟林保	王啼俤	1942 年 4 月
桂龙乡	林辅民（乡长） 江培均（副乡长）	1942 年 5 月
桂林保	王元傅（候补保长）	1948 年 9 月
桂林保	王宗龄（候补保长）	1948 年 9 月
桂林保	王明章	1948 年 9 月

资料来源:福安市档案馆。

1939 年，福安县政区改编，将穆阳及其附近村落分为穆黄镇、桂龙乡，由此将延续上千年未尝分割的穆阳分成了两个部分，导致两地"无守望相助之诚""无整齐划一之效""民众负担力失其平衡"，因此产生"种种隔阂难通之处"。① 桂龙乡下辖有长春保、华光保、樟林保、复兴保等。1942 年 4 月，穆黄镇、桂龙乡各保集体要求福安县政府将穆黄镇、桂龙乡重新合并为穆阳镇。6 月，桂龙乡裁并，遗留的办公场所和桌椅拨充樟林保国民学校。② 1945 年 9 月，抗战结束，成立桂林村，并有了蔗糖生产社。③

1949 年，中华人民共和国成立后，桂林村改称为桂林乡，属穆阳区。随着人民公社制度的推行，桂林大队成立，属穆阳公社管辖。1984 年，穆云畲族乡成立，桂林村划入穆云。1993 年，福安市成立穆阳民族经济开发区，桂林村曾短暂地划归开发区管理。1996 年，因开发区未能得到福建省政府审批确认，桂林村划回穆云畲族乡。目前村内主要有桂林、秀溪、桥南、洋中厝、寨边冈、龙首桥 6 个自然村。

二、王氏聚族兴居

桂林村是一姓一村，以王姓为主聚族而居，其他姓氏的人口比例非常少。民谣云"郑家山不姓郑，卓家坂无姓卓"。这句话说的就是桂林原名卓家坂，该地因住有卓姓一族而得名，如今村内已无卓姓人家。桂林王姓系"入闽王"王彦复（文光）后裔。早在唐朝末年，黄河流域战乱不断，光州刺史王文光同堂兄王潮、王审知率领十八姓入闽。唐昭宗年间，王审知为威武节度使，王潮为观察使，王文光为守城都督。王文光之后第八世王察前往福宁长溪赤岸。至畴德公时，迁入长溪宸山，不久又前往桂林坂，是为桂林王氏迁祖，并建造号为"文畴堂"的祠堂。明天启年间，王九韶将祖祠移建于螺峰山下，称之为"螺峰王祠"，后族人又建造振纲、启元、宗四等支祠。④

---

① 《县有关各乡镇区域、保甲、户口统计表等呈报》（1942 年），福安市档案馆藏，卷宗号：2-5-222。

② 《县有关国民校被匪捣毁、财产目录等情形呈报、指令》（1942 年），福安市档案馆藏，卷宗号：2-4-623。

③ 《省、县府、省社会处、各乡镇合作社、县警察局有关合作社、保成立章表等》（1945 年），福安市档案馆藏，卷宗号：2-7-348。

④ 张景祁等纂修：（光绪）《福安县志》卷终《氏族》，台北：成文出版社，1967 年，第 416 页。

王彦复（文光）第十三世后裔王畴德，为桂林王氏肇基祖，生于宋高宗丙子年（1156）。据传，王畴德头顶斗笠，脚穿草鞋，孤身一人自政和西门来到福安十七都卓家坂（今桂林村）给谢家当长工、放牛。王畴德靠勤俭持家、重礼积德、严教子孙、家族团结拓展起步，并立下"攻书攀博、高学为师、尊老敬孝、灾贫携帮"的家规，[①]使家族逐步兴旺，成为区域望族之一。

元代，螺峰山顶建有仙庵。元朝末年，"世道混乱，群雄窃据，四方盗贼因而蜂起，掠乡间、焚屋宇，邻里震惊，谋以逃避"，仙庵颓废，村民在"拓其基，纵横数十丈，四围揪河设险，河以内树木"。[②] 王氏族人又"筑寨堡于螺峰之顶，率乡居于其上，盗贼卒无所犯，四乡幸赖以安人"。[③] 明正德年间，王朝佐带领王氏族人修筑土堡，城墙从陇山直至溪坂，并设立两个城门。[④] 天启年间，九韶公修建祖祠（位于福源路祠堂井），人口繁衍。清顺治丙申年（1656），海寇杨旗镇入港，扬言欲攻穆阳，桂林王九如与之周旋，终幸免于难。[⑤] 康熙辛巳年（1701），村民重修土堡，上门额曰"丘壑金汤"，下门额曰"巩固崇垣"。[⑥] 至光绪十年（1884），据陈德申为《开闽桂林太原王氏族谱》撰写的序言记载，此时桂林坂"虽有外姓兴居，上下三百余年总以王族为最"。[⑦] 光绪二十二年（1896）五月，王氏祠堂在旧址旁重修，越两年修成前中后四座新祠堂，计费钱13000余。[⑧] 自从王氏迁入桂林后，随着人口的繁衍发展，王氏人口逐渐占据优势。早在明弘治年间，桂林坂仍有卓姓，但为数不多，清初卓姓已经迁走。[⑨] 到民国五年（1916），桂林王氏已经成为福安西部的"巨族"。[⑩]

1940年3月，省立福安师范迁入穆阳（直到1952年秋才迁往赛岐），将王氏祠堂作为学校大礼堂，天后宫、临水宫、虎马将军宫作为学生宿舍，新枫庵作为医疗室，后又在寨边岗建造教学楼。王氏祠堂还是福安师范附小所

---

① 福建省闽王桂林祠:《桂林闽王文化》,2016年,第2页。
② 《开闽桂林太原王氏族谱·建置·寨堡》(1945年),手抄本。
③ 《开闽桂林太原王氏族谱·序》(1945年),手抄本。
④ 《开闽桂林太原王氏族谱·建置·烝尝》(1945年),手抄本。
⑤ 《开闽桂林太原王氏族谱·建置·烝尝》(1945年),手抄本。
⑥ 《开闽桂林太原王氏族谱·建置·城堡》(1945年),手抄本。
⑦ 《开闽桂林太原王氏族谱·序》(1945年),手抄本。
⑧ 《重建大祖祠碑记》,《开闽桂林太原王氏族谱·杂录》(1945年),手抄本。
⑨ 《开闽桂林太原王氏族谱·沿革·都图》(1945年),手抄本。
⑩ 《开闽桂林太原王氏族谱·序》(1945年),手抄本。

在地。

中华人民共和国成立后,螺峰王祠曾作为福安县茶叶局生产加工车间。20世纪60年代,王祠改建为桂林小学。"文革"期间王祠遭到破坏。20世纪90年代,桂林小学搬出祠堂后,祠堂重新修缮,依托祠堂的宗族活动重新活跃起来。2004年,螺峰王祠成为福安市人民政府文保单位。2013年,被福建省政府批准为省级文保单位。2015年,螺峰王祠改名为闽王桂林祠。2016年,王氏族人在原祠堂后侧加盖新祖堂,整座祠堂占地面积达到2126平方米。

桂林王氏人才辈出。在明代,王九韶,万历三十七年(1609)中举,后任茶陵知州。王昌,天顺年间贡举,任龙川县教谕。王戬,弘治年间贡举,任陆川县教谕。王时泰、王亘,正德年间贡举,王亘还任太平府教授。[①] 在清代,王道雅,康熙十一年(1672)拔贡,任福州府教授。王道牲,康熙三十六年(1697)恩贡。王道性,康熙年间恩贡。王道淑,康熙年间岁贡。王居正,康熙五十六年(1717)岁贡。王为所,乾隆四十二年(1777)岁贡。王殿御,嘉庆二年(1797)岁贡。[②] 可见桂林村村民有重视教育的传统,文风颇盛,现已发现的乾隆和光绪年间的墓志中都记载了"育贤田",用以支持鼓励王氏子弟参加科考。

三、螺峰山历久纷争

螺峰山即陇山,作为桂林平原中一座凸起的山峰,对桂林村和穆阳村来说都具有非凡的意义,二者认为陇山系"缪家之水尾,王家之后山"。[③] 王氏和缪氏都认为螺峰山对本族的风水有很大的影响,故二者互不谦让,都想将其占有,以致对此山的争执持续数百年。历代地方官员对王氏和缪氏间的纠葛不得不十分重视,频繁出具官方文书确认双方的边界,避免械斗。

据桂林王氏族谱记载,万历三年(1575)七月,王、缪两族因陇山界限不明而起争执,县差"到山踏勘,指画山界",但双方仍"互执不平"。为了两族能够"亲义和气",乡官数人前往劝处,双方父老登山"树立木椿"为界,并令

① 张景祁等纂修:(光绪)《福安县志》卷十九《选举上》,台北:成文出版社,1967年,第191～195页。

② 张景祁等纂修:(光绪)《福安县志》卷二十《选举中》,台北:成文出版社,1967年,第200～203页。

③ 《樊三府给帖》,《开闽桂林太原王氏族谱·杂录》(1945年),手抄本。

缪家"发誓"，王家"对誓"，"誓文出于王族"，而"界至出于缪家"。双方言明
"自誓之后各依界至揪河栽植竹连为界"，缪家不得于大寨河至山顶起造庵
堂、书院及造坟砌塔，"凡有伤王家风水，俱不许动作"，"王家亦不得越界砍
伐树木"。同时还规定，"二家毋得窥伺一边衰弱，因而制压，反约起祸"。为
了"桑梓和气，亲戚情义"，而立下"合同文约，永远为照"。① 虽然立下合约，
但仍有村民在无意识下违反合约。万历十九年（1591），缪国深为祖父造坟，
在陇山"误将□机砍伐"，故向王氏赔偿银七钱，充作"小羊之礼"，此后两家
不得"妄生枝节"。② 万历三十二年（1604）四月，王族有人砍伐山顶树木，导
致王缪两族械斗，"伤死七命"，福建布政司、按察司都介入此案。福建按察
司审理认为，王氏"背盟弃好，恃强凌弱，良可恨哉！法应正罪，以儆奸
恶"。③ 此案之后，缪家又多次砍伐树木，王家多次呈控，直至明崇祯年间，
类似的纷争还在持续。直至乾隆五十三年（1788），双方还因砍树起争执。
当年，因龙鸣庵"修而复毁，毁而再建，动费尝银，族之一二代营器用，取资碓
后樟木"，"以致缪家混争，□段互控"。为了此次诉讼，王氏宗族"破费去钱
数百余千，变卖尝田百有余秤，退赎者不计"。④ 乾隆五十六年（1791），因左
岭山与缪氏争殴，王氏宗族"尝银花费俱尽"。⑤ 这场持续两百余年的纷争
对王、缪两家及地方秩序的维护影响甚大。

在王、缪两族互相争执诉讼过程中，双方都耗费了大量的时间和金钱。
据桂林王氏族谱记载，乾隆五十三年（1788）诉讼案，王氏受到"挫辱"，其重
要原因是王氏宗族财力有限，不得不将祖祠祭扫田等卖给他人。王氏族人
遂倡议在"小穆溪兴市"，⑥ 以增加王氏的经济实力。乾隆五十五年（1790），
王氏祠堂又建议在寨边兴市，"起架楼店共计四十余间"，称之为"桂林街"，
将村内各店"俱兴于外，齐集贸易"，"每间约收地租钱二百，以充祭扫之
需"。⑦ 嘉庆四年（1799），因"过溪山成林，计收钱三百余千"，王氏祠堂终于

① 《陇山经官合同》，《开闽桂林太原王氏族谱·杂录》（1945 年），手抄本。
② 《缪家砍北界大樟树枝批》，《开闽桂林太原王氏族谱·杂录》（1945 年），手抄本。
③ 《樊三府给帖》，《开闽桂林太原王氏族谱·杂录》（1945 年），手抄本。
④ 《开闽桂林太原王氏族谱·建置·附记》（1945 年），手抄本。
⑤ 《开闽桂林太原王氏族谱·建置·附记》（1945 年），手抄本。
⑥ 《开闽桂林太原王氏族谱·建置·附记》（1945 年），手抄本。
⑦ 《开闽桂林太原王氏族谱·建置·附记》（1945 年），手抄本。

赎回乾隆五十三年(1788)所卖尝田一百一十秤,又置买田二十一秤。[①] 可见,王氏宗族通过不断购买田产、山林增强自身的经济实力。

王氏宗族秉承悠久的历史传统,至今在村民的日常生活中依然产生巨大的影响。这种影响力虽然没有显性的约束,但仍然可以轻易地发现其隐性的秩序建构。尤其是在桂林村举行集体活动时,宗族的力量仍然不能被忽视,宗族还在活动组织上起着关键性的作用。近些年,王氏宗亲会在对外联络方面颇为活跃,除了与国内外各地王氏有联系,与其他姓氏的宗亲会也有交往,如与穆阳缪姓有了往来,两姓关系得到明显改善。

四、红色革命基地

桂林村也是中国共产党领导群众进行革命斗争的地方。1923 年,王骏声加入中国共产党。1932 年,穆阳暴动期间,马立峰、詹如柏在王恩弟家商讨革命事宜。1934 年农历七月,工农红军北上抗日先遣队方志敏部 8000余人在马立峰、詹如柏引领下从古田来到桂林。7 月 13 日早至穆阳溪边,在临水宫前水浅处,桂林地下党总支王恩弟组织发动革命群众利用门板为红军架桥。这支红军与国民党的追兵激战两小时。7 月 14 日,红军从玉林山路离开。国民党匪兵王贵生以"剿匪"为名,到桂林村挨家挨户搜索、抢劫财物,村民"受害较烈"。[②]

闽东土地革命时期,闽东红军和游击队曾在桂林设立联络点,叶飞、曾志、马立峰、詹如柏等均在王恩弟家活动过。据村民介绍,联络点位于刚八祠附近,至今仍留有房屋,其中让革命前辈印象深刻的石墩仍在原地。

第三节　亦村亦镇的社会环境

一、桂林村人口、生计和信仰

1952 年,福安县开展了土地、房屋的统计和确权,这次统计资料被完整地保存下来。据统计资料,当时桂林村有 656 户 2319 人,村内共有房间1670.5 间,地基面积 257 段 3 亩 62 分 664 厘 3 毫。村中有耕地 3385 段

---

① 《开闽桂林太原王氏族谱·建置·附记》(1945 年),手抄本。

② 《开闽桂林太原王氏族谱·灾异》(1945 年),手抄本。

2524 亩 3179 分 3051 厘 9 毫,非耕地 315 段 137 亩 395 分 285 厘。[①] 桂林村的土地主要使用类型如表 1-4 所示。

表 1-4　1952 年桂林村土地使用类型

类别	面积	类别	面积
田	1430 亩 7218 分 5500 厘	杂林	8 分 14 厘
农业	221 亩 3938 分 6181 厘	椿林	19 分 16 厘
房基	8 亩 168 分 603 厘	柝林	1 亩 5 分
杉林	25 亩 93 分 55 厘	茶林	2 亩
什	57 亩 198 分 415 厘	榛林	15 分
松林	64 亩 103 分 11 厘	竹	1 亩 21 分
桐林	2 亩 13 分 31 厘	山	9 亩 5 分

资料来源:《桂林村土地、房产统计资料(1952 年)》,福安市档案馆藏。

　　桂林村 15 周岁以上不识字或基本不识字的村民,1982 年占总人口的23.29％,1990 年占 12.81％。[②] 2000 年第五次人口普查资料显示,桂林村有1 人取得大学本科学历,取得大专学历的有 33 人,未上过学的占6.13％。[③]近年来,随着乡村教育质量的提高,国家招生政策的变化,桂林村每年考上大学本科的人数在 20～30 人,高学历村民数量明显提高。桂林村村民日常使用的方言为福安话,属于闽东方言,多数村民都能使用普通话交流。

　　据桂林村村委会 2021 年统计,桂林村户籍户数 1393 户,户籍人口 4699人,常住人口超过 8000 人,是穆云畲族乡人口最多的村。村内以汉族居多,还居住着畲族、回族等少数民族。全村人口中王姓占绝对优势,根据 2014年统计,王姓人口达到 2787 人,林姓 349 人,陈姓 210 人,缪姓 146 人,其他姓氏 1046 人。[④] 全村有 24 个村民小组,基本上延续了改革开放前的生产队设置。

---

① 《桂林村土地、房产统计资料(1952 年)》,福安市档案馆藏,未编号。
② 蓝炯熹主编:《穆云畲族乡志》,福州:海峡书局,2014 年,第 102 页。
③ 蓝炯熹主编:《穆云畲族乡志》,福州:海峡书局,2014 年,第 105 页。
④ 福建省福安市穆云畲族乡志编纂委员会:《穆云畲族乡志》,北京:方志出版社,2018年,第 14 页。

据桂林王氏族谱记载,王氏有"禁分户"①的习俗。从户籍统计数据来看,桂林村每户大约由 3.37 人组成,这与笔者的调查情况有一些差距。据调查,户主在 30～50 岁之间的多数有 1～2 个孩子,而户主为 50 岁以上的则多数有 2～4 个孩子。一般村民的生育观念是每对夫妇应该生育两个孩子。桂林村村民三代同堂的较为常见,也存在五世同堂的家庭。

从整体上看,村中老年人是农业活动的主力,多数年轻人在外务工、经商以及求学。大多数家庭的收入来源多样化,主要表现在:一是农业收入方面,以种植经济作物为主,如种植茶叶、水蜜桃、花生、姜等,劳动力不足的家庭也种植柑橘。粮食作物种植比较少,据统计,2021 年,村内粮食播种总面积是 582 亩,其中马铃薯 128 亩、早稻 10 亩、中稻 349 亩、甘薯 88 亩、豆类杂粮 7 亩。② 二是商业方面,由于有良好的交通条件和处在集镇的区位优势,在自家经营杂货店的村民较多,店铺开设密集,甚至一些较偏僻的小巷子都能见到杂货店,这些杂货店规模不大,经营所获利润也较有限。三是务工方面,据介绍,外出务工人员中以年轻人为主,主要在宁德、福州、厦门、泉州、上海、太原、深圳等城市。四是将种茶、务工、经商结合起来,家庭不同成员从事不同的行业,这是一般家庭常见的获得收入的方式。可见,家庭收入来源的多样化有助于保障村民收入的相对稳定。

桂林村村民的信仰也很有特色。村中有浓厚的祖先崇拜氛围,村民日常生活及丧葬仪式多受道教、佛教影响。村中有 10 座宫、5 座寺庙,在一些特殊的节日,村民还会前往邻村的宫庙参加宗教仪式。目前,村里仍有"六境"的说法,分别为樟林境、华光境、三门境、南路境、长春境、福源境,每个境至少有一座宫庙保护境内村民。

村中有少数村民信仰天主教,教堂位于穆阳石马兜,每逢周末会有一些老年人前往教堂参加活动。桂林村村民信仰天主教的人数远远少于穆阳村,个中原因较为复杂,其中王氏族谱明确记载"禁天主"是一个不可忽略的因素。王氏族人认为,天主教"浅陋不足道,而其事人秽渎不经,无益于身心,徒以灭祀典而滋背逆之行",③遂要求王氏族人不得信仰天主教。王姓

---

① 《开闽桂林太原王氏族谱·风俗·禁革》(1945 年),手抄本。
② 该数据来源于穆云畲族乡政府。
③ 《开闽桂林太原王氏族谱·风俗·禁革》(1945 年),手抄本。

和穆阳缪姓之间宗教信仰的差异也造成历史上二者较少发生通婚。①

二、良好的区位因素与交通优势

在穆云畲族乡成立之前，桂林一直是属于穆阳，所以桂林与穆阳关系密切，不可分割。今天的桂林村与穆阳镇政府和穆云畲族乡政府所在地——穆阳村紧邻，也与康厝畲族乡政府所在地康厝村隔河相望，也正因为如此，虽然桂林村不是穆云畲族乡政府所在地，但因与三个乡镇政府所在地紧邻，也有了其他集镇具备的优势，成为"互融"的镇区所在地。② 这体现在与穆阳村共用一条街道，共用一个农贸市场，且境内有穆云中心小学、福安三中、与福安民族职业中学、穆阳中学、福安民族医院距离非常近。这种优势所在，让桂林虽名为村，却颇有集镇的影响力，享受集镇带来的优越条件。虽然桂林村属穆云畲族乡，但桂林村村民依旧分享穆阳街的繁荣。③ 桂林村与穆阳村相连，二者并未有明确的标识来区分各自的管理界限，村民也全然不顾这样的界限存在。

良好区位因素也使桂林村被征用的土地超过其他村落。从 20 世纪 90 年代开始，因学校、商贸街、工业园区、旅游集散中心的建设，以及道路拓宽工程、造福工程建设等，桂林村已被征用的二地累计达到数百亩。这使得很多村民失去了农田，只剩下少量山地。

桂林村交通条件的改善经过了很长一段时期。从早期靠水运、肩挑到修建公路，再到建成高速公路，每次交通变化都给桂林村带来了显著影响。在福穆公路通车前，从桂林到福安只能靠行走，15 公里地需要走 3 个小时，也因此出现了专门帮助他人挑运东西的挑夫。1949 年前，有些挑夫专门为一些达官贵人抬轿子，从福安到穆阳挑夫工钱是 1 块银圆，④从福安到穆阳一天可以来回。

1988 年，福安至穆阳公路通车。20 世纪 90 年代初，村民成立当地第一家汽车客运公司，运营的线路是穆阳至福安、穆阳至宁德。客运公司发展到

---

① 张先清：《官府、宗族与天主教——17—19 世纪福安乡村教会的历史叙事》，北京：中华书局，2009 年，第 300 页。
② 福建省福安市穆云畲族乡志编纂委员会：《穆云畲族乡志》，北京：方志出版社，2018年，第 13 页。
③ 蓝炯熹主编：《穆云畲族乡志》，福州：海峡书局，2014 年，第 183 页。
④ 访谈对象：WCQ，访谈人：黄祥深，时间：2022 年 7 月 14 日，地点：桂林村王氏祠堂。

顶峰时有客车38辆,在穆阳和穆云的政府、学校、医院上班的人员,经商的村民都是乘坐此公司的客运车,故公司生意很好。随着交通运输业的发展,以及村民个人拥有汽车数量增多,客运公司的经营每况愈下,2021年客运公司将其经营的客运线路交还给政府,公司的汽车也被政府收购,只剩下一辆中巴车每天定时在穆阳和宁德间往返两趟。[①] 政府接手客运线路后,采用公共交通的方式来承担穆阳、穆云至福安的客运,每人票价5元,这极大便利了桂林村村民的外出。此路公交车从桂林村境穿过,经停商贸街、下城门两个站后,进入宁武高速,只需20分钟即可到达福安市区。

2012年,宁武高速通车,在桂林村设置白云山互通口。为了适应车流量的增加,2012年6月,桂林商贸街及其附近的公路开始改造,将商贸街、城北路改造成宽18米的公路。2013年,乡政府启动桂林村旧街改造工程,将桂林城门口至桂林大桥原先宽度不足3米的旧街拓宽成18米公路。经过两次大规模的改造,桂林村内的交通得到明显改善,桂林村成为穆阳、穆云居民上高速出行的必经之地。如今,桂林村村民到宁德动车站只需1个小时,从宁德动车站乘坐动车至福州也只需1个小时,且还有从穆阳到福州的客运班车经过桂林新村,所以,村民到宁德、福州等地十分方便。2013年,从高速路口经秀溪至4A级旅游景区白云山还建成了一条长12.8公里的景区大道,更加方便村民出行。

在桂林大桥修通之前,穆阳溪上有两条渡船,分属桂林村和穆阳村。据介绍,在生产队出现之前,渡船属于私人经营,年末时村里每家每户用干谷子作为使用渡船的费用,产量多的家庭交30斤,产量少的交20斤。有了生产队之后,大队负责渡船的制造和维修,生产队安排人员轮流撑船,渡船一次能渡30个人。船工的工钱是一年20余担粮食。村外群众用船时需缴纳现金,最初只需要2分钱就可以使用一次。由于村民日常生活常用到渡船,所以多数60余岁的村民都能撑船。龙首溪是前往福安的必经之路,所以溪上也有一条渡船,这条船由大队负责,只能付费使用,往返一次需1角。这条船的船工主要是民兵,一般撑一天可以赚得20余块,甚至30多块,而当时生产队劳动一天只有1块钱,所以村民都乐意去撑船。由于渡船是重要的交通工具,所以在渡船下水时,村民还要举行一个简单的仪式,请家里完

---

① 访谈对象:WZL,访谈人:黄祥深、谭雅云、吴嫦,时间:2022年7月17日,地点:商贸街。

整传承三代的男性村民到溪边"说些好话，船才能下水"。① 随着渡船逐渐被淘汰，这个仪式也逐渐被人淡忘。

1985 年，在穆阳溪上开始修建桂林大桥，以连接桂林桥南路和亭街。1988 年底大桥修通，桥长 160 米、宽 8 米、高 13 米，有 1 个桥墩和 2 个桥台，投资 80 万元。桂林大桥因单拱长达 72 米，成为当时福建最长的石拱桥。该桥修通后将福穆线和国道连接，极大便利了两岸村民的往来，避免了因"挤渡或遇洪波常罹祸害"，因恶劣天气而停止使用渡船"屡误耕稼"，②成为今天桂林村村民出行所依赖的交通要冲。

龙首桥最早建于何时已经不得而知，但在桂林王氏族谱中有关于龙首桥的记载。在穆阳公园里仍立有一块石碑，碑上刻有 1934 年陈文翰书写的《重修龙首桥碑记》。据此碑记载，龙首桥"其上行旅络绎，实处交通之要冲"。因为地处要冲，从乾隆至民国此桥几番修缮，直至 1922 年因洪水导致桥梁被冲断，村民用两根木头支撑以当权宜之计。1933 年 2 月，因"阅十年浸朽坏，行者惴惴"，于是各界人士捐资 4000 元重修此桥。1982 年，因原龙首桥被洪水冲垮，遂在其上游使用石头、水泥重修，新修后的桥长约 42 米，宽约 3 米，一直使用至今。

三、村内生活设施齐全

如今的桂林村没有赶集（或称赶圩）的固定日子，按照村民的说法，赶集只有一天就是农历正月十三日，即桂林村迎神的日子。这一天街上人山人海、商品众多，是一年中最热闹的一天。除此之外，已经没有了赶集之日，每天清晨六时左右，在桂林村的主要街道，即福源路、商贸街、百岁街、农贸市场等都可以买到生活必需品。附近村庄或本地农户将日常蔬菜和其他用品摆放在路两旁，十分热闹。桂林村民饮食偏淡、少吃麻辣，喜食海鲜，尤其是福安特产黄瓜鱼是招待客人的一道特色菜品。村民每餐必喝汤，常将猪蹄、羊肉、公鸡等和青草药一起熬汤。当地人认为，青草药和肉类一起食用，不油腻且健康。上述日常食物都可在街道购得，十分方便。

桂林村的快递运输也很便利，目前 3 家菜鸟驿站分别位于商贸街、三门路和福源路，另有 2 家物流点。这 3 家菜鸟驿站除了处理日常收发快递业

---

① 访谈对象：WSC，访谈人：黄祥深，时间：2022 年 7 月 14 日，地点：城北路。
② 《新建桂林大桥碑辞》，王东皋撰写，该碑位于桂林大桥南。

务外,还协助村民销售水蜜桃等特产。除此之外,顺丰速递也提供揽货服务,一些村民直接用顺丰寄送水蜜桃。另有一家邮政快递在穆阳大桥边,也可处理日常普通快递。据高速路口一家烤肉店负责人介绍,他们公司需要运输的烤肉、水蜜桃等农特产品就直接交给中通快递公司,中通快递的运输车从这里上高速,寄送很方便。[①] 在我们调查过程中,商贸街多家商店负责人介绍,如果需要土特产品或农用工具,都可以通过快递或物流发货,这种优势条件为商品销售提供了新的手段。

桂林村的生活垃圾已经被纳入穆云畲族乡、穆阳镇、康厝畲族乡统一处理。桂林村安排4名环卫员,每日处理垃圾量约4吨,所需人工费由乡政府支付,每月合计3650元。[②] 桂林村在桥南路还建有一个生活污水处理厂——穆阳片区污水处理厂,这是福安市政府和桑德水务公司合作建立的。这个污水处理厂主要处理穆阳、穆云、

图 1-2　穆阳片区污水处理厂　谭雅云摄

康厝集镇上的生活污水。污水处理厂于 2017 年动工,2018 年底投产,初建时每天能处理 6000 吨废水,后期可达到每天 13000 吨,出厂的水质达到一级 B 类。据 WAS 介绍,污水厂处理的废水量是根据三个区域自来水的使用量设计的,但这个处理量仍留有余地。目前污水处理厂属于福安市住建局管理,下设 10 个分厂,有职工 27 人,其中桂林村这个厂规模最大。

2019 年,穆云畲族乡敬老院建于桂林村洋中厝。敬老院能住下近 30 名老人,目前有 18 名老人在院里。院里每间房住两位老人,配有空调、电视、卫生间。在这里的老人多是五保户,每月由政府负责缴纳伙食费 300 余元,若不是五保户,则由老人自己缴纳伙食费 800 余元。逢年过节政府部门会慰问老人,且乡医院、村委会和高速路收费站会送来米、油等生活必需品。

---

① 　访谈对象:WQM,访谈人:黄祥深、谭雅云、吴嫱,时间:2022 年 7 月 19 日,地点:桥南路。

② 　该数据来源于穆云畲族乡政府。

乡卫生院每年负责给院里老人体检一次，并定期来检查老人身体，建立健康档案。乡政府长期聘用两位管理人员，一位负责日常管理，一位负责饮食，每月由政府支付工资。

四、周边旅游景点产生的经济效应

穆云畲族乡有白云山 4A 级地质公园和 3A 级生态旅游区。这两个旅游景点虽然都不位于桂林村，但是前往这两处景点的通道都经过桂林村，这有利于带动桂林村的餐饮业和土特产品销售，也推动了桂林村乡村宜居环境的建设。由于交通便利，穆云、穆阳旅游集散中心就建在桂林村高速互通口旁。这个集散中心是福安重点建设的旅游集散项目，按照国家一级旅游集散中心设计建设。2020 年 9 月，集散中心动工兴建，占地达 28349.09 平方米，总建筑面积 28350 平方米，总投资约 1.14 亿。该游客集散中心集旅游开发、旅游观光、客运服务等功能为一体，将白云山景区、穆云生态旅游、穆阳旅游点和廉村等景点串联起来，成为福安西部重要的旅游枢纽。

清泉洞，也称清暑洞，位于桂林大桥南约 500 米的凤翔山上，是著名的旅游景点。山上石壁峭立，洞内明亮，可容百余人，因洞内凉爽，素有"山中六月已如秋"之称。[①] 洞内有泉水可饮用，正月、神诞之日和每月初一、十五日，众多村民常聚集在宫庙中吃斋饭。

桂林村拥有的良好自然地理环境和区位优势，为村经济发展提供了前提条件。而集镇面积的扩大也导致桂林的田地面积大幅度缩小，促使村民寻找不同的生计方式。很多村民已经对土地的依赖程度大大减少，但是他们对土地的强调和重视，表明在现代社会村民依然对土地有深厚的感情。村民一方面为后人摆脱土地的约束而颇为自豪，另一方面又为失去土地而略带忧愁，竭尽所能地开发利用属于自己的土地，尤其是宅基地。我们在调查过程中发现，这种矛盾心理不时地流露出来。随着中国社会经济环境的深刻变革，以及乡村振兴战略的不断推进，桂林村村民正在适应这个发展趋势，并在具有自身特色的经济发展道路上不断开拓。

---

① 《开闽桂林太原王氏族谱·艺文·清暑洞》(1945 年)，手抄本。

第二章

乡村治理

2013 年,中共中央在《关于全面深化改革若干重大问题的决定》中采用"社会治理"概念,提出"推进社会治理改革,创新社会治理理念,改进社会治理方式,激发社会组织活力,推进国家治理体系和治理能力现代化"。尽管"治理"是源于西方的概念,但中国有着悠久的乡老、乡贤治理的历史传统。在中国传统治理架构中,一直有费孝通先生提出的"长老秩序"或"礼治秩序"的机制,且地方自治是中国乡村社会治理的一大特点。随着改革开放的深入,乡村治理的主体日益呈现出多元化的特征,治理模式也在不断改革,更加适应现代乡村社会发展的需求。

第一节　治理主体

桂林村外出务工的人很多,据统计,村内人口仅 3983 人,[①]但因其便利的交通条件,又位于康厝、穆云、穆阳两乡一镇交界地带,周边村落的村民来此经商、定居者甚多,故而村内常住人口有 8000 余人,因此村民常将桂林村称为"大村"。可是大村的治理却颇有难度,在村民的不断探索下,桂林村出现了一些具有特色的治理方式。

图 2-1　在螺峰山俯瞰桂林　张向阳摄

① 资料来源于桂林村村委会。

一、村两委的历史沿革

1925 年，五卅惨案爆发，在外求学的福安学子在此事影响下返乡，联合家乡学生开展革命活动。"福安县学生联合会"组织了街头集会演讲、散发传单、纠查焚毁仇货、赴城乡演剧等一系列活动。返回桂林的王世榕组织穆阳缪绍基、缪祥麟等，联合当地师生成立"穆阳镇劣货调查团"，还与县城学联联合起来，揭露帝国主义暴行。师生们的爱国热忱得到广大群众的支持。不久，反动军阀政府下禁令并通缉学生，他们被迫离开家乡，[①]但革命的种子已经播撒到桂林。

1929 年 6 月，中共福安小组在福州西湖成立，直属中共福州市委。桂林村的第一任党支部书记王恩弟也于当年由马立峰同志介绍参加革命并加入中国共产党，并由党小组郭文焕、马立峰、张志坚等决定派回福安工作，同施霖同志进行地下活动。7 月，桂林中心支部在马立峰、郭文焕、施霖等人的领导下成立。随后，王恩弟与马立峰、支委王惠松、王石春到凤洋、大山下、太阳山、金斗洋等地建立畲族支部。1930 年 7 月，中共福安县委在福安城关成立。1932 年 11 月，为统一领导福安、福鼎、霞浦、宁德、寿宁等五县的革命斗争，在福安城关成立中共福安中心县委。同年，桂林苏维埃政府成立，王洪木任主席。1935 年春，闽东革命转入低潮。1949 年 2 月，福安西区总支在王恩弟家筹备迎接刘邓大军等工作。[②] 7 月 19 日，福安解放，在原有14 个乡镇的基础上，设立 14 个乡镇人民民主政府。10 月，调整为 7 个区，统辖 146 保 2089 甲，今穆云畲族乡各村属穆阳区（即第四区）。

据《福安市志》记载，1950 年 4 月，福安废除保甲制度，实行县、区、乡三级行政建制，全县设 10 区、128 乡。到 1952 年 12 月底，桂林村完成土地改革。1954 年，桂林村成立"初级农业生产合作社"。1955 年秋，桂林村组建高级社，[③]下设 1 个大队，23 个生产队。1960 年，开始整顿"五风"，落实人民公社统一领导，以队为基础三级核算，允许社员适当经营个人自留地。1961年 7 月恢复区建制，全县 15 个公社改为 15 个区，下辖 98 个乡（即小公社），桂林改为乡（小公社）。1963 年，穆阳区改为人民公社，辖桂林、康厝、留洋

---

① 缪小宁编：《闽东苏维埃 1934》，北京：中共党史出版社，2014 年，第 69～70 页。
② 整理自王恩弟工作笔记（1969 年 9 月 7 日）。
③ 整理自桂林村大事记手稿。

等 10 个小公社。20 世纪 70 年代中叶,全国开展"农业学大寨"运动。桂林村也平整土地,兴建秀溪防洪坝。1976 年,桂林大队为了管理集体所有的山林而组建耕山队,首任队长是王宜兵。耕山队由各生产队抽出劳力参加,自负盈亏,各队员根据个人一年出工的分红情况回本生产队参加年终分红。在耕山队的努力下,桂林的山林成为当时全县最好的村级林场,受到省林业厅的表彰。[1]

　　1984 年 10 月,设立穆云畲族乡,桂林大队改为穆云畲族乡桂林村村民委员会,23 个生产小队改为 23 个生产小组。村民委员会是基层群众的自治组织,实行自我管理、自我教育、自我服务,下设人民调解、治安保卫、公共卫生、经济建设、社会福利等委员会,依法办理村民的各项事务。村委会设主任 1 人,副主任 1 人,委员 3～4 人,村干部由村民直接选举产生,每届任期 3 年,可以连选连任。自此,村党总支和村委会成为处理村内事务的主要力量。

图 2-2　村民讲述村历史　张向阳摄　　　图 2-3　村委会成员讨论文件　陈怡妃摄

二、村两委的领导

　　目前,桂林村党总支下设第一支部委员会、第二支部委员会、第三支部委员会,有党员 154 人。桂林村村两委有 9 名干部,村党总支书记自 2018 年开始兼任主任。村党总支还吸收一些退休人员回村进入村委会工作,主要负责村内工程项目的建设。目前村党总支有支委三名,分别负责党建工作兼任妇女主任、农业生产工作、协调组织工作。村委会副主任兼任会计,

---

　　[1]　整理自桂林村大事记手稿。

配合村委会日常工作，专干负责桂林村计生、医保等工作。村党组织中，大专以上学历 11 人，占比 33.33％；村党组织成员平均年龄为 47.42 岁。村两委成员中，高中、中专以上学历 3 人，占比 28.93％；村两委成员平均年龄为 48.33 岁。

村委会对于村经济的发展有长远的规划，他们认为不能过分看重眼前利益，即使在短期内未能见到明显效益，只要是能够提高村民生活水平的项目都应坚持下去。村党总支负责人说："要充分把资源利用起来，一步一步来，慢慢也可以得到收入。"①尽管村集体缺乏资金，桂林村党总支仍然积极响应上级政策，投入 120 万元改造桂林村内古巷，投入 80 万元改造提升文化活动中心，协调推进穆云中心园二期工程建设，完成白云山旅游集散中心、江滨南路、传邮路、复兴路和中山路征地项目，进一步提升福安西部小城镇品质，发展桂林村旅游产业，积极利用白云山生态资源与人文资源，将万亩林场与清泉洞连接起来，形成更大更美的景观。桂林村以白云山旅游景区为依托，致力于打造民族特色一条街，以古巷、古民居、众厅、祠堂为文创业态，努力提升溪边公园、森林公园的品质，将林下经济与秀溪洋现代化农业观光园相结合，以文旅促进村集体和村民的经济收入。

村委会联合市老区办、党史办，挖掘革命老区故事，按照乡两委提出的"白云山下，最美畲乡"的愿景，建设村级"红色阵地"，深度挖掘王审知文化和红色基因，发展红色旅游；尽可能争取企业等社会力量，获得更多的资金支持，办好更多的事。在全村营造"红色桂林"党建品牌的浓厚氛围，采取悬挂标语、建设文化 LED 墙、开展"主题党日"活动等形式，使广大群众深入了解"红色引领乡村振兴"活动的任务和目标。村党总支希望通过提高党员干部学习的主动性和自觉性，服务乡村振兴、提升群众幸福感，努力使桂林成为宜居宜业的社会主义新农村。② 近年来，桂林村坚持问题导向，立足群众需求，为群众办好事、办实事、解难事，制定了常态调查机制以了解贫困户生产、生活情况，党员常年包户防止返贫，确保贫困户有了生活安全保障。③

---

① 访谈对象：WQZ，访谈人：陈怡妃、张向阳，时间：2022 年 7 月 3 日，地点：桂林村村委会。

② 访谈对象：WQZ，访谈人：陈怡妃、张向阳，时间：2022 年 7 月 3 日，地点：桂林村村委会。

③ 访谈对象：WCS，访谈人：陈怡妃、张向阳，时间：2022 年 7 月 10 日，地点：桂林村村委会。

图 2-4　预警信息分布终端 张向阳摄　　图 2-5　村干部入户宣传 桂林村村委会供

　　桂林村内大小事务都由代表开会决定,基本反映了村民的意愿。桂林村 24 个生产小组(在原先 23 个小组基础上又成立一个小组),根据小组人数选出村民代表 56 人,加上 3 个党总支的 10 个党员代表参加村民大会。一般情况下,村民大会每个月召开两次,村干部积极听取村民意见,制订改善村民生活水平的项目方案。方案一旦通过,村干部负责筹集资金,尽可能满足村发展的需求。在涉及拆迁之类触及群众利益的问题,村干部都会亲自去和村民本人协商,和村民讲道理,并按照标准赔偿。

　　村里的重大事项,按照村民自治程序进行民主决策和组织实施,村里的重大事项和村民普遍关心的重大问题,经村两委审议确定后,向村民公开,不仅在村内宣传栏张贴公告,还通过三个由村民组成的微信群及时发布通知,保障村民的知情权。利用微信群拓宽知情渠道,做到村里的事村民"要参与"。对涉及村民切身利益的事项,在事前、事中广泛征求村民意见。通过村民代表大会规范决策程序,重大村务由村两委根据村务性质组织村民采取相应形式进行讨论,确保村民的决策权,设置监督小组对村里的事进行监督,保障村民的监督权。把对村干部的评价和村务实施结果的评价交给村民,保障村民的评判权。正因如此,村内大小事务才能比较顺利地进行下去。

三、乡政府的支持

　　穆云畲族乡对各村实行网格化管理,工作过程中,四级网格员(村干部及"吹哨员")在巡查中发现"两违"治理事件(三级响应),第一时间进行现场劝阻处理,无法现场解决的,拍照发微信工作群,备注好事件、地点、时间等相关信息。三级网格员（包村干部）接到问题在一天内处置到位，"吹哨报到"办公室接收。三级网格员（包村干部）无法处置的问题（遇二级响应）上报"吹哨报到"办公室接收。二级网格员（片长、分管领导、相关职能部门）立即介入处理问题，并拍照记录。二级网格员带队、三级网格员配合，三天内处置到位，将处置情况及时上报"吹哨报到"综合协调办。"吹哨报到"综合协调办接到二级网格员无法处置的问题（一级响应）需及时上报，交由一级网格长带队相关人员 7 天内处置到位。以上工作务必做好一案一结，按时填好巡查日志，事前、事中、事后照片存档，定期回头看。村级干部每两天一巡查一报告（为减少工作量，可采取填写电子表格申报或手写表格拍照发微信工作群），片区每周一复查。"吹哨报到"综合协调办公室每月一考评一公示。纪检对未及时巡查、发现、报告、处置的，按规定追责问责。其中，一级网格长为书记、乡长，负责总指挥、总协调；二级网格员为片长、分管领导、相关职能部门，负责区域内巡查、制止、查处；三级网格员为包村干部，四级网格员为村两委成员，负责村域巡查，落实报告、劝阻责任，对网格单元开展全覆盖巡查，及时上报。如图 2-6。

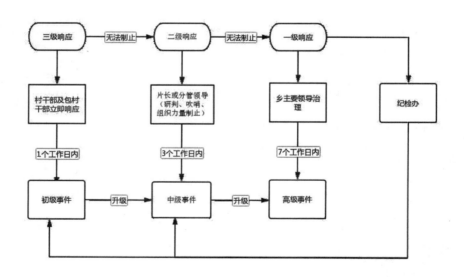

图 2-6　乡村两级应急工作模式示意图

桂林村与竹洲山村属于桂林片区,本片区共有 4 位包村干部,其中乡计生办工作人员 WMH 自 2021 年开始成为包村干部。他认为有经验的乡镇干部应该走出办公室到基层去解决问题,需要冷静、耐心、尊重和智慧。驻村干部要主动去解决问题,对于困难问题条分缕析,把困难分解,才能灵活处理问题。WMH 在计划生育管理最为严格之时,他时常与村民接触,学习他们的方言,站在群众的角度想问题,针对不同问题不同人群采取不同办法,尤其是要抓重点对象解决问题。驻村干部需要配合村干部解决问题,通过与群众谈心建立交情来维持良好的关系。他说:"要知道别人睡觉的地方在哪里,才能真正贴近群众。"①他认为桂林村征地工作最为复杂,推进征地工作既要多去村民家中协调,适当地提高赔偿款,也要利用社会关系,动员相关人员共同协调。关键是做好一些有威望人士的工作,通过这些人再去做其他村民的工作,问题才能一步步解决。显然,驻村干部熟悉村情和民情是做好工作的开始。

在日益繁杂的基层工作中,包村干部熟悉乡政府工作流程,了解村情,工作经验丰富,可以更好地配合村两委工作,为村里日常工作提供支持。在村级事务的处理中,仅凭上述两支力量还难以做到面面俱到,仍然需要一些来自村内部传统力量的辅助。

四、乡贤的辅助

在乡政府和村委会之外,还有一股力量默默地支持着村里事务的处理,这股力量由已经退休的老干部和老党员组成。他们不会主动参与村里事务的决策,但会积极听取身边群众的意见,主动和村干部联系协商,村干部也会认真听取建议,主动向这些党员及老干部寻求意见。这些老党员在本生产队内有威望,在一些村事务的处理上,他们可以统一生产队内部的声音。他们往往更关心集体的发展,而不是纠结于自身的利益,也因为如此,他们愿意积极配合村委会工作。

不过,这些人年纪较大,他们去世后,许多问题也会凸显出来。比如在征收用于建设幼儿园的土地时,村民存在一些异议,但在小组长的协调下,相关村民也勉强同意了。待有影响力的老党员去世后,有几个村民拉着其

---

① 访谈对象:WMH,访谈人:陈怡妃、张向阳,时间:2022 年 7 月 28 日,地点:桂林村村委会。

他一些立场不够坚定的群众提出反对意见。虽然他们拿出当年的土地证希望重新计算赔偿款,但这些土地证的数据存在一定的误差,现行的赔偿款是经过精确测量后计算的。① 这些问题需要找到当年的亲历者做证,所以许多老干部在自己仍然在世的时候,尽可能地多办实事,不给年轻人留下这些剪不断理还乱的历史问题。

现任书记也曾多次提到过,自己退下来后,不会完全不管村里的事情,会继续从旁协助。前任书记以及几位曾经在村里担任过职务的老人也都经常来到村委会,看看村委会当前的工作进展如何,遇到哪些困难,能够提供什么帮助。一位老干部认为过去村中事务工作量大,群众负担重,国家财政也困难,每搞一样事情都是困难重重,资金、人力都难以解决。但目前桂林村的工作做得不错,克服了多重困难。尽管他已经十多年没有在村委会担任职务,但村委会干部还是会和他商量一些村务,也会从他这里了解村民的意见。因为许多村民不会主动到村委会反映意见,但会抱怨,他作为老党员、老干部,会站在集体的角度对颇有微词的群众解释村委会的工作,也会及时指出村委会工作的不当之处。在集体的努力下,桂林村发展得越来越好。②

桂林村许多在外经商的人员颇有作为,他们也关心家乡的事情,还会在春节、中元节等节日给祠堂或一些公共事务捐款,支持祠堂开展民间文化活动,丰富村里老人的日常生活。③ 桂林村的工程常需要大量资金,如在修缮祠堂时,这些在外工作的村民也为祠堂提供了资金支持。④ 这些乡贤也为村委会开展工作提供了帮助,解决了很多实际困难。

五、宗祠的协助

王姓是桂林村人口最多的姓氏。中华人民共和国成立前,王氏宗族的八房派出三到五个代表,共同选出一位族长和几个副族长,村内大小事务都由族长决定。中华人民共和国成立后,宗祠的权力被取缔。20 世纪 80 年

---

① 访谈对象:WJZ,访谈人:陈怡妃、张向阳,时间:2022 年 7 月 29 日,地点:桂林村村委会。

② 访谈对象:WKZ,访谈人:陈怡妃、张向阳,时间:2022 年 7 月 17 日,地点:WKZ 家。

③ 访谈对象:WSC,访谈人:陈怡妃、张向阳,时间:2022 年 7 月 25 日,地点:桂林村王氏祠堂。

④ 访谈对象:WJM,访谈人:陈怡妃、张向阳,时间:2022 年 7 月 26 日,地点:WJM 家。

代末,为了修纂族谱,桂林村再次组织了祠堂理事会,理事会设一名理事长及五个理事,负责王氏宗族的修谱、王氏宗亲及与其他宗族之间的交流、祭祖、游神等民间活动,理事会和村委会之间的界限非常明确。以助学奖金为例,村委会的奖金面向所有村民,只要是桂林村村民,不分姓氏,在考上大学之后都可以凭通知书领取助学金;而宗祠则只针对王姓学生,且一般本村的王姓学生只会去村委会领取奖金。对于家庭特别困难的学生,祠堂理事会也会资助,而已经搬离桂林村、不是本村户籍的学生打电话询问理事会奖金事宜时,理事会也会予以资助。

村委会认为要杜绝祠堂插手村务的事情发生。不过,这里谈到的祠堂也仅限于祠堂理事会,在乡村这样一个人情社会,桂林村又几乎是一个单姓聚居的村落,血缘的力量仍然存在。在村内出现矛盾纠纷时,虽然村干部需要出面协调,但有时也会因为涉及自己家族成员而不方便出面,这时其他村干部会代替涉事的村干部出面协商。在村干部协商无果时,村干部也会主动联系村民的亲属、朋友一起协调,以寻求问题的解决。而村民在遇到分家问题的时候,也不会首先考虑走法律程序,而是寻求理事会的帮助。今天的村民也未必是看重祠堂的权威,而是希望通过家族中有威望的老人,通过传统族规一类的道德手段调解问题,不要将家事摆到公家面前。[①]

可见,宗祠虽然已经丧失了旧时那种绝对权威,但是血缘仍然是联系村民的一条重要纽带,这条纽带曾经依附在祠堂的权威之下,凭借祠堂的权威调和宗族矛盾。今天,这条纽带则直接以血缘关系的本质形式调和集体与个人的关系。但也正因血缘关系这条纽带,理事会和村委会不会产生激烈的冲突。在理事会组织每年一度的游神活动时,村委会向公安部门备案,理事会配合村委会负责维持秩序及安保工作。游神活动每年会选一位庆诞首(即总理事务的人)及四位理事共五位负责人,五位负责人不能是村委会成员,但村委会成员会以个人身份协助理事举办活动。村内公共事务领头人已经由宗祠转为村委会,而村委会成员作为村内的一分子,仍然配合宗祠组织民间文化活动,二者职责明确,但也相互关联。

桂林村在村两委的领导、乡政府的支持、乡贤的辅助、宗祠的协助之下,在桂林这样一个深受传统文化影响的村落,完成了从传统的宗族聚落到现代化村民组织的转化。四个主要的治理主体各司其职,在桂林村的具体事

---

① 访谈对象:WJM,访谈人:陈怡妃、张向阳,时间:2022 年 7 月 26 日,地点:WJM 家。

务中发挥着自身的作用。在村两委及上级党组织的领导下,乡贤和宗祠不再像旧时那样把持着桂林村的命脉,在这个以王姓为主的大村里,各个姓氏可以和平共处,共同享受村民应有的权利。旧时,王氏宗祠或乡贤会对村内的学子或是生活困难的王氏子弟提供经济援助,但这些支持只是局限在王氏一族之中,其他村民并不能享受这些帮助。如今,所有村民都是桂林村的成员。国家发放的低保落实到每个贫困户,乡里建设的敬老院惠及了桂林村的孤寡老人,村委会管理的助学金每年都能支持考上大学的学生。桂林村坚持现代化的治理模式,为大村的稳定打下了坚实基础。

第二节　治理模式

桂林村两委吸收其他地方的先进经验,结合本地实际情况,积极配合乡政府工作,成立了服务于桂林村村民的便民服务中心、村民代表大会、监督小组委员会。桂林村两委依靠仅有的九名村干部,结合这些组织或平台,将日常工作细化,努力将每件村务处理好,将每个村民服务好,让现代化的治理体系惠及每位村民。

桂林村实行轮流值班制度,工作人员轮流值班,负责村民(居民)接待、受理登记等有关事项,做到"服务窗口无双休";台账登记制度,即做好服务事项的登记、答复、反馈和归档工作,以便村民查询;办事公开制度,即村级服务中心办事项目、内容、条件、流程全部明确公示,办事结果在村务公开栏进行公开;考核管理制度,把村级便民服务中心和代办员纳入乡镇(街道)统一管理和考核。

一、便民服务中心

2007 年,原村委会负责人 WJM 安排工作人员专门负责日常事务的处理工作,为前来办事的村民办理证明材料。当时只在村委会大门口处摆放一张桌子,但工作人员已经开始专门处理这些日常化业务。2008 年,WJM在附近的村子发现当地村委会已经开始设置了服务窗口,相对桂林村的一张桌子更加专业,也将桂林村委楼的大厅打通,设置两个窗口,由两名村委会成员处理事务。随着工作的细化,现在的便民服务中心已经扩展到三个窗口,分别处理社会保障、政策咨询、来访接待等工作,由村委会成员 WJZ统筹,三名较为年轻的村干部负责。服务中心办公面积 60 平方米,办公设备基本齐全。业务人员具有高中以上学历,能够掌握基本数据操作及平台业务经办,为村民提供高效快捷的便民服务,得到上级领导和群众的好评。[①]

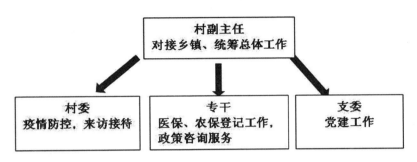

图 2-7 桂林村便民服务中心分工职责

便民服务中心本着"便民、利民、富民、安民"的宗旨,利用已有的服务窗口,设置了村级便民服务代办点。其服务职能如表 2-1。

表 2-1 便民服务中心职能简表

窗口职能	服务范围
代办服务	建房审批、生育审批、流动人口婚育证明、独生子女证办理、户口迁移审批、土地经营权证申报办理、林木采伐及运输申报、城镇农村低保申请、大病医疗救助申请等各项事务
信息咨询	法律咨询、政策咨询、农技知识咨询、市场信息咨询、劳动力及人才需求信息咨询
公共服务	村庄绿化,村容、村貌经常性整治,农户电话、有线电视线路维修代为联系,计生服务、扶贫帮困服务、环境卫生服务,老年人等社会弱势群体生活照料、健康关怀及低保款代领服务
农技服务	种养结构调整、优良品种引进、技术指导、技术业务培训等服务
文化服务	文明家庭创建指导服务,提供社会公德、家庭美德、职业道德教育,组织群众性文化活动、全民健身活动、群众性科普活动

---

① 访谈对象:WJM,访谈人:陈怡妃、张向阳,时间:2022 年 7 月 26 日,地点:WJM 家。

根据乡政府要求，中心工作人员应当积极主动、热情快捷为村民提供代办帮办服务；在规定时限内办结并将结果反馈给村民，对于特事、急事，应及时给予代办帮办服务；除法定的费用以外，不另收取代办、帮办费用。所有代办事项一次性告知，减少村民往返次数，及时受理、代办、转办、催办村民所需办理事项，自觉接受乡镇便民服务中心业务指导和工作监督，自觉接受群众监督。

便民服务代办点受理办事群众的咨询、留言、转告等事项以及代理服务申请，代为办理申请人的具体事项。工作过程中，需要做好群众来电、来信、来访的记录、答复、转办、督办、反馈和归档，并及时向村干部汇报反映的重大问题，提供有价值的信息，供决策参考。同时配合上级政务服务部门做好审批项目的现场踏勘工作，并按时

图2-8 桂林村便民服务窗口 陈怡妃摄

向乡镇便民服务中心上报统计报表和有关资料。

工作人员除了要热情受理群众办事事项外，还要按照服务事项进行分类处理。属于村上办理的立即办；属于上级办理的，查看相关资料是否齐全，资料不齐的告知应补的资料，资料齐全的填写代办单，做好登记表，向乡便民服务中心或有关部门送交相关资料办理。上级办结后，工作人员要及时取回，通知群众取件，若因故确实不能办理的，向群众说明原因，做好解释工作。桂林村要求加强与乡便民服务中心和有关部门联系，做好情况反映和信息沟通工作；做好记录登记台账工作，把每次服务时间、对象、内容、解决途径及办理记录详细登记，每年整理存档。

村便民服务中心面临的另一个问题就是在村村民年龄普遍较大，部分村民行动不便。面对这种情况，工作人员利用微信组织村民建群，在原有的村民小组基础上，加上外来定居人口，组建了两个桂林村公告群。这样，外出的年轻村民可以及时了解村内情况，而那些年老的村民也不必亲自来村委会或启元祠查看公告，所有通知可以由村民子女代为转告。村民本人不能亲自办理，且子女在外务工不便返乡的，可以由村民子女通过微信办理。

村干部也会经常到低保户、独居老人家提供帮助。疫情防控期间,村干部和医务人员一起走访不方便出门的老人家,进行核酸检测,宣传防疫政策,力求每家每户真正参与防疫工作。[①]

便民服务中心的设立,一方面使村委会干部的工作更加具体明确,相关干部各司其职,烦琐的日常工作得以更好地落实;另一方面,常态化办公使得村民能够及时处理事情。虽然桂林村距离穆云畲族乡政府不远,但对于年纪较大的村民来说,便民服务中心的设立,为他们提供了不少便利。

从实践效果来看,桂林村设立村级便民服务中心,使农村居民能够享受到与城市居民均等的政务服务,进一步完善基层社会管理和服务体系,提升乡村社会服务水平。村级便民服务中心的设立,强化了村级组织的服务功能和党员干部的主动服务意识,提升了村级组织在群众中的威信,不仅为村民提供便捷的服务,还为农村各种社会矛盾的疏导和解决提供了一个平台,有力推进了和谐农村的建设。

二、片区网格化管理

新冠疫情防控期间,桂林村实施了详细的网格化管理。网格一范围为桂林村商贸街、秀溪、竹洲山,共 584 户 1738 人,采样点设置在村委楼;网格二范围为桂林村百岁街、高速周边,共 714 户 2723 人,采样点设置在乡村大舞台。网格长负责网格内全员核酸检测动员组织实施工作,大数据的信息摸排工作,疫苗接种动员组织工作,居家观察落实情况的监督,网格所有人员的信息摸排、建档造册,以及发生疫情时,配合做好相关工作。在全员核酸检测工作启动时,网格长要熟悉本采样点工作人员信息及相应岗位职责,负责群众动员、采样现场的组织协调、对接配餐、安排就餐点;与乡指挥部联系沟通,督促各岗位人员到岗到位,履行职责。

对于网格内的疫情,村两委工作者、网格动员人员、负责人员要十分清楚,上级要求的各种数据都由这些人员收集和提供。对于居家隔离人员,村里还成立重点人员居家观察监测管控专班,负责检查监督。总之,面对新冠疫情防控常态化,基层工作人员要熟悉疫情的政策、执行速度要快、信息要准确、态度要和善,这些要求对于基层工作人员来说都具有一定的挑战性。

---

① 访谈对象:CBY,访谈人:陈怡妃、张向阳,时间:2022 年 7 月 10 日,地点:桂林村村委会。

以"负责人员"为例，他的具体工作包括：

1.入户分发《通知单》并告知村民提前准备好健康码、正确佩戴口罩，了解采样点和采样时间。

2.普及新冠病毒疫苗接种常识，通过微信群、朋友圈、海报、横幅等形式，大力宣传新冠病毒疫苗接种信息，消除村民对接种新冠病毒疫苗的担心和疑问。

3.全面了解网格内村民新冠病毒疫苗接种情况，依托网格大数据，通过网格"一图一表"划分区域，对已接种的片区及时做好登记，让每个网格的接种进度一目了然，对未接种对象要及时通知到位，做好接种群众陪同、看护工作，实现疫苗接种服务保障"一条龙"。

4.接收街道下发的本网格内涉及疫情相关数据，根据数据提供的电话号码、户籍地址等信息，通过电话联系、入户调查等方式开展摸排；要求24小时内完成全量摸排，对核实到的人员按规定立即落实对应的管控措施，并将摸排结果反馈给街道数据组。

5.主动了解本网格内重点人员（境外人员及国内高中风险地区人员）信息，及时掌握登记相关人员的有效身份证件信息、从业信息、居住信息、轨迹信息和手机号码。

6.引导网格内的村民主动到村委申报个人信息，发动周围村民向网格员提供线索，及时掌握重点人员情况，并对重点人员进行管控，实施网格化、精细化管理，做到底数清、信息通、措施明、可追溯。

显然，"负责人员"的任务繁杂，事无巨细都要了如指掌。面对疫情这种重大社会事件和公共卫生安全挑战，基层治理机构肩负重任，对基层人员的管理水平提出了很大挑战。

在防疫工作中，网格化的管理使村干部能够提前分配工作区域。村干部不必忙作一团，村民也能及时找到负责人，各种工作得以有序进行，一定程度上减少了村干部许多无用重复的工作，更加高效地开展各项工作。对村民来说，网格化管理方便了自身的生活，使得自己的事情有人管。

疫情防控期间，村两委九名干部分工明确，职责明晰，但又不僵硬死板，方便了前来办事的村民，有效地提高了工作效率，既能避免村干部产生懈怠思想，又能减少重复工作，提高工作效能。这也使得人口众多的桂林村在乡村治理上取得了明显成效。

三、志愿者服务

　　除了网格化管理外,如今各种具体事务也由志愿者分担。村干部、包村干部、村级服务队、派出所民警、村级志愿者组成六支队伍,分别是:村级工作服务队、党员志愿者服务队、矛盾纠纷调解队、居家养老志愿者服务队、科普志愿者服务队、青年志愿者服务队。这六支队伍从党建工作、综合治理、精神文明、计生服务、文化宣传、劳动保障、民政服务、便民服务八个模块为村民服务。志愿者是协助村治理的重要力量,如遇到大型任务时,村委会需要村民志愿者的帮助。桂林村新时代文明实践站成立了七个志愿服务队,分别是:理论宣讲志愿服务队、农创联盟志愿服务队、农技培训志愿服务队、广场舞娱乐文化志愿服务队、传统文化传承志愿服务队、美丽乡村志愿服务队、扶贫惠民志愿服务队。

　　这些志愿者都是主动申请加入。桂林村利用"畲韵穆云"公众号、政府门户网站和公告专栏发布志愿服务项目信息,明确志愿服务所需的条件和要求,利用电话、网络和现场申报等方式公开招募志愿者。对申请加入的人员,审查合格后填写统一的注册登记表或在志

图 2-9　桂林村疫情防控志愿者　桂林村村委会供

愿福建网注册。按照志愿者提供的个人信息,村干部依据登记表的要求填写志愿者个人基本信息,包括服务技能、志愿者的服务信息、培训信息、表彰奖励信息、被投诉信息等内容,做到一人一号、一人一表。经登记填表后,由

桂林村新时代文明实践站统一发放志愿服务卡。①

村委会对登记注册的志愿者做好教育管理工作，引导参与服务的志愿者遵守承诺，自觉接受监督，加强对志愿者骨干的培养，使他们成为志愿服务的中坚力量，通过他们的示范引导，不断提升志愿服务质量。如果志愿者在服务过程中被服务对象投诉，经核查属实，新时代文明实践站予以记录，并提出相应处理意见。

为了提高志愿者服务能力，桂林村坚持培训与服务并重的原则。由村委会、相关志愿服务组织，根据志愿服务项目的要求，聘请行业部门的专家，通过集中辅导、座谈交流、案例分析等方式，对志愿者进行相关知识技能培训，旨在增强服务意识、服务能力和服务水平。桂林村坚持开展志愿服务工作，力图推广本村志愿服务工作好经验、好做法，在全村弘扬志愿精神，普及志愿服务理念。

四、应急事件的处置

桂林村设有综治中心。中心定期召开例会，分析社情动态、收集和上报治安信息，及时向村两委提出综治工作意见与建议，且负责化解村民矛盾、防范各类违法活动，推进社会管理综合治理，宣传社会治安综合治理方针、目标、任务，建设"平安穆云"。中心各成员分管民兵、妇联、共青团、治保、调解等任务，有效整合了基层综治维稳力量。中心工作内容涵盖了各类日常事件及突发事件。针对村民矛盾纠纷，中心成员积极了解村民动态、日常摩擦缘由，尽量避免冲突升级。对于已经发生的矛盾，中心及时调解，对村民讲道理、摆事实，以求化解村民矛盾，达到自愿和解。对于一些勉强和解但仍有微词的纠纷，中心会制作调解协议，签订协议后，矛盾双方需要按协议履行义务，中心会追踪关注调解后续。若调解不成功，中心需联动上级组织共同调解，仍不成功的将通知当事人诉讼解决。

在防灾工作及疫情防控期间，村干部责任重大，任务繁重。桂林村面积大，人员多，居民主要居住在平原，自然灾害影响较小，但仍有1处地质灾害隐患点，潜在威胁到8户36人，房屋面积共计1100平方米。为做好汛期地质灾害应急防御工作，避免和最大程度地减少人员伤亡和财产损失，村设立

---

① 访谈对象：WMH，访谈人：陈怡妃、张向阳，时间：2022年7月10日，地点：桂林村村委会。

不同工作组:一是信息传递组,负责值班、信息的上传下达,并将预警级别或转移信息传达到各小组负责人,做好档案工作;二是抢险救灾组,负责带领抢险组人员,根据灾情情况进行抢险救灾;三是路线转移组,负责协调督查各点转移人员情况,并及时汇报;四是后勤保障组,负责转移人员生活保障问题;五是医疗保障组,负责做好医疗防护、医疗防疫工作。

桂林村避险安置点设在村委楼。险情发生时,村干部通过敲锣、电话等形式通知到各户。村委会共储备手电筒 10 把,锄头、铁锹各 10 把,雨鞋 10 双、雨衣 10 件,铜锣 1 面,土箕 10 担,警戒线、安全带各 2 条等防汛抢险物资。① 桂林村村委会根据地质灾害预警级别,采取相应的应急措施。除上述情形外,桂林村还加强日常管理,一旦发现地质灾害险情及时采取应急响应措施,及时组织群众转移避让。村每年进行一次全方位、多层次、多形式的宣传发动,采取召开会议、出标语、横幅、宣传栏、设立警示牌、编印宣传资料等多种形式宣传活动,使有关法律、法规、山洪灾害防御常识和对策,做到家喻户晓,人人皆知。

灾后,由村两委组织开展自救工作,包括灾民安置、疫情防控、恢复生产以及维护社会治安稳定等。如果是台风和强降雨过后,乡政府和村两委要组织人员开展地质灾害危险区巡查,在确认地质灾害危险区域内岩土体处于稳定状态,确保安全的情况下,才能稳妥地组织已转移群众回迁,但仍需严密监视地质灾害点的发展动态,及时组织开展地质灾害补充调查,更新有关信息。

五、发挥村民组织的作用

(一)村民代表大会

村民自治以民主选举、民主管理、民主决策、民主监督为主要形式,切实保障了人民群众当家作主的权利。村民会议和村民代表大会是民主权利得到切实保障的载体,是党和国家赋予广大人民真正当家作主的有效形式。

桂林村村民代表选举工作安排在村两委换届选举之后,24 个生产队按照组内人数比例,推选产生新一届村民代表。村民代表需履行相应的义务,

---

① 访谈对象:WJZ,访谈人:陈怡妃、张向阳,时间:2022 年 7 月 27 日,地点:桂林村村委会。

不定期召开村民代表会议，制定村民自治章程、村规民约，并处理其他相关事务。村民代表会议要讨论决定村民委员会选举办法、工作人员和选举的其他事宜，选举产生村级民主监督组织成员；每年定期听取、审议村民委员会工作报告、村级民主监督组织工作报告；日常监督评议村民委员会、村级民主监督组织及其成员的工作、行为；及时向村党组织、村民委员会反映村民的意见、要求和建议。村民代表大会遵循相应的村民代表会议议事程序。

图 2-10 村民代表大会 桂林村村委会供 **图 2-11 村务监督工作会议** 桂林村村委会供

村党总支认为新农村建设中的改造工程，需要村民代表大会讨论，村委会应请本村比较有威望的村民协助做疏导工作。尤其是土地问题，需要德高望重的村民做很多思想工作，还必须经过村民本人的同意。做通村民工作之后，才能同村委会交接。[①] 通过这种方式，避免将矛盾集中在村里，影响村委会做好其他服务工作。所以，村民代表大会要充分发挥作用，尽可能保障村民的各项基本权利。

（二）监督小组委员会

按照《村民委员会组织法》的规定，村财务、村自治事务和需要村民完成的国家政务，事件办理结果和过程都需公开。村务公开不应该只玩数字游戏，更应该以具体的事件经过为主，打造一个人民和乡镇政府合力的监督体制，创造一个乡村民主的社会环境。监督小组委员会是村两委领导班子的配套组织，监督小组成员有组长 1 名，成员 2 名，主要为进一步规范村务监

① 访谈对象：WCS，访谈人：陈怡妃、张向阳，时间：2022 年 7 月 10 日，地点：桂林村村委会。

督委员会的工作,结合本村实际,推进村民自治,制定村务监督委员会工作制度。

近些年桂林村大型工程多,完善招标程序,做到公平、公正、公开,就需要加强监督。大型工程资金投入多、影响大,涉及的人、物、部门众多,完善监督方式是提升村治理水平的关键。虽然工程项目有专门的监督、审计、验收人员,但对村两委决策的监督仍然需要加强,桂林村成立监督小组委员会有利于弥补这一方面的不足。

此外,监督小组还开展经常性的监督检查,进一步强化农村民主管理和民主监督的作用,推动农村民主建设的进程。

(三)"一事一议"制度

桂林村还对村内重大村务实行"一事一议"制度和"一事一测评"制度。桂林村充分运用会议、宣传栏、标语等多种方式展开宣传,让村民了解实行一事一议制度和参与财政奖补项目对村庄发展的重要性。一事一议方案提交村民代表大会通过,进行村内公告、公示,接受群众监督,对于筹资筹劳及项目招标进行严格的公开、公示。桂林村坚持以农民一事一议为基础,多渠道筹集资金,用于村民迫切需要并直接受益的事业建设,尊重村民的意愿,使大多数村民能直接受益,充分调动村民筹资筹劳的积极性,推动村内各项事业顺利开展。

村里重大事务办理结束,将办理结果公示后,要进行村民满意度测评。测评采取入户调查或召开会议的办法,由村民代表、户代表或联户代表按满意、基本满意和不满意三个档次进行测评。测评结果在公开栏公布。如一次测评满意率低于60%的,要进行批评;二次测评满意率低于60%的,要进行通报;一年内三次测评满意率低于60%的,要在广泛征求意见的基础上,视情况对村干部分别进行调查或处理。

(四)基层民主建设成效

从总体上看,将民主征求意见发展为普遍做法,有助于提高基层民主决策的质量。为了了解桂林村基层民主建设,笔者通过问卷调查的形式对村民开展入户调查访谈。被调查群体通过抽样取得,本次问卷调查共发放50份,回收问卷42份,其中有效问卷40份。本问卷主要目的是了解桂林村在基层民主建设过程中的做法和成效。调查问卷分为三部分:第一部分是关于桂林村的基层组织架构及其村务的处理形式；第二部分是公民参与基层社会政治文化活动的积极性；第三部分是公民对基层民主建设的期望与建议。

关于"乡镇干部对村务影响"的调查中，有 28 份问卷选择"多"，也有 7 份认为"不多"。关于"村组织在三务（党务、村务、财务）的公开化透明化形式"的调查显示，桂林村采用了会议讨论、张贴公示以及在村微信群公开说明等方式，调查对象较为认可上述方式。关于"村民对村干部换届选举的关注度"调查时，有 30 份问卷选择"关心"。关于"村民对周边其他村开展民主活动的了解情况"，只有 5 位村民回答"了解"。关于"村民对各类村级事务的重视度"，有 31 位村民选择了"是"。关于"村民获取新闻时政信息的渠道"的调查，33 份问卷显示，手机软件、微信公众号、微信群等新媒体被认为是更为便捷的信息平台。

关于"村基层社会治理以及公共决策方面的满意度"的调查，回收的问卷显示 98％的村民对桂林村的基层民主建设满意，剩余的 2％认为较为满意。显然，村民对于桂林村领导班子的基层社会治理成效还是认可的。

在了解"基层民主建设的建议或意见的表达意愿"时，发现有 32 位村民表示不会主动说出想法。调查"村民对村基层民主建设的建议"时，村民希望村务能够更加公开透明化，邀请村务监督员征集村民意见或建议，加强乡镇与村社两级的人才队伍建设，吸纳优秀人才扎根基层，带动乡村发展。

显然，桂林村通过便民服务中心、网格化管理、村民代表大会、监督小组委员会等组织，以仅有的九名村干部，将日常工作细化，力求将每件村务处理好，将每个村民服务好，让现代化的治理体系走好"最后一公里"。现代化的治理模式使得桂林村每个村民都可以亲身参与身边各种事务。村民虽然在基层民主化和基层群众自治工作上还有不少意见，但基层民主的进步也让村民愿意参与乡村治理工作。

第三节　治理成效

桂林村上述治理主体和治理模式落实在村发展上，就是通过实施各种工程项目、加强乡村文化建设、改善村庄基础设施、促进集体经济创收等途径提升治理成效。近年来，村两委先后完成商贸街改造、桂林公园建设、旧街改造、桂林森林公园建设、桂林桥至秀溪街道白改黑拓宽工程等，村内基础设施明显改善,传统文化得以保护。

一、祠堂修缮

祠堂是本村宗族的公共建筑。在旧时,它是宗法制家国一体特征的体现;在当代,它则记录着一个家族的绵延血脉,凝结着无数族人的深深眷恋。桂林村的王氏祠堂是省级文保单位,对其进行修缮不仅体现了对家族祖先长辈的缅怀和尊敬,更是对历史遗迹的保护。村委会从村集体经济发展和乡村文化建设的双重角度出发,决定于 2016 年修缮王氏宗祠。

修缮过程中遇到的难点主要有二:一是资金问题,二是具体修缮工作如何实施。在赔偿补贴的经济问题上,村委会与乡政府协调,既要保留建筑的文化感,又要保障资金充足。而在具体的修缮工作中,村两委组织填报资料,向上级文物部门汇报,得到符合保护性开发标准的批复后,方可开展修缮工作。在村两委的统筹组织下,王氏宗祠修缮工程顺利落地结项,焕然一新的祠堂面貌既提升桂林村的观光价值,也为村民提供了精神家园。

同时,村两委还在振纲祠和启元祠建设党史陈列馆、乡村记忆馆和农民文化活动中心。展馆的建设工作始于 2022 年,总投资约 50 万元,目前已对外开放。党史陈列馆的前期工作是由村两委和村民收集相关红色事迹、红色故事,同时请桂林村乡贤运用现代科技还原抗战场景。这是桂林村挖掘整理历史资料的重要步骤。桂林革命史是福安新民主主义革命史的缩影,在福安近现代史上发生的大事件或多或少都影响桂林革命历史。建设党史陈列馆有助于村民了解党史,继承和发扬革命先辈的精神,丰富村民的精神文化生活,同时也能让后辈青年有所启迪。

二、亭街改造

亭街是桂林村的主干道,原道路狭窄逼仄,最多不过 2 米宽,由此经过的来往车辆都需要格外小心避让。这条道路限制了区域内人口的流动,逐渐成了阻碍本村发展致富的重要因素。前任村干部意识到了这一问题。

在 20 世纪 60 年代,村干部就已经准备拆迁拓宽亭街,但由于资金不到位,又遭遇饥荒,拆迁工作并未落实。因为道路没有硬化,周边的群众又把房子盖回去了,后来就只剩下一条小道。1986 年,桂林大桥修好,村里面路还是很窄,外面的车辆到了亭街就开不过去,还得调头回去。此后,乡政府、市政府都组织过改造，但因为涉及村民搬迁，矛盾众多，都没有成功。① 在宁武高速开通之后，村委会认为，"现在我们有机会了，我们应该胆子也大一点，有机会就得干"。② 最终，亭街改造项目由 WJM 牵头，WCS、WSX 担任主要负责人。从村两委开会讨论项目的可行性，到与上级政府沟通汇报，前后召开大小会议数十次，最终村民同意搬迁。

图 2-12　亭街改造前后　桂林村村委会供

亭街改造时有两大难点：其一，项目涉及人口多，达 76 户人家，村民不愿意搬迁是因为新盖的房屋花费了较多的财力，而且一部分家庭兄弟姐妹多，居住地分散，意见不一致；部分村民家里人口众多，宅基地较少，拆迁后无处落脚。其二是资金缺口大，亭街改造工程所涉及的基础设施建设，如道路硬化、排水系统、人行道等需资金 200 多万元，这还不包括补偿拆迁资金，这都给项目建设带来极大难度。

针对"老大难"工作，桂林村成立拆迁项目领导小组，党总支和村委会一条心，挨家挨户深入群众家里，动之以情、晓之以理，苦口婆心做群众思想工作，全力宣传旧街改造将会给桂林村带来的变化。通过对比宣传，深入说服，反复动员，很多村民逐渐提高了认识。对于那些出门在外的户主，村干部还不辞辛劳把工作做到省外，如西安、上海，省内如南平、屏南、泉州等地，并认真做好赔偿以及安置工作；遇到低保户、五保户、计生特困户等，由村委会垫钱先建房安置，再拆迁。这一系列举措得到群众认可和支持。

改造后的亭街宽 18 米、长 436 米，两旁人行道各宽 3 米，中间主干道宽12 米，涉及拆迁建筑面积 6540 平方米。依照宁武高速公路的补偿标准，建

---

①　访谈对象：WSC，访谈人：陈怡妃、张向阳，时间：2022 年 7 月 25 日，地点：桂林村王氏祠堂。

②　访谈对象：WJM，访谈人：陈怡妃、张向阳，时间：2022 年 7 月 26 日，地点：WJM 家。

设安置房 54 套,拆迁补偿款、道路建设费用合计 1100 多万元。

亭街改造成功有序推进了桂林村交通基础设施的改善,为乡村振兴、生态文明、乡村旅游发展提供了有力保障,极大便利了桂林村与外界的交流。

三、湖滨路"白改黑"

除了亭街改造项目,桂林村还对村中其他主要干路进行了改造,为周边居民往返城乡提供了便利,也为吸引周边商户入驻打下基础。

桂林湖滨路是穆云畲族乡第一条"白改黑民心路"。湖滨路位于白云山旅游大道边沿,是经白云山旅游大道进入西部穆阳、穆云、康厝的重要连接通道。该工程总造价为 1380 万元,拆迁 4 户,其中政府补助款 480 万,其余为村集体资金出资。湖滨路起自桂林大桥,至白云山旅游大道,全长 850 米,路面宽 12 米,两旁人行道各 3 米。其中桂林二桥总长度 152 米,分为两跨;其中一跨 80 米,另一跨 72 米(靠近省道)。2016 年,桥面人行道拓宽为 3.5 米,工程造价合计 156 万元。其中,交通部门发放 20 万元,财政补贴 100 万元,其余由村集体出资。

2017 年,桂林村决定对村内道路实施"白改黑"改造工程。在桂林全体村民代表的积极拥护和配合下,该工程于 2017 年完成了征地、赔偿;2018 年启动第一期"白改黑"工程拓宽改造,全长 550 米,第二期工程全长 300 米。改造工程完成后,有效地改善了福安西部一镇两乡和畲族经济开发区的行车路况及周围环境卫生,进一步美化了桂林,成为村民认可的民心工程。

图 2-13 "白改黑"道路 陈怡妃摄

图 2-14 民族融合示范街(效果图)
桂林村村委会供

桂林二桥亦称为"景观桥",位于白云山高速口——桂林桥头。桂林村正在对桂林二桥及周边开展环境整治专项项目,包括改造提升桂林溪边公园,建设白云大道拦水坝、灯光喷泉、游乐园。此项工程预算投资 2000 万元,桂林桥下溪边已建成江边茶园休闲道、文化广场、环溪步行道、江边新栈道、乡村大舞台、灯光球场等。该项目的落实改变了乡村文化面貌,改善村民生活质量。

这些道路改造项目竣工后,桂林村的整体村容村貌有了大幅度改善,道路两旁的绿化带也通过美化等方式进行改造提升,最为重要的是这些项目工程成功实施,凝聚了村委会力量,提升村民对乡村建设的认可度。

四、民族融合示范街建设

穆云畲族乡是汉族、畲族、回族等多个民族共同生活的地方。穆云畲族乡和桂林村以铸牢中华民族共同体意识为主线,启动集畲文化、茶文化、旅游文化等为一体的民族融合示范街建设项目。桂林村决定将城北街建设为"民族融合示范街"。该项目总投资 1000 多万元,涉及 93 间店面、3 座茶厂、72 户村民房屋,计划建设畲族文化、畲族茶艺、畲族传统美食等多功能展示区。该项目与福建省工信厅联合共建,将示范街打造成为福安市文旅结合的重要节点和具有民族特色的商贸步行街。工程计划将整条街的铺面、房屋统一设计,集中规划多功能展示区,将多民族文化特色展现给游客,为游客提供畲家伴手礼、农特产等产品。

桂林村村委会希望通过这条街的改造,吸引更多的客商、人才、资金、技术等优势资源汇聚到桂林,壮大桂林村文旅产业,助力群众增收,促进乡村振兴,带动民族区域经济社会文化发展。

在桂林村党总支的领导下,村两委积极配合上级政府部门工作,推行多种治理模式,促使人口多、面积大的桂林村得以长期稳定发展,也为桂林村在经济、教育、文化等方面的发展奠定了坚实基础。

第三章

经济活动

　　重农固本,安民之基。农业作为国民经济的基础,是民众生存之本,衣食之源。在"八山一水一分田"的福建,山地多,平原少,尤其是平原耕地面积更少,极大限制了农业机械化发展。但由于福建山地土壤发育好,土层深厚且多酸性土壤,加上气候温湿,非常适宜茶树的生长,使得福建成为"茶之王国"。古往今来,桂林村的发展与茶叶有着紧密联系。

第一节　桂林村早期的经济类型

　　《福安乡土志》载:"本境东南际海,西北依山,烟、茶、鱼、盐之属,在境之商固获其利。"而清末福安民众以"货殖致富者,肩背相望",[①]可见重商风气由来已久。早期桂林村村民主要从事农耕,但由于桂林村有便利的水运条件,村民在从事农耕的同时也从事一些小商品贸易和商品中转贸易。

一、山货、海产品的中转贸易

　　穆阳溪为桂林村村民提供了方便的水运。从南平、古田等地来的商人到这里后可以乘船至海边;从海上来的商品可以通过水运至此中转,然后通过人力运输至闽西北山区。至今,在桂林的秀溪和穆阳的石板兜还有中转码头和客栈遗迹。秀溪是穆阳前往福安官路必经之处,是穆阳古镇码头所在地。穆阳溪流域上往来舟楫常停靠于秀溪,村民外出经商、科举应试多由此出发,[②]山货、布匹、火柴、洋油、海产品、盐也常在此中转贸易。在众多商

---

①　周祖颐编:(光绪)《福安乡土志》卷一,清光绪三十一年(1905)京华印书局刊,第15页。

②　访谈对象:WMH,访谈人:谭雅云、吴嫱,时间:2022年7月7日,地点:桂林秀溪。

品中，食盐运输和交易最为重要，盛极一时的桂林街和盐庄的旧址即位于秀溪福穆公路东侧沿溪畔的巷子里。

图 3-1　老桂林街　谭雅云摄

图 3-2　老盐庄旧址　谭雅云摄

据介绍，清末商人在秀溪建有一座盐庄，经营食盐。盐庄的储盐库以松木板为仓隔，每个仓长 6 丈，宽 1.6 丈，共设有八个仓，周围地面全部以木板铺设，工人抬盐通过一段木板地面后进仓，有效避免工人脚底沾沙带土进入盐中，以保盐质。仓库储有数千担食盐，用工 70 余人，食盐主要销往寿宁、周宁、政和、松溪、浦城及江西一带。土地革命时期，国民党政府为封锁苏区红军和民众用盐，曾派重兵把守。桂林村群众冒着生命危险，千方百计通过敌区封锁，几经转手将食盐送往苏区红军手上，确保苏区军民生活用盐。桂林村群众经常深夜赶路挑盐支援前方，俗称"挑沙盐"。[①]

二、集体经济

中华人民共和国成立后，桂林村的经济体制相应地发生了变化，集体经济是最主要的经济形式，集体办厂也成为集体经济的主要表现形式。

（一）糖蔗厂

据 WCQ 介绍，20 世纪 60 年代前后，桂林村的主要经济作物是糖蔗。1962 年，福安县在桂林村成立机械榨糖厂，厂内设有 7 个灶，每个灶置 5 口

---

① 访谈对象：WMH，访谈人：谭雅云、吴嫦，时间：2022 年 7 月 7 日，地点：桂林秀溪。

锅,后受劳动力、市场需求和成本等因素的影响,实际投入生产的只有 3 口锅。与此同时,村内也开始大规模种植腊蔗和果蔗(绿皮),就近卖给榨糖厂。在当时的生产水平下,一个生产队每年能生产两千至三千斤的甘蔗糖,蔗糖被售到闽西、闽北、景德镇、婺源、鹰潭等地区。但由于生产技术含量低、设备不完善、钢的锻造水平有限、榨糖的机械齿轮易毁坏等问题,榨糖厂为维持生产,只能减量生产,每次放入 3 至 5 根甘蔗进行压糖,生产效率很低。

20 世纪 70 年代,桂林村投资建立榨糖厂,主要生产红糖。糖是村民的必需品,村办的榨糖厂在年底会给每家每户分糖。过年时,家家户户都要熬糖糕,亲戚朋友送东西来,他们会回赠两块板糖和 4 个红橘。过白年时,亲戚朋友要送金包,主人也得回赠两个板糖或 4~6 个红橘。除了榨糖厂外,村里 23 个生产队还有 16 架水车用于小作坊生产板糖。村民如果没有种糖蔗,可以到生产队购买 5 斤糖,放在糖缸里储存。① 毫无疑问,当时榨糖成为村集体和村民的主要收入来源。

到了 20 世纪 80 年代,糖蔗厂退出桂林村的经济舞台。桂林村未能继续发展榨糖业的原因主要有两个方面。一方面是天气因素,20 世纪 70 年代末,桂林村接连遭遇极端天气,温度很低,且伴随霜、雪天气,甘蔗生产受灾。如果在下霜之前未能及时收割甘蔗,糖蔗质量就会下降,无法生产出达标的蔗糖。尤其是某些年份整月降雨,导致糖蔗腐坏。另一方面是市场竞争,1982 年,福安赛溪矮滩开办了一个规模较大的糖厂,负责将各个乡镇的糖蔗加工成白糖,生意好的时候,甚至将广西生产的糖蔗买来加工。而桂林村蔗糖厂缺乏资金和技术支持,且本地糖蔗又不具备竞争优势,只能停办。② 基于上述因素,桂林村蔗糖经营的经济效益不高,村民逐渐失去了蔗糖这一主要收入来源,不得不改种其他经济作物或转行。

(二)弹簧厂

1975 年前后,福安穆阳弹簧厂在桂林村建成,后改名为福安县弹簧厂,厂址位于桂林村振纲祠附近。据 1983 年出任弹簧厂厂长的 WSX 介绍,厂内工人最多的时候有 40 多名,主要负责生产三轮摩托车弹簧、汽车配件的

---

① 访谈对象:WCQ,访谈人:黄祥深,时间:2022 年 7 月 14 日,地点:桂林村王氏祠堂。
② 访谈对象:WCQ,访谈人:黄祥深,时间:2022 年 7 月 14 日,地点:桂林村王氏祠堂。

弹簧、电器需要的小弹簧。这些弹簧精细度要求不高，技术含量较低。工人将粗细不同的铁丝放入不同型号的机器里，通过转动手柄，将铁丝压制成一圈圈的弹簧，切断后打磨两侧，根据订单要求压出不同的高度，然后使用硝酸钾做热处理，将弹簧放入水或者油里进行淬火。弹簧制作材料的运输成本和人力成本高，带来的收益少，这使得弹簧厂不得不开拓其他业务。于是弹簧厂开始制作冰棒签、锄头柄、建筑板料，所需的毛竹原料来源于沙县和南平，按照一根毛竹两分钱的价格购入，经过加工后卖到山东以及东北等地区。这一转变使弹簧厂获得了不错的收益，此时的弹簧厂又被称为综合厂。[①]

弹簧厂最终淡出的原因有多种，一是缺乏技术，手工效率低。二是每个型号的原料和规格不一样，原料需要从鞍山和江苏新沂运来，运输成本大，利用率却很低，例如买半吨原料，结果订单只做了几千个弹簧，剩下的原料就造成资源和资金浪费。三是市场竞争激烈，宁德军分区也开办了弹簧厂，该厂技术好、材料成本低、推销能力强。与之相比，桂林村弹簧厂失去了市场竞争力。四是茶叶生产兴起，村里对弹簧厂支持逐渐减少，弹簧厂后来顺势转型为茶叶精制厂。

（三）面社

桂林村及附近村庄的村民喜食线面。紧邻桂林村的穆阳开办过线面公社（线面加工厂），当地村民俗称"面社"。笔者访谈了面社的工人 CCM 和 JLM。CCM 今年 70 岁，他 18 岁进入面社，在穆阳面社工作了四五十年，见证了面社的繁荣与衰败。据他介绍，面社于 1956 年开办，最初是国营，后改为集体经营，于 1998 年停产。面社位于穆阳村三角坪，初办时只有工人 71 名，到 1956 年底就增加到 100 人，最多的时候达 200 人。穆阳线面公社与其他粮食公社不同，是附近唯一一家直接隶属于基层单位的公社组织，不属于穆阳管辖，直接归福安县（市）粮食局管理。它主要生产线面、粉干和米粉，每天生产出来的线面会在福安附近的粮站销售，销售范围最远到宁德地区。[②]

---

① 访谈对象：WSX，访谈人：谭雅云、吴嫦，时间：2022 年 7 月 25 日，地点：桂林村王氏祠堂。

② 访谈对象：CCM，访谈人：黄祥深、谭雅云、吴嫦，时间：2022 年 7 月 12 日，地点：CCM 家。

由于工作时间多集中在半夜，工作强度较大，工资也较高，一天可得一块六毛钱。面社所需面粉由公社自产，工人对面粉进行加工后制成线面，放到厂属的 7 家店铺进行销售，村民需要线面就到店里购买。面社工人的技术主要是祖传，如 JLM 祖上三代都经营线面，他爷爷还曾做过 20 多个人的领班。1987 年，JLM 顶替退休的父亲进入面社。面社解散时，他开始独自经营线面店，由于技艺高超，名气逐渐扩大，不仅有河南等地的人来学习，还常常吸引宁德市、福安市及外地记者来拍摄、采访。[①]

三、个体经济

改革开放后，桂林村的个体经济逐渐兴起，如村民 WSX 曾经营过鞭炮坊。据他介绍，自清朝末年，他的太公那一代便开始从事鞭炮生产，代代相传。鞭炮坊的整个生产采用纯手工制作，工序繁杂，危险系数高。当时的鞭炮坊只制作双声炮，分上下两部分，中间用干泥巴做隔层，当鞭炮被点燃并飞到空中七八米高的地方时，底下部分先炸开，之后冲破隔层，上面那部分再炸开，由此便有两声响动。这种双声炮在市场上有很大的销量，逢年过节、喜事丧事都需要用到，是村民日常生活中的常用品。而且除了在桂林村销售，还销往穆阳、福安、周宁、寿宁等地，甚至宁德以及闽东周边的县市都有人闻之而来。[②]

鞭炮坊是 WSX 家族发家致富的重要依托。他的几个堂兄每家聘用四五个工人，合计聘用了 30 人左右。工人的工序不同，工资也就不一样，但都是按件计费。如工人做一捆鞭炮两毛钱，一天可以赚一两块。但有些工序只有六分钱，一个晚上可以做二十捆，就是一块二。这样算来，WSX 的堂兄人均年收入能达到两千块。[③] 但鞭炮坊只在农闲时生产，鞭炮制作多集中在春季和秋末，且主要在晚上。因此，鞭炮坊的效益有限，到 1982 年，WSX 和他的堂兄们放弃了鞭炮制作而转向茶叶生产。

20 世纪 80 年代开始，受改革开放影响，一些集体企业在市场竞争中纷

---

① 访谈对象：JLM，访谈人：黄祥深、谭雅云、吴嫱，时间：2022 年 7 月 12 日，地点：JLM家。

② 访谈对象：WSX，访谈人：谭雅云、吴嫱，时间：2022 年 7 月 25 日，地点：桂林村王氏祠堂。

③ 访谈对象：WSX，访谈人：谭雅云、吴嫱，时间：2022 年 7 月 25 日，地点：桂林村王氏祠堂。

纷解散，同时新的集体产业又不断出现。一些嗅觉敏锐的村民抓住政策的优势，开始纷纷进入商业领域，个体经济兴起给桂林村的经济发展带来前所未有的变化。

第二节　茶业的历史与现实

一、茶叶迎来了发展机遇

福建凭借优越的自然条件、悠久的种茶历史，在中国茶业发展史上占有重要地位。而桂林村的茶产业发展也具有得天独厚的基础和优势。

（一）桂林茶叶种植历史悠久

乾隆年间编纂的《福安县志》对当地的花草树木、鸟兽虫鱼进行了分门别类的介绍，合计有 17 个类别，并将茶归于"货类"，记载道："茶，山园俱有。"[1]由此可见，清代茶叶已在福安大范围种植。道光二十二年（1842），福安、福鼎把绿茶生产改为红茶生产。光绪七年（1881），福安茶叶出口量达 7 万余箱，约 4.2 万担，成为福安历史上出口茶叶量最多的年份。[2] 据光绪十年（1884）版的《福安县志》记载："番舶弛禁，贪贾垄断，茶荈、罂粟遍植岩野，以邀利市之三倍。"[3]可见晚清时期福安茶叶种植范围之广、利润之高。

福安属福建产茶区的北路，北路茶叶贸易"繁盛盖始于海禁通后"，[4]产量最多时占据全省的十分之七。民国时期，福安的桂林、穆阳、樟垄等地都属于产茶区，其中"福安之绿毛茶大部分为清水绿，以穆阳所制者为特佳"[5]，这里所指的"穆阳"也包括紧邻的桂林。

1934 年，福安职业学校创办茶叶科，旨在"研究改进茶类之种植、制造、运销等，为国内首创之茶业职业学科"。该校新式制茶工场系用机器揉捻及炒焙，"较旧法制造神速，且出品能充分保留优良之原质，香、色、味绝佳"。为了推广茶叶种植，学校曾派遣"茶师及生徒分赴各区劝令农户注意茶园管

---

① 侯谨度：(乾隆)《福安县志》卷七《物产》，乾隆四十八年(1783)刻。

② 郭专：《中国闽东茶叶大观》，香港：中国新闻出版社有限公司，2011 年，第 51 页。

③ 张景祁等纂修：(光绪)《福安县志》卷七《物产》，台北：成文出版社，1967 年。

④ 唐永基、魏德端：《福建之茶》，福建省政府统计处，1942 年，第 14 页。

⑤ 唐永基、魏德端：《福建之茶》，福建省政府统计处，1942 年，第 25 页。

理,合力购置轻便揉茶机,俾能产销合作化,改进普遍化"。[1] 而在推动福建乡村机械化制茶时,张天福是关键人物。

1935 年 8 月,张天福到福安茶叶改良场和福建省立福安农业职业学校任职,他通过融合西方院校教育形式,将科教合一,推行符合中国茶业发展需求的人才培养模式。[2] 学校的老师又是茶场的技师,而茶场则是学生实习和劳动的场所,由此将教学、科研、生产三者密切结合,为之后的茶叶兴起奠定了人才基础。

强化茶叶科技、兴办茶叶教育,成为当今福安乃至福建省茶业发展的保障。福安职业学校形成的"一校一场"现已发展成为宁德市职业技术学院、福建省农科院茶叶研究所,为福建茶业的发展培养了众多专业人才。

民国二十八年(1939),张昆玉在《穆阳社会剪影》里写道:"在这小小的镇内,有一条短短的街道,两边百余间的店面,颇形整齐,市面商业,还算可以,但因季候关系,而现着盛衰状况,因为此地是个茶区,每当春季茶叶登场的时候,市上情形,特别活泼,而茶季之后,则好像草木由春入秋,渐进入零落的季候了。"[3]此言不仅道出了茶叶市场的季节性特点,也揭示出穆阳镇商业发展和茶业的盛况。

1949 年后,国家设立专门的茶叶收购管理机构。1954 年,国家全面取缔私商,关闭茶叶市场。1955 年起,茶叶纳入国民经济计划,实行统购统销管理。据介绍,桂林村在 20 世纪 60 年代茶叶种植减少,桂林村和穆阳公社各办一个茶场,桂林村大概只有 300 亩茶场。此外,村民会在田埂上种茶叶,称为"篱笆茶"。1960 年至 1974 年,福安县茶厂的一个车间设置在桂林村王氏祠堂,负责就近加工茶叶。1976 年,村里成立耕山队,由每个生产队抽出一名成员共同组成,负责管理 100 多亩茶园。后来因管理效果不佳,茶园的管理任务被下放到生产队,并在 1984 年分配到各小组。[4]

综上所述,桂林村的茶叶种植历史悠久。到民国时期,茶业促进地方产业快速发展。1949 年后,随着国家政策的调整,桂林村茶叶也从私人种植变成集体所有。但此时,由于桂林村遭遇自然灾害,农业歉收,粮食供应不

---

①　《闽福安职中机制改良茶试验成功》,《中国实业》1935 年第 1 卷第 6 期,第 1153 页。

②　郭专:《中国闽东茶叶大观·序言》,香港:中国新闻出版社有限公司,2011 年,第 1 页。

③　张昆玉:《穆阳社会剪影》,《省行通讯》1940 年第 4 卷第 5 期,第 125～126 页。

④　访谈对象:WCQ,访谈人:黄祥深,时间:2022 年 7 月 14 日,地点:桂林村王氏祠堂。

足,茶叶种植只能让位给粮食生产。

(二)改革开放后桂林村茶产业迅猛发展

20 世纪 80 年代初期,国家逐渐放开茶叶市场,茶叶也从统购统销改为自产自销,茶农自主权扩大。随着改革开放的深入发展,农村经济不断向好,各地乡镇甚至农村纷纷办起茶叶加工厂,刺激了茶农生产的积极性。20世纪 80 年代初,桂林村也开始改良传统的茶叶品种,首先是从穆阳公社引进福云六号茶。这种茶的特点是长得快,清明前就能出芽。而苏北苏南的茶叶生长比桂林村晚了近一个季节,村民利用这个时间差,将原来 1 担2000 元的茶叶运到江苏,可卖 1 万多。① 此后,经过多次改良,福云六号基本淘汰了,目前桂林村内种植的主要是福鼎大白。村内还有福云七号茶,这种茶的特点是芽大、产量多、白毫浓。

随着茶业的快速发展,桂林茶叶的销售市场也不断扩大,遍布全国各地。据村民 WSX 介绍,一些村民经常前往北京、山西、山东、河北等地销售茶叶。因茶叶带来的经济效益十分明显,吸引了更多茶农投身到茶叶的种植与生产。

20 世纪 80 年代,穆云民族茶厂与北京茶业公司合作生产茶坯,其产品的特点是耐泡,能泡四次,而一般的茶叶只能泡两次。茶厂生产出来的茶叶又经过精制,运到宁德进行窨花,即将茶坯和鲜花均匀拌和,这是制造花茶的主要程序,最后再发往北京。20 世纪 90 年代,桂林茶叶初制厂有 12 家,每一家生产的毛茶产量就能达到 2 万斤。② 据桂林村村民描述,桂林村大规模种植茶叶,是农民获得收入的重要途径。农民采一斤茶叶可以得五分的工钱,但由于村大队缺少现金,便以盖过财务章的牛皮纸代替纸币,面值为一到五分钱,在村里可以交易。③ 如今,桂林村仍保存有一些老茶树,树龄已逾四十年。

二、闽东茶叶市场落户桂林

为适应茶叶生产和加工的需要,1989 年 1 月,福安市在桂林村(今穆云

① 访谈对象:WCQ,访谈人:黄祥深,时间:2022 年 7 月 14 日,地点:桂林村王氏祠堂。
② 访谈对象:WCQ,访谈人:黄祥深,时间:2022 年 7 月 14 日,地点:桂林村王氏祠堂。
③ 访谈对象:WJH,访谈人:谭雅云、吴嫱等,时间:2022 年 7 月 10 日,地点:王建华茶厂。

工商所附近)动工兴建闽东茶叶市场,这是闽东地区第一个茶叶专业市场。4 月 15 日,茶叶市场在穆云畲族乡开业,宁德地委、省消费者委员会和县委主要领导到场祝贺。茶叶市场占地 3300 平方米,投资 120 多万元,场内设交易厅、洽谈室、办公室、旅馆、餐厅、茶仓等配套设施。政府的支持和充足的资金保障闽东茶叶市场能够提供优质服务,为闽东的茶业发展提供了有利开端。[①]

　　每年清明节前二十天左右,就有来自全国各地的茶商到桂林村采购茶叶,人来人往,络绎不绝,一直持续到十月底才会结束。[②] 每年四至十月为茶叶市场的交易时间,参与交易的有当地国营、集体、私营和个人合伙企业,还有毗邻的周宁、寿宁、柘荣等县以及江苏、安徽、浙江等省的茶商和茶农。茶叶市场的产品销往福建、北京、上海、广东、内蒙古、新疆等地,甚至出口东南亚地区,还曾为北京亚运会提供优质银毫茶。1992 年,在茶叶市场交易的茶叶 692 吨,成交额 607 万元,税收 151 万元,管理费 10 万多元。据 WJH 介绍,当时茶叶市场以花茶的原料——绿茶为主要交易对象。通过将绿茶茶尖进行初级加工,制成干的、有条索的毛茶。各茶厂将毛茶买来后进行挑选,一种是粗制茶,基本保持毛茶的原状;还有一种是精制茶,需要把毛茶再加工成精制茶坯。精制茶坯还需要进行精选,把茶渣、茶梗以及茶污去掉,然后再分为不同等级便可以窨花,之后将茶叶和花搅拌在一起,过滤掉杂质,茶叶即可筛出来。[③] 花茶的生产和交易助推了桂林村茶产业的发展。

　　桂林村作为闽东最大最早的茶叶市场所在地,提升了茶叶进入市场的潜力。在市场的驱动下,桂林村生产的精制茶坯得到发展,甚至越南、老挝的茶叶都运到此地来加工,这些茶叶的绿茶茶坯也全部集中在茶叶市场交易。桂林村及其附近约有上百家的手工作坊加工精制茶。由于茶叶交易量大,涉及税收问题,当时桂林村的主要路口都设有检查站,负责检查茶叶和木材的运输。[④]

　　随着市场经济发展,闽东茶叶市场也面临着诸多的挑战。1998 年之

　　① 中共福安县委办公室:《闽东首家茶市开业前景看好》,《福安快报》1989 年第 4 期。

　　② 蓝炯熹主编:《穆云畲族乡志》,福州:海峡书局,2014 年,第 6 页。

　　③ 宁德地区地方志编纂委员会编:《宁德地区志》(上),北京:方志出版社,1998 年,第 749 页。

　　④ 访谈对象:WJH,访谈人:谭雅云、吴嫱等,时间:2022 年 7 月 10 日,地点:王建华茶厂。

后,该市场基本停止运行。闽东茶叶市场衰败的原因有多种,其中大量茶叶级加工厂迁到广西横县(今广西壮族自治区横州市)是重要原因之一。在20世纪90年代初期,桂林附近有百余家茶叶加工厂,是精制茶厂的原料提供商,但这些茶厂自产自销,利润低、收益小、茶叶质量较差,难以得到长期发展。[①] 另一个重要因素是随着交通运输业发展,在固定场所大规模进行原材料或初级加工茶叶的交易并不符合市场发展的需要。茶商往往以运输便利为首选,不需要去专门的茶叶市场交易,这样既可减少运输的麻烦,又可以减轻税收负担,减少成本。除此之外,20世纪90年代后期,桂林村的治安状况也在一定程度上阻碍了市场的发展。一些茶商常遭遇抢劫、敲诈的问题,导致更多茶商望而却步。受多种因素影响,闽东茶叶市场最终黯然落幕。

三、茶叶加工厂和茶叶机械制造厂

20世纪80年代开始,桂林村的茶叶加工厂逐渐兴起,闽东茶叶市场落成后,许多有经营能力和资金的村民都开始办茶厂。当时桂林村内有茶叶精、初制厂三四十家,成为福安市茶叶(主要是绿茶)精加工集中地。福安各乡镇及周宁、屏南、政和等地的茶叶都送到此地进行精加工,然后再销往福州、北京、山东、广东等地。目前,桂林村有茶叶初制厂6家,特种茶加工厂5家,有些初制厂和特种茶厂是合在一起的。而规模最大的是王建华茶厂和恒威荣记加工厂,这两家专注于茶叶的精制加工,年产值约2000万元。[②]根据现场调查和工商注册资料整理,桂林茶叶加工厂有13家,详见表3-1。

表3-1　桂林村茶叶加工厂

序号	茶厂	成立时间	地址	负责人	产量
1	福建省恒威荣记茶业股份有限公司	2016年1月	商贸街	王明勇	
2	福安市白云山王建华茶厂	2015年12月	秀溪路	王建华	

---

① 访谈对象:WJH,访谈人:谭雅云、吴嫱等,时间:2022年7月10日,地点:王建华茶厂。

② 访谈对象:WCQ,访谈人:黄祥深,时间:2022年7月14日,地点:桂林村王氏祠堂。

续表

序号	茶厂	成立时间	地址	负责人	产量
3	（无名）		城北路	郑锐金	3000 余担
4	福安市兴嘉泰茶厂	2013 年 4 月	三门路	王润坤 王华其	7000 余担
5	福安市振津茶厂	2012 年 11 月	桥南路	王振津 郑丽芬	7000 余担
6	福安市穆阳毓云茶厂	2012 年 5 月	黄儒新村	王毓云	10000 担
7	（无名）		城北路	李立明	5000 余担
8	百福茶厂	2020 年 9 月	城北路	王少明	3000 余担
9	福安市济公茶叶初制加工厂	2013 年 12 月	华光路	王寿锦	5000 余担
10	（无名）		桥南路	林青	
11	福安市穆云畲族乡 满生茶叶专业合作社	2010 年 12 月	桥南路	王满生	
12	福安市正香茶厂	2016 年 10 月	洋中厝	林旺松	8000 余担
13	福安市纯叶香茶厂	2013 年 3 月	桥南路	王忠	

注：表格数据由谭雅云、吴嫦收集整理。

鉴于恒威荣记茶业股份有限公司和王建华茶厂在桂林茶叶加工厂中的代表地位，万丰农业机械有限公司是茶叶生产设备企业代表，故下文予以重点介绍。

（一）福建省恒威荣记茶业股份有限公司

1988 年，福安市恒威茶厂成立，这是恒威荣记公司的前身。2005 年，茶

图 3-3　桂林村部分茶厂内部　谭雅云摄

厂投入资金 536 万元，改制成立福建省恒威茶业有限公司，并于 2008 年 4 月注册"荣记"商标。恒威茶业股份有限公司是一家集茶叶种植、生产、加工、销售于一体的民营企业，是宁德市农业产业化市级龙头企业，也是福安市茶叶协会会员单位。2008 年，公司获得 QS 认证。公司主要经营产品包括红茶、绿茶、花茶、乌龙茶，尤其是"荣记牌"坦洋工夫红茶、绿茶、花茶等系列品牌，备受市场欢迎。公司生产的"福禄寿喜"牌红茶，曾入选北京奥运会茶饮料用品。公司年产量达到 500 多吨，产值达到 5000 多万元，成为农业农村部全面质量管理达标单位。公司建有无公害茶园基地 1500 亩，厂房面积 8000 平方米。[①]

　　工厂加工的茶叶由农户送来，经选购后合格的便放置到自动输送带上，避免遭受污染。茶厂的生产流程分为三步：第一步杀青，将生的茶叶炒成半熟，在这一步工序中会加入木质颗粒燃烧，以此来代替柴火和木炭；第二步碾压，茶厂有 16 台碾压机，大号和小号对半划分，均是自动且定量的；第三步烘干，碾压完成后输送到烘焙机，干了之后就是成品。工厂有专用的架子用于白茶晒干，待到茶叶定型之后就收进来。晒茶叶时天气十分重要，太热、阴天都不行。如果晒的过程天气太热，茶叶混在一起，就会做糊、变色，

---

① 　蓝炯熹主编：《穆云畲族乡志》，福州：海峡书局，2014 年，第 180 页。

属于次品。由于茶厂规模较大,工人数量最多的时候可达 20 多个,平时留有 5～6 个工人。[1] 正是凭借宽敞的场地与完备的机械化生产线,茶厂实现了从采摘到包装"一条龙"的机械化加工。

据茶厂的工人介绍,该厂的茉莉花茶主要是外销。由于当地没有茉莉花,而广西茉莉花非常多,所以把茶叶运到广西去窨花。花茶原料是来自广西南宁的烘青绿茶、茉莉鲜花、白兰鲜花,恒威荣记委托广西方面加工成特种烘青茉莉花茶(造型茶)。

图 3-4　恒威茶厂内部　谭雅云摄

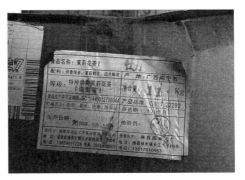
图 3-5　恒威茶厂包装箱　谭雅云摄

公司的产品主要以高端花茶为主,同时也生产低端花茶。比如茉莉花茶由于窨花程度、香浓度不一样,价格波动较大,有的 1 千克卖到几万元,有的只有几十元。所以,根据不同客户需要,工厂就会加工不同的茶叶。

(二)福安市白云山王建华茶厂[2]

1.WJH 茶叶经营之路

福安市白云山王建华茶厂坐落于福安市桂林秀溪,创始人 WJH 是桂林村人,已在茶行业经营近 40 年。WJH 走上经营茶叶这条道路并不是偶然,其经商观念与其家庭熏陶有关。WJH 自幼跟随父母扦插基苗,他的爷爷也曾种植过茶树。20 世纪 80 年代初,WJH 的母亲就已经开始培育茶

---

①　访谈对象:MSF,访谈人:谭雅云、吴嫱,时间:2022 年 7 月 15 日,地点:恒威荣记茶厂。

②　访谈对象:WJH,访谈人:谭雅云、吴嫱等,时间:2022 年 7 月 10 日,地点:王建华茶厂。

苗，其后又成为桂林村第一个种植蘑菇的人，尽管在当时这只是作为一项算不上主要收入来源的副业，但副业对家庭的重要性可想而知。

20世纪80年代开始，WJH开始涉足茶叶经营。他去农村挨家挨户收茶青和手工茶，供给茶叶站，并凭借丰富的茶叶培植经验，尝试手工精制茶坯。20世纪90年代，WJH设厂收购农户的茶尖、毛茶，并进行加工。为了提升茶叶制作的技术和质量，他拜访名师认真学习、改进技术，直到生产出的茶叶得到厂家的认可。随着产品质量优化，WJH开始扩建厂房，增加了初制特种茶设备，并在原设备基础上与制茶机师傅改进设备，茶的产量和质量都得到很大提升。他把产品销往福州，获得茶叶厂家的一致认可并成为免检产品。但他认为只做原材料销售，利润只有5%左右，难以创立属于自己的品牌。于是在朋友的介绍下，WJH也尝试走出福建去外地经营茶叶，但在北京、天津、济南多处曲折辗转，经营上遇到不少困难。2002年，WJH到山西经营茶叶，取得了成功。他在山西的经营范围并不局限于白茶，而是以市场需求为导向，包括普洱茶、花茶等。WJH告诉笔者，他最终坚持在山西经营茶叶也与王氏晋祠有关。

图3-6　王建华茶厂商标、老茶厂、新厂　谭雅云摄

在秀溪茶厂建立之前，WJH的老茶厂——"福源茶厂"位于王氏祠堂旁的一条小巷里，因有专人负责日常打理，至今仍保留完好，还能看出当年茶厂布局。旧厂顶层的阁楼大概有20平方米，用于挑选茶叶；二楼一部分用来炒茶叶，另一部分则是生活区，目前是租户的厨房和用餐区；一层灯光较弱，主要是存放杂物，至今还保存一台WJH设计的茶叶烘干机。2015年，WJH选定秀溪作为新厂址，这座新厂是一座六层高建筑，占地400多平方米，十分现代化。这是专门为生产白茶而建成的厂房，能够满足白茶生产加

工所需的"全自然萎凋""日晒""精选"等工艺。厂房建造符合国家 SC 认证标准,顺利通过 SC 认证并获得生产许可证。

　　茶厂于 2010 年注册"王建华"文字商标,2012 年注册"王建华"龙纹图文商标,2019 年注册"王建华白茶"商标。WJH 对茶叶原料把关十分严格。他认为茶叶原料直接关乎茶产品的质量,必须由他亲自把关,不符合要求的茶叶原料坚决不能采购。所以,对于村民们送来的茶叶,WJH 会进行选择性采购。他说:"我们收这个茶叶茶尖,不分地点,不分是谁,只看东西合格不合格。"采购时要检查村民采摘的标准、茶叶的质量,包括香气、颜色,从颜色还能看出是否为高海拔产出。他认为要适当控制茶叶收购范围,范围过大也会影响茶叶质量,还要把握茶叶生长的时节,春茶最佳。作为茶叶生产关键的一步,原材料至关重要。WJH 透露自己收过最贵的茶尖是一斤八百元,六斤多的茶尖才足够做成一斤成品茶叶,单成本价值就高达五千多元。"如果茶叶能够符合我们的标准,我们的价格就会比周边的茶厂价格要高一些,就是说,好的原材料,我们一定要给茶农真正的实惠,让他们的劳动能够得到高收益。"但对于质量不好的茶叶,他也表示:"不行就是不行,就没有面子没有理由的,哪怕是我母亲采的茶叶,不符合我的标准,我也让她退回去。"在 WJH 看来,自己高标准收购茶叶,不仅是茶叶生产的需要,也有利于促进茶农提高茶叶质量。只有茶农茶叶品质好,收购价才会自然而然提高。

图 3-7　王建华茶厂收购茶叶　王建华供

　　王建华茶厂一年中只加工春茶,不做夏茶和秋茶。由于每年农历九月份之后茶叶停止采摘,因此茶叶会一直生长到第二年春天,这使得春茶积累了很多营养。加上春季桂林村及白云山气温较低，无虫害，不需施农药、除草，故春茶可以保证食品安全。鉴于此，WJH 大量收购春茶，遍及周边十多个县，基本能够满足茶厂一年的销售。

2.王建华茶厂的经营理念

王建华茶厂全部经营高端产品，茶叶的价格较贵。据他所言，只有高端茶叶才能经营长久，创立百年茶号。早些年，WJH 一直从事原材料批发，向一些大的茶叶公司供应原材料。直至 20 世纪 90 年代末，WJH 的观念发生了改变。他意识到好的产品被批发走，又冠以别人的名字出售，自己再努力也是为他人作嫁衣。而且只要有一年茶叶质量达不到别人的标准，几十年的功力就白费了。WJH 认为自身从事茶业的初衷是"给自己做一点事情，给茶农做一点事情，也给喝茶的朋友们做一点事情"。他希望顾客从厂里购买的茶叶是没有中间商经手的真正的一手货。

为了能够将白茶做好，WJH 到处请教师傅学习技术，逐步形成了和别人不一样的独特技艺。他认为白茶生产的主要工艺包括白茶最佳自然萎凋技术、采用原来做精制茶叶的技术和普洱茶的技术，并充分日晒，以达到灭菌消毒的效果，让茶叶在太阳底下能够得到最充分的物理化学反应。通过独特的技术，WJH 做出来的白茶逐渐获得消费者的认可。

随着中国经济快速发展，老百姓的生活水平不断提高，高端茶叶的消费潜力增大。WJH 说道："当我们的生活水平提高了，好东西就不需要全部出口了，当地人就把它消费了。在 20 世纪 50 年代，我们需要用白茶为国家创汇，当时福安茶厂做了一点点白茶，主要是夏茶和秋茶，这些茶属于最低档次，拿去香港、澳门、台湾等地当作餐饮茶用。"WJH 认为，低端茶不能得到长期发展，市场淘汰太快，不如专注于高端产品的生产，这样才能实现长期稳定的经营。

WJH 的目标是创立百年老字号品牌。他把这个目标贴在茶厂的外墙上，以此来激励自己。他认为老字号需要经过很多风雨，有很多意想不到的困难，需要坚持、胆量和眼界。他解释道，"百年"并不是一个量词，而是表示"很长很长时间的"，创老字号是"万里长征，现在才刚刚迈开，连第一步都没走完"，而且"只有当自己做的事业和产品有价值，后代才有传承下去的意义和决心"。

WJH 不赞同将老字号单纯看作是传统工艺。在他看来，传统工艺有好的一面，但若不能适应现代的节奏和工业发展，就会消失在历史中。只有把传统工业的优点与现代科技结合,才能生产出最完美的产品。比如南方空气潮湿,库房便用除湿机防止茶叶发霉,很多人对这种做法不理解,而是拿木头做地垫,但木头和地板一接触,茶叶更容易发霉。所以做百年老字号,并非易事,需要几代人的努力和坚持。

3.茶叶的销售方式

由于白茶适合长时间储存,所以 WJH 并不急于把当年生产的茶叶销售完,而是将生产出来的茶叶逐年储存,一边出售,一边储存。为此,他还制定了五年销售计划。第一个五年计划就是把茶叶生产出来,把好茶叶放在库房里面,储存收藏约 3 万斤,后面五年最多只能再加 2 万斤,就是 5 万斤,这就到库容量了。此后一年生产 1 万斤,就开始制定 1 万斤的销售计划,就是说在厂里有 6 万斤茶时,也只卖掉五年之前生产的 1 万斤,剩下 5 万斤就不卖了。他认为白茶不存在陈茶和新茶之分,白茶要进行内发酵,发酵越充分品质就越好。从理论上讲,白茶比普洱茶更加耐储存。因为普洱茶要通风透气,带有氧化性质的,属于外转化,而白茶则是密封干燥保存,属于内转化。由于白茶的储存时间跟转化时间要远远超过普洱茶,所以白茶是适合长期存放,越好的白茶存放的时间越长,价值也就越高。

王建华茶厂只生产高端茶,产量有限,不需要大规模的销售队伍。他认为电商无法提供面对面服务和实际体验,一些电商平台不仅未能给销售带来多大利益,甚至销售方还会被"薅羊毛"。因为平台制定很多符合平台利益的规则,不利于商家销售,也不能给顾客带来真正的好处。WJH 认为,电商的运行成本超过正常的实体店,认为电商的商品会比实体店便宜是一个误区。一个正常的电商需要客服,客服负责对接客户,起到宣传反馈的作用,但需要支付客服工资,还要为人员提供办公环境。其次,店铺网页要更新,所有的东西要进行拍照,任何新品后台都要跟进,最后还有邮费,而实体店则不需要支付此类费用。所以,WJH 主要通过微信上 2000 多个顾客销售,也就是有较为固定的客户。他还在山西开办茶叶销售实体店,由他的妻子和儿子负责经营。每年茶叶生产结束后,WJH 也会到山西考察茶叶市场。

近两年,由于新冠疫情,对茶厂销售造成了一定影响。疫情防控期间,不方便请村民来挑茶叶,很大程度上延迟了茶叶加工时间。另外,在疫情的影响下,茶叶运输受到限制,销售难以完成,而且运费提高,增加了成本。

（三）万丰农业机械有限公司[①]

桂林村茶产业与其他村不同的是，不仅形成了茶叶种植、加工、销售等完整的茶产业链，而且还培育了茶叶机械制造公司——万丰农业机械有限公司。

万丰公司的负责人是 WL，其父亲也曾收购桂林、穆阳茶叶加工厂的产品，然后再精制加工后售卖到福州。后因市场不景气，王父改行，WL 便进茶厂学做粗加工。在这过程中，他发现很多茶厂的设备老旧严重，且缺乏维护和维修，有时不得不耗费大量时间和资金去外地聘请技术人员来修理，严重影响了茶叶生产。于是从 20 世纪 90 年代开始，WL 便改行做维修，开始摸索茶叶加工机械，帮助村里加工厂维修机器。在这过程中，WL 积累了经验，开始琢磨茶叶加工机械的生产。他坦言，自己学历不高，理论水平有限，创业过程异常艰难，完全是靠在实践中摸索和总结出来的。

2014 年，WL 成立万丰公司，目前公司有员工 20 余人。WL 开始生产茶叶加工设备后，就走出福安向全国推广机械。他的业务遍及全国，除宁德外，主要集中在云贵川三省。宁德地区茶叶加工厂的设备约有五分之三来自万丰。WL 告诉笔者，他的设备能够有效提高茶叶加工效率，一般而言，机械化低的茶厂需要 8 到 10 个人才能完成整个生产流程，而使用厂内最先进的设备只需要一名工人就可以完成。较传统而言，生产效率能够普遍提高 3 至 5 倍。他所说的这套先进设备秉持着"青叶不落地"原则，意思是从茶叶采摘到包装成型，完全不需要接触，除了加工机器之外的器物或人，整个过程全自动化，这样生产出来的茶叶符合干净、环保的要求。但是这套机械价格昂贵，需要 180 万元左右，这对于一般的初级加工厂来说是一笔不小的投资，想要更新整套设备，一次性付款比较困难，至少得积蓄两年到三年的资金。出于资金和生产规模的考虑，桂林村内的初级加工厂仍然无法完成茶叶机械的更新换代，一般是沿用老设备，偶尔小规模地更换过于陈旧的设备。WL 告诉笔者，目前公司在云贵川已经打开了销路，甚至贵州个别地方政府招标采购万丰的机械。由于茶叶机械体积庞大，省外订单只能通过大货车运输至目的地，公司的技术人员随车前往安装。这两年，受新冠疫情

---

① 访谈对象：WL，访谈人：黄祥深、蒙祖娟、潘宏特，时间：2022 年 7 月 15 日，地点：万丰农业机械厂。

影响,运价会涨一点,但设备本身并没有涨价。

万丰公司研发团队主要是由一些经验丰富的工人组成,WL 既是公司负责人,也是团队成员的师傅。WL 要求公司生产的设备的图纸自己画,他表示只有对每个设备有足够的了解,才能不断创新。WL 感叹农业机械的研发非常辛苦,所以团队成员"要肯干,愿意做,吃得下苦,不然就不可能成功"。目前公司团队有凝聚力,能够齐心协力地攻克难题,保障公司正常运行。

图 3-8　与万丰负责人进行交流

蒙祖娟摄

图 3-9　恒威荣记茶厂里的万丰设备

吴嫦摄

由于机械使用年限增长和不当操作等原因,每个机械产品都会出现各种问题,即使再高端的产品也无法避免,所以设备的售后至关重要。WL 认为只有把售后做好,积累良好口碑,加上产品自身的价值,销路才会越来越广。所以他时常去做售后服务,借此赢得客户的信任。

农业机械的研发是个长期过程,需要大量的资金、时间、人力投入。公司研发的资金主要靠公司自筹,一般是找 WL 的朋友周转。他曾经找过银行贷款,但需要公司土地抵押,请人担保,程序麻烦。而机械更新换代很快,一般三五年就要更新,有可能一款新机械还没研发出来,银行的贷款就到期了,所以不如直接找人借款用于研发来得方便。近些年,公司的规模不断扩大,场地和厂房已经满足不了生产需求。在乡政府和村委会的支持下,万丰将新厂址选在桥南路,离旧厂大概 3 公里,占地 10 余亩。据 WL 透露,一套新设备加上厂房投资,算下来至少要 500 万,目前福安市对于农业机械的补贴较少,公司还需要进一步筹集资金用于新厂建设和设备研发。

农业机械研发和生产过程中，WL 强调不仅要加强学习，了解茶业发展的趋势，还需要不断克服实践中遇到的困难。因此，他希望村里的茶叶加工厂能够合作成立类似协会的组织，推动茶产业提升，将桂林茶产业做大做强。

四、桂林村茶业发展的因素

（一）大量山地用来种植茶叶

1.耕地被征用

1952 年土地改革结束后，桂林村有耕地 2249 亩，现有耕地仅 700 余亩。[①] 桂林村拥有大面积的山地，早期山地主要是种植松树、杉树等经济林木。但从 20 世纪 90 年代开始，桂林村及附近穆阳等地大力建设经济开发区，加上旅游开发、商贸街建设、移民安置点建设，导致大量耕地被征占。1991 年，为打造穆云第一条农民商贸街，由穆云畲族乡人民政府和福安市商品房开发公司联合开发，征地 72 亩用于桂林商贸街建设。[②] 1998 年，穆云畲族乡党委、政府在桂林村征地 44.77 亩，实施黄儒整村搬迁工程，首批安置黄儒村 176 户 706 人。2006 年 8 月，第 8 号台风"桑美"肆虐穆云，造成重大损失。穆云畲族乡党委、政府在桂林秀溪征地 12 亩，妥善安置黄儒、上洋等村的受灾群众。2008 年 12 月，宁武高速公路开工，穆云畲族乡党委、政府启动乡辖区 429 亩的征地补偿工作。2009 年 1 月，福安畲族经济开发区工业集中区桂林村征地工作正式启动，征地总任务为 816 亩。[③] 其后的征地还包括高速路口的旅游集散中心 71.49 亩、穆云中心幼儿园 10 亩、变电所 7 亩、污水处理厂 25 亩、江滨南路工程 5 亩、景区大道征地 131 亩、省道小浦线收费站办公楼用地 6 亩等。[④] 在这些征用的土地中，很大一部分是耕地。

为了不断提升农民生活质量，农村基础设施建设也需要占用大量土地，因此，许多村民现在仅剩下山地。失去耕地的农民缺乏就业的技术和必备

---

① 数据由桂林村村委会提供。
② 数据由桂林村村委会提供。
③ 蓝炳熹主编：《穆云畲族乡志》，福州：海峡书局，2014 年，第 10 页。
④ 访谈对象：WMH、WCS，访谈人：谭雅云，时间：2022 年 7 月 30 日，地点：桂林村村委会。

技能，外出务工困难，为响应国家发展计划、"三农"和绿色环保战略等政策要求，茶叶种植成为较好的选择，也成为村民收入的主要来源。

2.人地矛盾增加

中华人民共和国成立初期，桂林村人口有 1000 余人。[①] 2022 年，桂林村有 1393 户，户籍人口 4699 人，现今常住人口达 8000 余人。人口的增长导致村民住房紧张，村民不得不寻找土地建设住房，这又使土地进一步减少。加上村内可开垦的土地资源不多，使得人地矛盾进一步加剧。村民只得依靠山地获得较为稳定的收入来缓解人地矛盾。

（二）国家政策的支持

20 世纪 80 年代，国家将茶叶市场放开，鼓励个体茶商发展，桂林村村民也纷纷加入茶商队伍中。1987 年，弹簧厂厂长 WSX 开办桂林茶厂，随后又前往北京、河北及山东淄博开办茶坊，其中山东淄博的茶坊一直经营到现在。[②] 国家放开茶叶市场是桂林村茶产业得以

图 3-10　当地村民种植的茶叶　谭雅云摄

发展的一个关键因素。政策宽松后，个人办厂的审批手续由冗杂变得简单，不仅激发了村民办厂创业的积极性，还为茶农、茶商带来更加开放的市场，带动茶叶需求增加的同时也推动茶产业的发展。一些村民在茶叶经营道路上起到了引领作用，更多村民发现了茶叶商机，纷纷走上种茶、制茶、售茶的道路。

（三）村内加工厂在共存中发展

在市场竞争下，桂林村茶厂逐渐形成分工不同、经营商品丰富的特点。例如，恒威以生产花茶为主，王建华茶厂以高端白茶和普洱茶为主，其他茶厂则以初加工为主。王建华茶厂因为只生产精制茶，以白茶和野生茶为最

①　数据来源桂林村村委会。
②　访谈对象：WSX，访谈人：黄祥深，时间：2022 年 7 月 14 日，地点：桂林村王氏祠堂。

优,所以原料来源与其
他厂有明显不同。有时
候,一些茶厂收到优质
茶叶,也会送到王建华
茶厂。2016 年,整个穆
阳的茶厂都会将银针运
送到王建华茶厂,他也
让这些"中间商"每斤赚
两块钱或者三块钱。①

图 3-11　其他茶厂为恒威茶厂送茶尖　谭雅云摄

除了初级加工厂主
要加工本地的白茶外,
茶叶合作社则向本地村
民和商店销售各种茶
叶,包括白茶、绿茶、红茶等。这种分工避免了村内加工厂之间的不良竞争,
形成良性循环,互相促进。笔者在走访时,询问加工厂负责人"你们加工的
茶叶和村其他厂一样吗?"他们都简单地说:"我们做我们的,他们做他们的,
我们不一样。"②恒威荣记茶厂的工人介绍说,旁边茶厂是专门做茶尖的,也
是做绿茶,这边如果货源不够就会向他们买。笔者曾在现场目睹其他茶厂
用一辆皮卡车运来六七袋茶叶。与此同时,如果对方有需要,荣记也可以提
供相应帮助,他们认为"都是同一个行业的,做生意就是这样互相支持才能
发展"。③

(四)桂林茶人优良的品质

1.低调务实

桂林村的茶人讲究务实。笔者在调查过程中,发现茶人处处围绕着茶
叶发展和加工生产进行实践,不做没有实际意义的事情。对茶业发展有利

---

① 访谈对象:WJH,访谈人:谭雅云、吴嫦等,时间:2022 年 7 月 10 日,地点:桂林秀
溪。

② 访谈对象:CBL,访谈人:黄祥深、谭雅云、吴嫦,时间:2022 年 7 月 5 日,地点:城北
路茶厂。

③ 访谈对象:MSF,访谈人:谭雅云、吴嫦,时间:2022 年 7 月 15 日,地点:恒威荣记茶
厂。

的事情,就专心去做,为人处世十分低调。无论是恒威荣记,还是王建华茶厂、万丰公司,都很难看见荣誉奖牌,这不是说他们没有获得荣誉,而是把它藏起来了。WJH 认为荣誉奖牌会影响顾客的判断,他想通过茶叶的品质和性价比来赢得顾客的心,"不管奖牌、什么荣誉都不会挂,因为我们要让每一个顾客进来都带着最挑剔的眼光、最苛刻的品茶方式。我们用最真实的茶叶以及性价比去征服他们,这才是真正的买卖"。他还说,找人宣传销售茶叶也是一把双刃剑,这个人必须品行端庄,不然对品牌有不良影响。对于政府给予的一些身份,WJH 表示,自己只是想做一个本分的农民,要感谢村里人的帮助,感恩这片土地上产出的好茶叶。①

WL 表示,自己的荣誉很多,都放在柜子里,这些东西摆出来没什么用,还是需要不断创新。他认为靠宣传并不能真正实现价值,也不能让别人信服,而是要靠设备的含金量和客户的认可度。他说:"我宣传一百句,还不如客户一句。"在农业机械研发过程中,他始终在追求上进和完美,不将重心放在向个别顾客的推销上,而是把重心放在设备本身和客户口碑上。在他看来,客户群之间的推广不仅有效,而且能够为万丰省下一大笔营销业务费。WL 强调,机械设备美观固然重要,但实用性才是最基本的。② 万丰坚定地以品质和实用性为优先,绝不做一些没有实用价值的事情。

2.追求完美

桂林村茶人经商过程中注重细节,甚至严苛到外人难以相信。笔者在访谈 WJH 时,他泡茶前要了解人数,之后拿出电子秤(这种电子秤一般用来称中药材)来取茶叶,并用量器来装水,且每泡一次都需要重新用秤和量器。这一系列行为就是精确化的表现,目的是泡出茶的最佳效果。WL 告诉我们,公司的每一套机械设备都要做到完美,有一点点问题,公司都要想办法解决,不论代价。正是这种追求完美的精神,才持续促进桂林茶人不断提高茶叶的品质,不断突破自我,也就不断地向前发展。

3.精益求精

尽管 WJH 本人一直表示自己"不爱读书,只能做农民",但他对茶叶加工的技术则不断钻研。在其茶桌背后摆放着众多与茶叶有关的书籍,其中

---

① 访谈对象:WJH,访谈人:谭雅云、吴嫦等,时间:2022 年 7 月 10 日,地点:王建华茶厂。

② 访谈对象:WL,访谈人:黄祥深、蒙祖娟、潘宏特,时间:2022 年 7 月 15 日,地点:万丰农业机械厂。

包括不同版本的《中国茶经》《茶业通史》《茶艺实践指南》《茶叶生物化学》《茶树自种学》等书，好几本都因为翻阅次数多而脱页。他认为，要多看书才能了解外界技术，每一次看都有不一样的收获。白茶传统制作工艺在书里有介绍，如纯自然萎凋、日晒、精选工艺。虽然记载得很简单，但做起来十分困难，需要持之以恒把一个东西做好，多少年如一日把平凡的细节做好，才能适应时代发展需要。[①]

此外，WL 在农业机械研发上也是精益求精，通过不断的创新来更新和完善自身的成果，公司数十项专利，就是最好的证明。WL 坦言，同行业大多数人年龄都是六十来岁，有的在 20 世纪 80 年代就开始涉及茶叶机械行业，现在规模做得很大，而万丰是最晚起步的，但他始终坚持"自主研发"，不满足于当下，不断挑战现有成果，不

图 3-12　万丰所获专利证明　蒙祖娟摄

断突破自我。桂林茶人这种精益求精的精神赢得了消费者的充分信任。

4.心怀感恩

桂林村茶人不仅在茶叶经营上颇有成就，而且乐于为村里和村民提供力所能及的帮助。万丰作为桂林村知名企业，为村里和学校的发展提供了大力支持。新冠疫情暴发时，万丰积极从外地购买口罩、消毒水支持村里抗疫。六一儿童节时，万丰还支持学校购买儿童需要的东西。村民要修缮临水宫时，万丰也提供了两万多元的经费支持。[②] 这些在 WL 看来都是小事，但可能对困难的学生来说，就是一个鼓励。其他茶厂也如同 WL 这样，对于村里公益事业他们从不缺席。

---

① 访谈对象：WJH，访谈人：谭雅云、吴嫦等，时间：2022 年 7 月 10 日，地点：王建华茶厂。
② 访谈对象：WL，访谈人：黄祥深、蒙祖娟、潘宏特，时间：2022 年 7 月 15 日，地点：万丰农业机械厂。

五、茶业的影响

在桂林村,茶叶占据着举足轻重的地位。人们以茶为业,与茶为伴。茶叶对人们日常生活的影响潜移默化、深远持久。正如福建省对外宣传的那样,"茶叶是福建的一张名片"。

茶叶给村民带来了较为稳定的经济收益,无论年龄大小,都可以参与到茶产业中去。茶叶采摘阶段,老年人和妇女是主力;在茶叶加工阶段,男性青壮年和年轻妇女是主力。据城北街一位杂货店老板介绍,他家有 5 亩左右的茶叶,平均每年收入约 2 万元。[①] 一位 70 岁的老奶奶说,因年龄大,她只能去采摘自种的茶叶。每天凌晨 4 点多上山,9 点多摘完毛茶背回来,然后在家里摘茶尖,下午五点左右送到茶叶加工厂。茶尖每斤 12~13 元,粗茶每斤 1 元,一般老年人一天可以摘茶尖 5~7 斤。[②] 可见,中老年人都能从茶叶中获得收入。

图 3-13 提着茶尖的村民 黄祥深摄

图 3-14 王建华茶厂拣茶处 谭雅云摄

村内十多座茶叶加工厂都需要有固定的工人,而且加工最忙时需要工人数百人。如王建华茶厂生产最紧张时有 20 多位工人,常年有 5~6 个技术工人在负责,他们都是桂林村村民。根据茶叶生产的淡旺季,还不定期召集十多位临时工来挑拣茶叶。

万丰厂内 20 多位工人也是桂林村村民,他们有了较为稳定的收入后,就能保证家庭的正常生活。万丰搬迁到新厂后,预计再招收年龄在 25~40

---

① 访谈对象:WLB,访谈人:黄祥深,时间:2022 年 7 月 7 日,地点:城北街。

② 访谈对象:WNN,访谈人:黄祥深、谭雅云、吴嫦,时间:2022 年 7 月 3 日,地点:商贸街。

岁的工人 20 至 30 人。① 正如 WL 所言，桂林村茶产业是以青壮年为主要劳动力，如果继续创建出适合青壮年发展的新平台，就能减少村内人才流失，将能实现村内产业升级，增加村民收入，使桂林村经济再上新台阶。

摘茶叶不仅能为村民带来经济效益，也是村民的"集体"活动。自茶叶开采开始，村民们常常聚在一起共同上山采茶、屋内摘茶尖、相约送茶和做客喝茶，在摘茶的过程中拉近村民的感情，促进了村民的日常交往。笔者在采访时，同村民一起摘茶叶也是常事。时逢七月，正值茶叶采摘季节，走在街上，常可见村民家门口围坐两三个人，一边摘茶尖，一边闲聊。笔者也加入他们的队伍，村民热情地请我们喝茶，通过这种方式我们相互认识、相互了解。

在桂林村有一句俗语叫作"茶哥米弟"或"茶哥酒弟"，可见茶叶在村民日常生活中的重要性。村民家里来客人，首先要泡茶招待，然后才是做饭菜招待。在村民祭祖、举办婚礼或是其他重要场合，茶叶往往和酒同时出现，但茶叶要排在前面，以突出茶叶的重要地位。

逢年过节，村民还会给客人泡糖茶。糖茶指在泡好的茶里加糖或蜜，有时还会加入红枣、花生点缀，而在正月初一日早上，家人也会喝糖茶，寓意生活甜蜜。清明节那一天，村民用新鲜的茶叶和猪肝一起炖着吃，寓意"清肝明目"。这种吃法一直为村民推崇，是当地清明节的习俗。

图 3-15　当地婚俗中茶和酒　谭雅云摄

---

① 访谈对象：WL，访谈人：黄祥深、蒙祖娟、潘宏特，时间：2022 年 7 月 15 日，地点：万丰农业机械厂。

显然,在桂林村与茶业共同发展的过程中,茶叶不仅仅是谋求经济发展的商品,也是团结村民、睦邻友好的重要"礼物",与村民的日常生活紧密地联系在一起。习近平总书记指出:"过去茶产业是脱贫攻坚的支柱产业,今后要成为乡村振兴的支柱产业。"[①]茶产业的发展和壮大,不仅为当地居民提供就业,增加居民收入的直接动力,而且为当地政府储备了人力资源,实现本地就业,减少人才流失。桂林村茶产业作为桂林村较为稳定且长久发展的产业,助推穆云、穆阳和康厝等地茶业发展。

第三节　多元经营的商贸

在"八山一水一分田"的福建,平地少,农业机械化发展受限,传统农业效益低。土地作为重要的生产资料,在经济开发与住房建设增多的过程中变得更加稀少,村内农业生产也大幅减少。为了维持生计,村民不得不另谋他途,发展商业就成为村民的选择。桂林村的商业多是建立在当地现有资源基础之上,多元的市场需求、优越的地理位置和悠久的经商传统等因素共同衍生出桂林村多元的商贸活动。

一、"三角形"街巷中的商业

零售商店所需专业技术门槛低,资本少,加上桂林村人口多,又地处集镇,便形成了桂林村零售商店遍地开花的现象。商业与村民们的日常生活联系紧密,覆盖广、影响大,是桂林村村民收入的重要组成部分。

(一)商业分布格局

明清时期,穆阳就是福安的重要集镇。穆阳北接周宁、政和、松溪及浙江衢州,南邻赛岐、下白石、宁德市区,东近韩阳、寿宁和福鼎,其独特的地理位置为商业活动的兴起提供了天然的地理优势。经穆阳流至桂林的穆阳溪是福安西部的重要河流。因水路发达,穆阳镇成为周宁、政和等地区的物资集散中心,至今码头遗址仍保存完好。

---

① 《"这里的山山水水、一草一木,我深有感情"——记"十四五"开局之际习近平总书记赴福建考察调研》,中华人民共和国中央人民政府(www.gov.cn),2021年3月27日。

图 3-16　古码头遗址　吴嫦摄

1984 年，穆云畲族乡从穆阳公社分离出来，但两地在地理和历史上的紧密联系，使得两地村民在日常生活中仍然不可分离。1998 年，紧邻穆阳、穆云和康厝的福安畲族经济开发区成立，再加上宁武高速贯通、白云山景区开园，桂林村的区位优势更加明显，商业的辐射范围进一步拓展。桂林村村委会结合村内实际，打造了第一条商贸街。此街于 1992 年动工建设，1997年形成规模，2011 年完善人行道和路灯等设施。后来，桂林村又将村内亭街、城北街和百岁街进行改造，这些街道共同构成了桂林村商贸活动的重要区域。通过这些街道的布局，它们将主要商贸活动区域围在中间，形成一个独特的"三角形"区域。该区域集中了桂林村的绝大部分人口，建筑密度高，住房之间形成四通八达的巷道，由此形成"三角形"居住区域和商贸区域。

（二）商铺的种类

桂林村的零售商铺主要是村民在自建房一层开设，分布无规律。在"三角形"的西南边由百岁街（部分）与亭街共同组成，总长度约为 485 米，铺面较多且种类丰富，主要有食品批发店、小吃店、杂货店、特产店、建材家装店、旅社、美容美发、快递运输和祭祀用品店。商贸街总长度约 560 米，共有铺面 203 间，经营有小吃店、杂货店、家居家装店、美容美发、食品批发、维修店、快递运输、教育培训和卫生所。华光路总长度约 512 米，共有门面 54间，其中店铺 17 间，有杂货店、茶叶加工厂、建材、按摩椅配件加工厂、汽修和祭祀用品店。

表 3-2　桂林村"三角形"街巷商铺类型及数量统计 (2022 年 7 月)

类型	数量 (家)	类型	数量 (家)
建筑及有关工程服务	37	特产店	9
杂货店	34	合作社、经营部	9
餐饮	19	祭祀用品	6
食品及批发	16	公共卫生	5
服务类	15	加工业 (除茶加工)	6
茶叶销售	13	教育培训	4
美容美发	11	车辆维修店	4
家居	9	快递运输	5
手工艺制作	3	旅游服务	2
婚庆与宴席服务	3	择日馆	3

注:数据由吴嫦和谭雅云在桂林村实地调查所得。

从上表可以发现,数量在 10 个以上的商铺类型有"建筑及有关工程服务""杂货店""餐饮""食品及批发""服务类""茶叶销售"和"美容美发"。其中"建筑及有关工程服务"的数量达 37 个,是数量最多的类型。其次是杂货店,数量有 34 个。随着桂林村经济的发展,村民收入增加,村民们纷纷在家乡建房,为建材市场提供了广阔的空间。再加上乡、村对于基础设施的不断完善,以及大量的工程建设,也催生了一大批与建筑相关的店铺。"餐饮"和"食品及批发"的发展离不开建筑工地上大量的工人、庞大的师生群体以及被当地特色小吃吸引而来的游客。"服务类"的兴起与村民们日益增长的消费需求有关,是经济发展引发消费转型的表现。"茶叶销售"商铺数量众多与桂林村当地茶业历史悠久息息相关。"美容美发"行业的突出与庞大学生群体,以及消费水平上升后村民消费观念的转变有关。但也需要看到以上商铺的发展是村民实现由农业低技能向服务业中高技能转型的结果。

商铺数量排后面的商铺类型有"旅游服务""择日馆""手工艺制作""婚庆与宴席服务""教育培训"和"车辆维修店"。旅游业的出现表明当地村民在经济发展的基础上已经有了较为明显的旅游需求。"择日馆"属于市场总量大但少有集中消费的商铺类型,以挑选吉日为服务内容,对从业者的数量要求小,单个择日店铺的经营者就能够服务全村。"手工艺制作"商铺的数量少源于手工艺本身创收少的现实，技艺学习难度大且周期长，对从业者技术要求高，加之市场上已有很多替代品，因此该行业从业者多集中于村内老年人群。婚庆与宴席服务类商铺与择日馆服务具有同样的市场特点，需求分散但总量大。教育培训机构在乡镇还处于起步发展阶段，因此数量少。而"车辆维修店"与当地购车人数和车辆拥有量有关。可见，桂林村商店经营的商品或提供的服务主要是满足村民的日常需求。

二、商业经营的特点

桂林村商业，除了具有一般商业发展中类型多样、顾客多元、淡旺季明显等特点外，受当地经商历史悠久、地理位置开放、经济发展快速、信息交换便捷和政府政策支持等因素的影响，桂林村内的商业经营呈现出经营主体多元、方式多元和内容灵活的特点，促进了桂林村经济朝着全方位、多层次的方向发展。

（一）主体多元

在旧时，桂林村由于缺乏吸纳劳动力的产业，造成大量劳动力外流，再加上交通条件不便，村内外联系少，村民从事的职业单一，可开发市场狭窄。随着改革开放不断深入，村内的经济有了发展，涌现出的乡镇企业吸引了许多村民返乡就业。村内常住人口增加，以及村内对企业和个体经营扶持力度的加大，商业经营主体多元，消费需求也更加多样化。

1.经营主体多元

据笔者统计，桂林村"三角形"区域内有商铺205家。商铺经营者的年龄主要分布在25岁到70岁之间，经营主体年龄跨度大、层次多样，不同年龄段经营的商品种类存在明显差异。

25岁到45岁经营者多集中在快餐店、小吃摊、零食店、少儿培训、美容美发、快递业等。这类商铺对技能的要求较高，商品更新速度快，多为后发展起来的商铺。这个群体具有充沛的精力和敏捷的学习能力，以及与时代共进的敏锐眼光。因此，这类商铺的消费者也多是青年群体。如位于商贸街的快递服务点，管理者是一名30岁的女性，与商铺所有者是兄妹。位于城北街的华莱士·全鸡汉堡店是2020年3月注册的，经营者是40岁左右的王姓村民。汉堡店广受年轻人喜爱，加上它是极少数入驻美团外卖平台的商家，拥有更高的销量，每到夜晚店内人山人海，订单爆满。

　　年龄在 45 岁到 65 岁之间的经营者多集中在杂货店、出租房、茶行、旅社、扁肉餐饮店、服装裁缝铺、建筑服务、汽修、菜摊、肉铺等。这一年龄段村民经营的商铺具有驻扎时间久、经营历史长、手工艺含量高、固定资产多等特点。他们多具有从商经验，是保留传统手工技艺最多的人群，拥有自己的房屋、田地、山林等固定资产。男性多掌握竹编、木工、种植技术，女性多有裁缝、烹饪等技术。固定资产的积累、传统手工艺的保留、家族产业的继承和丰富的人脉信息等特点为这个群体的经营带来了便利条件。如胖阿姨烤肉店，创始人为 60 多岁的 ZNN。在她年迈退任后，经营者是其 40 多岁的女儿 G 氏。位于三门路的城门兜扁肉店是一对 45 岁左右的夫妻在经营，门面为自家所有，已有十多年的经营历史。福源南路的祖传燕子小吃店、正宗烤肉扁肉店、百年老店桂亭街烤肉扁肉店等，都是经营历史长，且多为家族经营。商贸街一理发店的师傅已经理发近 20 年，他的客户也多是中老年人。

图 3-17　胖阿姨烤肉　吴嫦摄

图 3-18　螺峰正传烤肉　谭雅云摄

　　65 岁以上的经营者多经营化肥、杂货店、出租房等，他们中的绝大部分主要负责店面的日常看管。这类经营者年龄较高，难以从事具有一定强度的体力和脑力劳动，对于更新较快的商品服务未有足够的经营兴趣。这类经营者还时常与家人共同经营,他们在商店经营过程中起辅助作用,主要是负责店铺的看管,容易出现"老板是老人,联系电话是儿子"的情形。更多的老年人是将空闲的住房对外出租,并负责日常照料。如商贸街的日丰水管五金店老板的父亲 WSC 时常帮忙照看生意。据他介绍,他在百岁街有一套房子,就想着出租赚点生活费。①

桂林村老年人群在力所能及之处,仍然在照顾着家庭。他们的行为为晚年生活增添了价值,从而使他们保持了愉悦的心情。老年人群在合适的岗位上从事与其身体条件相适应的劳动,既是经济收入的创造行为,又是充分发挥自身价值的行为,也是对老年人群的一种关怀,能缓解一些老年人认为给子女添麻烦的心理。

2.商事主体多元

商事主体又称为"商人",是指依法登记,从事经营活动的自然人、法人和其他组织。商事主体可分为商个人、商法人与商合伙。在一般情况下,农村地区商事主体以个体工商户、农村承包经营户和小商贩为主,其他类型较为少见。笔者在桂林村发现,村内商事主体具有多样性。

商个人,又称"个体商人",主要表现为个体工商户、农村承包经营户、个人独资企业及其他自然人等。商个人是桂林村内数量最多的类型,个人拥有生产资料是商个人最主要的特点。在旧时,农民拥有生产资料和生产工具,有能力从事独立的生产经营活动;现在,村民拥有自己的住宅和资金,加上便捷的物流条件,直接促进了个体经商的发展。

通过穆阳工商所,我们查询到在桂林村内注册的个体工商户有 519 户,个人独资企业 12 家。其中个体工商户以食品店、小吃店、建筑家装经营部、杂货店为主,个人独资企业以茶厂为主。个体工商户和独资企业出资额比较小,个体工商户的出资额多在十万元以下,他们是桂林村工商户的主体。村内的杂货店或食品店几乎都是以自家的房屋为店面进行经营,正是由于成本低、操作简单、经营灵活等优势,村内的个体工商户才逐步增多。如2013 年 3 月开业的一家食品店,位于三门路、城北路和亭街交叉口,交通便利,人流量大,地价高。该食品店注册资金十万元,由于店铺的门面为自家所有,不需要租金,减少了成本支出。但此类商店销量有限,利润小,难以成

---

① 访谈对象:WSC,访谈人:吴嫱,谭雅云,时间:2022 年 7 月 25 日,地点:桂林村王氏祠堂。

图 3-19　穆云畲族乡工商所　吴嫦摄

为家庭收入的主要来源。

　　商法人包括有限责任公司和股份有限公司。通过工商所信息查询发现,桂林村内的有限责任公司有福安桑德水务有限公司、福安市万丰农业机械有限公司等 55 家企业。无论是股份有限公司还是有限责任公司,村内的企业多以茶叶仓储、农业机械制造和食品加工为主。这与当地拥有的茶叶历史、特产资源和产业需求有关。

　　商合伙又称"商业合伙",桂林村中注册有普通合伙企业 6 家,现存的是2000 年注册成立的福安市穆阳万利工艺厂和 2006 年注册的福安市方香茶厂。由于普通合伙企业无须缴纳企业所得税,大大减少了农村普通合伙企业的发展压力,降低了运营成本。村民通过普通合伙的形式,共同出力,将风险分散化,在技术和政策支持下,经济收益逐步显现。

　　(二)经营方式多样

　　经营方式指企业在经营活动中所采取的方式和方法,如采掘、制造、批发、零售、咨询、租赁、代理等。按照上述七类经营方式对桂林村现有商户进行分类,得到数据如表 3-3。

表 3-3　桂林村商户经营方式表

经营方式	数量（个）	包含企业
制造	87	宁德家华工贸有限公司、福安市桂林富民茶厂、福安市鑫辰制衣厂、福安市穆阳龙凤木雕店等
批发	87	福安市王奶仲五金店、福安市乐芳农场、福安市少强农场、福安市郑奶琴食品店等
零售	306	福安市钟丽萍裁缝店、福安市晨晨便利店、中石化森美（福建）石油有限公司宁德福安穆阳加油站、福安市穆阳旺旺副食品店等
咨询	2	福安市商福商务事务所、福安市吾溪电子商务有限公司
租赁	5	福建省假日国际旅行社有限公司福安穆阳营业部、福安市安然人家等
代理	10	宁德世纪神州国际旅行社有限公司福安穆阳营业部、福安市穆达通物流服务部、中国体育彩票代理点、中国电信代理点等

资料来源：吴嫱和谭雅云调研搜集、整理所得。

通过上表可知，桂林村最主要的经营方式为零售，数量有 306 户，主要是杂货店、食品店、日用品店、家装建材经营部、特产经营店等。这些店铺规模小、成本低、经营灵活，是村内普通家庭和中老年人群的主要选择，并且绝大多数是以家庭住处为店址经营，减少了成本，增加了盈利空间。

图 3-20　百岁街一处杂货店　吴嫱摄

图 3-21　商贸街的国际旅行社　吴嫱摄

其次，数量较多的是批发商，达到 87 户，经营的范围多为茶叶、水果、五金、农产品、日用品和化肥产品。笔者通过工商所查询发现,在 2010 年以前注册的商户中,除方香茶厂和裕康化肥店至今还经营外,大多已经注销或者转行。大部分商户都是近五年内成立的,其中以建材家装店铺居多。

制造业在桂林村经济发展中占有重要地位,这 87 家制造企业多为 2005 年后成立,主要围绕茶叶、农产品、水果、建材生产、电机制造、服装制造等。从旧时产品只在周边销售,到销往国内各省,再远销欧美,显见桂林村的制造业有明显的发展。[①] 从生产茶叶,到瓜果、农产品加工,再到专业机械生产;从低端粗制量产,到高端精制定做,也可见桂林村制造业的进步。[②]

村内通过代理经营的商户有 10 家,包括宁德世纪神州国际旅行社有限公司福安穆阳营业部、福安市穆达通物流服务部等。随着农村公共设施迅速发展,互联网在农村的普及促进了农村电商的发展。桂林村特色资源茶叶、水蜜桃、刺葡萄、烤肉、泡姜、线面等,具有区域品牌优势,加上便捷的交通和发达的网络,村内的快递行业拥有很大的发展空间。移动、电信等通信业开展入村代理服务,推动了物流代理点的增长,促进了农村经济发展。

从事的商务咨询服务的店铺有两家,分别是福安市商福商务事务所和福安市吾溪电子商务有限公司,属于桂林村新兴的商业类型。商业服务业的兴起离不开商业的蓬勃发展,桂林村内商业的不断壮大,吸引了越来越多的村民从事相关行业,而商务咨询的出现就能够为没有经商经验的村民提供必要的经营指导和帮助。可以说,商务咨询服务的出现是商业发展的必然,也是桂林村发展的产物。

上述六种经营方式,表明桂林村村民充分发挥政策、地理、市场、资金、人力等方面的优势,从传统以农为主转变为农商并举,有力推动桂林经济质量的提升。

(三)经营内容多样

通过工商所、天眼查查询,桂林村内注册的商户共计 637 户(包括已经注销的商户),其中农、林、牧、渔业 67 户;制造业 82 户;建筑业 4 户;批发和

---

① 访谈对象:LY,访谈人:吴嫱、谭雅云,时间:2022 年 7 月 13 日,地点:鑫辰制衣厂。
② 访谈对象:WJH,访谈人:谭雅云、吴嫱等,时间:2022 年 7 月 10 日,地点:王建华茶厂。

零售业 395 户；交通运输、仓储和邮政业 16 户；住宿和餐饮业 31 户；信息传输、软件和信息技术服务业 1 户；金融业 2 户；房地产业 1 户；租赁和商务服务业 5 户；科学研究和技术服务业 8 户；水利、环境和公共设施管理业 1 户；居民服务、修理和其他服务业 19 户；教育 1 户；卫生和社会工作 1 户；文化、体育和娱乐业 3 户。村内商户涉及行业共计 16 类，主要经营类型是零售业、制造业和农林业，其他行业作为补充，共同构成桂林村多样的经济内容。

笔者以数量较多的杂货店为例。杂货店主要分布在百岁街、亭街、商贸街、城北街、华光路、桥南南路和新村。通过对杂货店经营者的访谈、观察得知：村内杂货店多无租金成本，门面多为一间，少数商户达到三四间；货源是由固定合作的批发商送货上门，无须运输成本；不同位置的杂货店拥有不同类型的顾客——离学校近的店铺以学生为主，但销量也呈现假期性波动，其他店铺顾客多为周围的邻居和住户，比较稳定。大部分杂货店以销售村民日常用品为主，如祭祀用品（以元宝、香、蜡烛为主）、纸巾、洗发水、饮料、调料、烟酒和零食等，部分杂货店会销售自制的特产，有些店铺还提供大米加工、药材加工服务以及销售水蜜桃纸盒等。杂货店月收入约在 2000 元到 3000 元之间，但店铺间获益差距较大。

显然，村内商业涉及门类多，在实际经营中并没有明确的界限。通过多样化经营和十分"灵活"的经济活动，村民有效降低了经营风险。在不同季节销售应季畅销商品，不同年龄匹配不同强度的商事活动，实现了灵活创收。

桂林村的商业发展体现出对外部环境的变化及其不确切性所具有的随机应变能力。村民根据不同的市场导向从事不同的业务，在不同的时间、政策和市场行情下，从事的商业行为具有多样性。村民还通过多渠道投资分散风险，以横向多方面涉猎的方式弥补纵向产业发展深度的不足，这是村民整体性经济发展的体现。

三、特殊产业

随着桂林村产业的不断发展和经济水平的日益提高，传统以农、林、牧、渔为主的经济结构发生了变化。下面以具有代表性的彭洋元宝纸品和鑫辰雨衣制造厂为例进行说明。

（一）彭洋元宝纸品

彭洋元宝纸品，成立于 2019 年 12 月，位于商贸街，经营场地为经营者自家住宅，是当地唯一一家从事元宝生产的企业。

元宝的原料为黄色无图案的方形软纸，是从福安市的纸厂批发来的，通常是通过微信和电话下单，再由原料纸厂负责送到桂林村。原料送到后，工人利用切割机分割成大小不一的纸张，再由负责称重的工人进行分装，最后由工人通过压花机制成多种花样的纸品。村民将印好花样的纸品领走，在各自家里进行粘贴和折叠，做好成品后再送回工厂中。工厂生产的元宝类型主要有七种，如贴金箔纸、银箔纸、印图案、大纸张、小纸张等。成品装袋后，体积最大的一袋 140 元，中袋 80 元，小捆的大概 15 元到 20 元。

加工元宝的工钱按件计算，一捆四块钱。村民只要有时间，无论男女老少都能加工元宝，其中以老年人居多。加工厂将加工好的成品零售给村民或批发给村里的超市和杂货店。①

笔者常见到村民房子里大堆的元宝半成品，经常能看到他们在熟练地粘贴金箔纸或折叠。从事元宝加工的主要是女性，她们大多是家里有小孩和老人需要照顾而无法外出。由于做元宝的程序简单，时间灵活，且无交货时间限制，所以能够充分利用空闲时间。据一位村民介绍，女性一天大约能赚到 50～100 元，若专职加工则能够达到 200 元以上。一位村民说："反正时间也不固定，很自由，一天的工钱可以赚 60～100 元，每天做一点够一个月生活开销。"②笔者访谈时正值农历七月半前夕，工厂的仓库堆放着各种各样的元宝和其他祭祀纸品。据介绍，每年七月半，元宝销量能达到十几万元，足见桂林村及其附近村庄对元宝需求之旺盛。

村民在家加工元宝既没有耽误照顾老人和小孩，又能增加收入，而元宝加工厂也能在村民的支持下快速完成产品生产的整个环节。桂林村村民既是彭洋元宝的销售主力，也是元宝生产主力，形成了"彭洋元宝——村民——彭洋元宝——村民"的循环和需求。

---

① 访谈对象：MYB，访谈人：谭雅云、吴嫦、黄祥深，时间：2022 年 7 月 10 日，地点：彭洋元宝纸品厂。

② 访谈对象：南路村民，访谈人：吴嫦，时间：2022 年 7 月 20 日，地点：南路路。

图 3-22 加工好的元宝 谭雅云摄

图 3-23 加工元宝的村民 黄祥深摄

（二）鑫辰制衣厂

鑫辰制衣厂位于福源路，是一家外销雨衣制造厂，主要加工生产一次性雨衣，是桂林村新兴的民营企业。工厂的经营者是四川达州人，他的妻子是桂林村本地人。两人原本在福州同朋友合伙开制衣厂，年销量可达上千万。由于妻子父母需要照顾，便于 2022 年 1 月份回到桂林开设制衣厂，同时带回了在福州办厂时使用的机床设备和积累的客户资源。①

图 3-24 鑫辰制衣厂生产线 吴嫦摄

图 3-25 负责打包装袋的工人 吴嫦摄

制衣厂由一个约二百平方米的仓库改造而成，厂房被分为三个部分，左侧为缝纫区，用来缝合雨衣；右侧里端为检测和布料分置区，用来分类放置不同部位的布料；右侧另一端为装箱区，负责将成品打包装箱。工人主要来

① 访谈对象：LY，访谈人：吴嫦、谭雅云，时间：2022 年 7 月 13 日，地点：鑫辰制衣厂。

自住在周围的村民,且以女工为主。做好的成品运到港口,然后通过海运,运送到国外。工厂是按照订单来安排生产,多的时候有一百多万件,平时为几十万件,很不稳定。鑫辰制衣厂所有的成品全部出口,远销欧美、亚太地区,成品的单价为两到三美元。但受限于村内的场地狭小和员工不足等因素,工厂的规模远远小于此前在福州的工厂,年收入降到 50 万元人民币。[①]据 LY 所言,制衣厂之所以生意不好,主要是员工数量少,政府政策支持力度小,厂房生产效率跟不上。由于村民们积极性不高,也由于是今年新办的工厂,村民还不太了解工厂的效益,增加了招聘的难度。即使招聘到的工人也多是中老年人,生产效率难以保证。此外,工厂如需要大批量的工人,还需要有良好的医疗卫生条件。目前桂林村尚无法满足这一条件,企业也就无法保证工人的人身安全,制约了企业的投资和规模的扩大。

鑫辰入驻桂林村虽然有赡养老人的意外契机,但显然只靠这种因素难以保障企业的经营。桂林村具有交通便捷、租金低和劳动力成本低等区位优势。对于像鑫辰这样的企业,带着资金、技术、管理和设备进村投资,如果能够进一步得到地方政府政策支持,完善基础设施,将会给村庄带来引领示范效应。

若将彭洋元宝与鑫辰制衣厂对比,二者在市场区位、企业性质、建厂动因上具有明显的差异。首先,彭洋元宝的客户是本村及周边乡镇的广大村民,市场广阔、稳定,鑫辰制衣厂依托海外市场,市场波动较大;其次,前者以自由、灵活的机械和手工加工为主,后者则是现代企业管理形式。显然,这是桂林村制造业升级发展的萌芽,若能有更多的现代企业进驻桂林,桂林村产业将会再一次得到提升。

第四节　村民创收的途径

笔者在走访过程中发现,同一家庭中往往存在着不同经营内容,不同季节有不同的收入来源。在春天,春茶开始收购,村民们纷纷开始采茶、做茶、卖茶。立夏过后,茶叶的质量下降,但依然会有频繁的茶叶采集与生产活动。七八月份,水蜜桃和刺葡萄相继成熟,村民们又开始采摘、销售水蜜桃和刺葡萄。等到秋分,茶叶生产基本停止,村民又开始加工花生和竹姜,小

---

① 访谈对象:LY,访谈人:吴嬅、谭雅云,时间:2022 年 7 月 13 日,地点:鑫辰制衣厂。

种花生和糖醋泡姜成为主要产品。冬天至春节是桂林村村民的"休假"期。通过桂林村主要经济活动的时间分布，我们发现，桂林村村民的经济生活具有极大的灵活性。当某一个产品仅局限在某一时间段生产时，村民便会在其他时间通过其他产品来补充。桂林村的一年四季，不仅仅是时间的交替，也是村内经济活动的更替。如此循环，并在循环中不断丰富与发展。

桂林村村民的经济收入途径，除了上文介绍的茶叶和一般商业收入外，与村民收入关系密切的还有租赁经济、手工经济、务工经济和特产经济。

一、租赁经济

租赁经济是影响村民收入的重要方面。租赁的物品主要是住房和办酒席所需的物件。

受穆云畲族乡中心小学、福安三中影响，每逢开学前，桂林村里就会出现很多寻找租房的家长。因此，七月底是学生租房的高峰期。经调查，学生租住的房子主要集中在商贸街和中心小学、三中附近，以城北路和商贸街的租户为最多，有近百户，客源主要是学生。以三中学生为例，由于三中学校宿舍有限，无法满足所有学生在校住宿，所以每年都有部分学生要在外面租房，且一些家庭为了让孩子能有更好的生活条件，也会选择让孩子在外租房。

图3-26　出租房广告　吴嫱摄

笔者在调查租赁经济时发现，影响力最大且较为规范的出租房是安然人家，它的管理方式和设施条件具有一定代表性。

安然人家，位于商贸街，是一家以出租房为主要经营业务的个体工商单位（原本是民宿、KTV），经营者同时也是房东。安然人家全部租给三中学生，有针对学生的管理制度。比如房东有严格的晚间签到制度，能为学生安全带来保障。房东说："我们和别家管理不一样，有签到更安全，是对学生和家长负责。晚上要是有没签到的学生，我就打电话给他们家长，必须保证学生是安全的，回来一个签一个，和在学校一样的，每天晚上必须在相对固定的时间回来。"[①]这也是安然人家与其他租房最大的不同。这个管理措施备受家长欢迎,很多家长愿意来这里租房,即便价格更高。

安然人家的租房是由宾馆和民宿改造而成,保留了原本的宾馆设施和装修风格,内设空调、独立卫生间、床、课桌等,且是通过刷房卡进出房间。安然人家有出租房 32 间,每间房住两名学生,每人每月 390 元。显然,对于房东来说这是一笔不少的收入。

笔者所住的民房位于城门兜,也是出租给三中学生,规模较大。一楼是杂货店和扁肉店,二楼(部分)、三楼、四楼为租房,五楼及以上是房东自住。房东另有一幢出租房位于商贸街,两幢住房都出租给三中学生。由于房东有两幢住房,故实行男女分住。城门兜住房每层楼五间房,每间房两人合住,每人每月 300 元;商贸街房子也有十余个房间,价格一样,租房内都

图 3-27　安然人家　吴嫦摄

有公共洗衣机、卫生间、床、空调和书桌。房东不负责学生的管理。

WSC 的租房位于商贸街,一层是建材店面,楼上两层 7 间房用于出租,每间房住两人,每人每月 360 元,按月缴费。与安然人家不同,WSC 并不是专门从事租房生意的,而是将闲置房间外租作为"副业",[②]这种现象最为普遍。如三中操场门口水产店上的一家租房,共两层,一层用于自住,另一层就用来出租,有 4 个房间出租,每个房间住两个学生,每间房租 500 元,生活设施齐全,但这里只接受女生。因为紧邻学校操场,这里的住房也受到学生和家长的欢迎。

从上述租房案例中可以发现,在村中经营租房可分为两类:一类是将租房作为主营业务;另一类将租房作为副业。前者具有足够的房源、充足的时

---

① 访谈对象:WSH,访谈人:吴嫦、谭雅云,时间:2022 年 7 月 8 日,地点:安然人家。
② 访谈对象:WSC,访谈人:吴嫦、谭雅云,时间:2022 年 7 月 25 日,地点:桂林村王氏祠堂。

间和精力，以及具有特色的管理制度，以学生为服务对象。后者具有空闲的房间和稳定的收入来源，租房是家庭收入的补充，而后一种类型更加普遍。

穆云中心小学学生的家长也会在村里租房子。由于小学生年龄小，一般都需要家长陪同，故他们对租房的需求有所不同，最重要的是要有厨房。上述两种类型的租房都不具备这一条件，所以小学生及家长就不会选择单间类的租房。房东也不愿意将房子租给带小学生的村民，因为类似家庭出租，又需要厨房，会给房东增加出租成本，且对房东的生活环境可能带来更大的影响。因此，中心小学的家长主要是寻找一些旧房子，这些房子的房东都已经搬迁到新房子，空闲的房子符合租客的要求，又因为是旧房子，房租也不贵。另一方面，空闲的房子如果长期无人照料也会自然腐坏，所以房东也愿意出租。这部分租房主要分布在城门兜和亭街附近，一个月租金约300～400元。

另一种租赁经济是村内酒席物件的租借。由于村内习俗繁杂，每逢红白喜事，村民需要的物件较多，仅靠自己准备容易有所缺漏且无必要，所以绝大多数村民通常不愿意花大量的时间和精力准备一套物件在家里闲置。另一方面，年轻一辈村民长期脱离原生环境，对于传统活动的仪式和习俗十分陌生，也不知道如何准备这些东西。于是承办酒席或租借酒席物件的服务就出现了。如商贸街花轿等婚庆物件的出租、酒席用品出租店；亭街酒席桌出租店。

桂林村酒席物件出租以桌子、椅子、火炉、锅碗瓢盆、筷子等物件为主，以租用的时间和数量为计费方式来收取租金，一般配齐整桌物件在250～300元。村里为数不多的几家酒席物件租用商户的生意比较稳定。据商贸街老板介绍："每次出租前都要把桌椅擦干净，另外筷子、碗也要洗干净，整套出租每桌250元左右。每次出租的数量不等，少的三五桌，多的十余桌。"[①]

显然，租赁经济是时代发展的产物。由于村民经济收入增加，农村小学普遍合并到中心小学，导致更多村民寻求租房。随着传统办酒席风俗的演变，以及村民闲置时间变少，更多的村民也选择租赁办酒席所需物件，以减少人力和时间的投入。桂林村的租赁经济形式单一，但与村民的家庭收入紧密相关，租赁收入甚至成为部分家庭的主要收入来源。

---

① 访谈对象：SCZ，访谈人：谭雅云、吴嫦，时间：2022年7月13日，地点：商贸街。

二、手工经济

桂林村的手工经济主要是指一些传统的手工制作,如竹编手工艺品、元宝加工、茶叶挑拣、茶叶包装、榨酒器制作等。竹编手工艺品店位于商贸街,经营者负责销售家里老人编织的采茶篓、桃筐、簸箕和笤帚等工具。这些工具的价格在 25～70 元。由于当地采茶、种姜、采摘水蜜桃和葡萄的需要,竹编产品最受村民欢迎,店里销量很好。但由于"年轻人不懂技术,也看不上这些",①所以使用者也多是老年人。随着现代机器生产的产品逐渐取代传统手工产品,类似竹编的工具虽然还在使用,但明显减少了,竹编工艺的传承同样面临着严峻的考验。

除了上文提及村民会到王建华茶厂挑拣茶叶外,村民还会利用各种机会做一些简单的茶叶包装。亭街附近一王姓村民,她的女儿和女婿从事白茶加工,一些小茶包的包装就由手工操作完成。这些小包的白茶饼,外形呈方块,只有 5 克重。这种简单的包装操作简单、技术含量低,无完成时间限制,可以充分利用闲余时间完成加工,加工厂按照一斤 2 元付给工钱。

图 3-28　手工竹编　吴嫦摄　图 3-29　白茶包装　谭雅云摄　图 3-30　榨酒机商店　吴嫦摄

桂林村村民也自酿黄酒(颜色呈暗红)或葡萄酒,这就需要榨酒机。在商贸街有一小型榨酒机售卖点,负责人是 70 岁的 LZJ。他是农业机械厂退休工人,退休后在自建房经营商铺,所售榨酒机系通过自己购买不锈钢零件,利用焊接技术组装而成。他组装的榨酒机分为两种:一种是一次性榨80 斤的大机器,价格 400 元;另一种是一次可榨 30 斤的小机器,价格 200

① 访谈对象:ZBD,访谈人:黄祥深、谭雅云、吴嫦,时间:2022 年 7 月 3 日,地点:商贸街。

元。如果外地客户需要,可通过物流送货上门。

除此之外,供桌也需要手工制作完成。桂林民众信仰丰富,供桌是宫庙、家庭必备的物品,所以供桌对于民众来说显得十分重要,这也催生了专门制作供桌的木工。桂林村供桌加工坊位于桂林大桥南路高速路口附近,负责人是 MGZ。他早年跟着堂兄学习制作供桌和家具技术,因为环保的要求,加工场地要选择偏僻的地方,于是离开福安城区搬回村里。这是由旧房子改造成的加工坊,房租便宜,一个月只要 300 元,而且周边民房较少,加工时不影响他人。当地民众搬新家都需要买供桌放在大厅,近些年随着房地产发展,乔迁的村民渐多,生意还不错。MGZ 说,这个行业现在竞争激烈,福安市有四五十家供桌加工厂,但桂林只有一家。① 他加工好的供桌一张 2300 多元,平均每天收入 200～300 元,比务工差一点,但做工的时间自由,可以照顾家庭。

在供桌加工坊旁是楼梯护栏加工坊。负责人 CGF 介绍,护栏是纯木头制作,使用卯榫结构组装,但是零部件加工是由机器完成。因为护栏使用范围广,加之房地产迅速发展,村民对手工制作的木制品比较认可,也促使护栏需求较多。CGF 说,1 米护栏售价和安装费共 330 元,两位师傅只需 8 分钟就能拼装一件约 2 米长的护栏。②

目前,桂林村还有为数不多的手工经济,成为村民灵活就业的一部分,是老年人、家庭主妇获得经济收入的依靠,增强了家庭收入的稳定性。

三、务工经济

务工经济,又称劳务经济,是指农村劳动力利用体力和智力以及有限资金在家庭以外就业或从事非农产业的经济活动。桂林村年轻劳动力多外出务工,劳务收入已占据农民收入相当大的比重。

20 世纪 80 年代以来,受务工潮的影响,桂林村外出务工或举家搬迁外地的人很多。从 2011 年至 2021 年,桂林村的第一、二、三产业比例由 65.8%、26.3%、7.9%变为 60.7%、29.8%、9.5%,其中农业比重有所下降,第二、三产业均有上升。2011 年、2016 年和 2021 年,桂林村外出务工人数分

① 访谈对象:MGZ,访谈人:黄祥深,时间:2022 年 7 月 15 日,地点:南路路。
② 访谈对象:CGF,访谈人:黄祥深,时间:2022 年 7 月 15 日,地点:南路路。

88

别为 1080 人、1160 人和 1280 人，呈现出增长趋势。[1] 在当地没有产业和商业经营收入的家庭中，年轻的劳动力选择外出务工来保障整个家庭的经济收入，成为不少家庭的选择。

经笔者走访了解，村民外出务工、创业的地点多在北上广深晋和陕西、甘肃等地，其中以邻近市县和省份为主，省外以陕西和上海两地比较集中。桂林村外出务工劳动力从事的产业主要集中在第二产业和技术含量较低的部分服务业，第二产业中又以制造业、建筑业为主。村中也有许多村民在北

图 3-31　桂林村干部介绍务工经济
谭雅云摄

上广深晋地区经商和创业，如山西太原茶行、上海大不同集团、深圳食品加工厂等。在第三产业务工的村民主要集中在餐饮业、美容美发、技术服务、房地产、金融等领域。

务工经济对本村经济发展有重大影响。村民收入水平的提高会引导消费水平逐步提升，也带动当地消费水平攀升，促进经济发展。如春节、中元节，外出人员回乡都要燃放大量鞭炮，这是一种"面子"活动，也是一种消费观念的折射。更重要的是外出务工人员回乡自然而然地将外界文化带入村庄，增强村民之间的包容性。

四、特产经济

随着桂林村旅游业的发展，当地众多特色产品声名远扬，成为吸引游客的重要因素。无论是在旅游旺季还是淡季里，当地历史悠久的特产不断发挥着品牌优势，在不断外扬的过程中也吸引了慕名前来的游客，成为桂林村特产经济中异彩纷呈的一部分。

（一）扁肉

扁肉，也称馄饨，是一种用面皮包裹肉馅做成的面食小吃。"桂林扁肉"

---

[1]　数据来源穆云畲族乡政府。

已有数百年历史，闻名遐迩。目前，桂林村主要有桂亭街扁肉、祖传燕子扁肉等10余家扁肉店。近十年，桂林村扁肉的产值从130万元增加到183万元，超过水蜜桃产值。[①] 在桂林村众多扁肉店中，以祖传燕子扁肉店的生意最为兴隆。

祖传燕子扁肉店位于三门路，与王氏祠堂相对。店里经营者有三人，一人负责包扁肉，两个人负责煮、端送和清洗碗筷，忙的时候会有其他人来帮忙。祖传燕子扁肉店的祖上也经营扁肉店，良好的技艺获得消费者的好评。由于店里的生意好，老板从早忙到晚，我们只好在其门口观察。我们发现来吃扁肉的顾客主要集中在早上五点到九点、中午十一点到十二点半、下午四点到六点这三个时间段，在这三个时间段平均到店人数分别为173人、32人和73人，一碗扁肉6元。如果是学校开学之际，早晨和中午店里的顾客更多，村民告诉我们，那时候店里都是人，生意非常好。其他店铺的生意虽没有燕子扁肉店这么好，但人流量也较大。扁肉这种小吃经济已成为桂林村不可忽视的经济力量。

（二）烤肉

1.螺峰正传烤肉

烤肉，又称为穆阳烤肉，是闽东北著名的地方小吃。烤肉源于桂林拌面扁肉，距今也有百年历史。据介绍，早年一些顾客吃拌面时还会要一点肉，天气冷时，店老板就把肉放在灶上保温、慢慢烤，久而久之，人们发现这样做肉会更好吃，于是就有了烤肉，所以最早的烤肉是吃拌面的饵料。[②]

穆阳烤肉在20世纪初由王心田先生创办。其独有的特色在当地颇有名气，吸引了各地游客专门开车来吃烤肉。随着烤肉走出桂林，桂林村烤肉产值也在不断增加，2011年、2016年和2021年烤肉产值分别为156万元、167万元和189万元。[③] 桂林村中制作烤肉的店铺也从1家增加到10家，其中注册有商标的是：螺峰、胖阿姨、桂亭街和穆阳。这当中以螺峰和胖阿姨规模最大，各开设有分店，并通过微信、淘宝、抖音等平台增加了线上销售渠道。

---

① 数据来源穆云畲族乡政府、桂林村村委会。
② 访谈对象：WSC，访谈人：黄祥深，时间：2022年7月14日，地点：城门兜。
③ 数据来源穆云畲族乡政府、桂林村村委会。

螺峰烤肉店位于百岁街,负责人是 WQM。这是螺峰最早经营的店铺,以往是由其父亲经营,后传给 WQM 和其哥哥共同经营。随着业务不断扩大,螺峰在桂林桥南路开设了加工厂,并加开了一家分店。如今,WQM 的父母亲还在做烤肉,只是他们主要负责烤肉原料的购买。WQM 的父亲骑着三轮自行车前往穆阳、康厝集市买合适的猪肉。按他的说法,好的猪肉可遇不可求,他有辨别好肉的技巧,如果是用熟食喂养的猪肉,他就大量购买,如果没有合适的,他也会跑空。所以,有时候他只收到 10 多斤猪肉,有时候能达到 100～200 多斤。收回来的猪肉需先剔除筋膜,如果猪肉量少就放在冰柜里保存,如果量多就直接加工。螺峰的烤肉机械设备成本在 7 万～8 万元,每百斤原料只能生产 25 斤烤肉,在销量好的时候,每天能够生产 40～50 包,一年下来约 1.5 万到 2 万包。

WQM 夫妇二人在大学时都是学习食品工程专业,2012 年毕业后回乡创业,继承了父亲的技艺,并结合所学知识,对烤肉技术进行了创新,创立了螺峰烤肉品牌。他的创业过程还得到了《宁德晚报》(2013 年 1 月 19 日)、《闽东日报》(2017 年 1 月 19 日)报道,福安电视台《福安味道》的宣介。

WQM 表示质量是食品行业最基本的要求,他始终坚持对产品的质量负责,"我们是稳扎稳打,重要的岗位还是要自己站住,站住才能保质量"。对于烤肉味道的调制,他表示,一定要清醒意识到"什么东西可以加,什么东西不能加,安全永远在味道之上。如果只能是中等味道但绝对安全,也是十分值得的"。[①] 他表示,烤肉生产的每个环节都很重要,调料、包装袋等的来源也十分重要,必须到正规加工厂进货。

WQM 在产品创新过程中,发现使用传统技术制作的烤肉无法长期保存,烤肉产量增加后,遇上返潮季节便会非常潮湿,做好的烤肉包装起来,放不了四五天,里面就长霉菌。由于未进行杀菌处理及添加防腐剂,食品的保质期短,打开包装袋后一两天就必须吃完,无法长期存放,也就不能大量地向外推广,这导致本地烤肉生产受到极大限制。他联系了福建农林大学的专家,积极请教食品保存工艺,在专家的指导下,他将传统工艺进行改良,最终掌握了食品杀菌技术,既能杀菌,又不破坏食品的质量,还不需要添加防腐剂。有了技术保障后,他的烤肉在市场上畅销无阻。

---

① 访谈对象:WQM,访谈人:黄祥深、谭雅云、吴嫱,时间:2022 年 7 月 19 日,地点:螺峰正传烤肉店。

随着螺峰烤肉的不断发展，他们又引进了先进机械设备，将传统需要10余个小时烘烤缩短到3小时。螺峰烤肉提高生产效率后，又积极研发新的产品——豆干包肉。传统的烤肉肉质偏硬，不适合老年人和小孩子，新产品将肉与豆干结合在一起，肉质变软，适合所有的人群。为了继续扩大烤肉业务，WQM致力于扩展食品生产许可范围，以便更加快速地推广产品。

WQM告诉笔者，他不是每天都在生产烤肉，也会随着季节不同，而代理销售其他特产。我们访谈时，他正通过快递向各地销售水蜜桃，旺季时一天能够销售150～200箱。除此之外，他还销售小种花生和泡姜。每年大概会销售干花生150担，湿花生300担。他说，桂林村的特产我们都能销售，如果能够打通市场并提高销量，他随时都可以转向销售某种产品。也就是说，他以烤肉生产销售为主，其他特产补充销售，经营方式十分灵活。

WQM很珍惜自己的品牌，他说这些年业务量扩大，品牌价值提升，有不少商人计划加盟或购买，但他都不愿意。他认为这个品牌创立不久，还需要继续增值，要创立属于自己的品牌。他表示，更大规模生产后，就计划入驻抖音和大超市，扩大销售渠道，将桂林烤肉推向更广阔的市场。[1]

与桂林村其他的烤肉店铺不同，螺峰烤肉的店铺是自家所有，不需要租金。因此，在发生新冠疫情的这几年，他没有受到厂房闲置和产品积压带来的损失。这种灵活多变的经营方式，使他能够应变不同的外界环境，促进产业稳步发展。

2.胖阿姨烤肉

胖阿姨烤肉店位于螺峰烤肉店的斜对面，创始人是ZNN。2012年，ZNN注册创立了福安市胖阿姨食品有限公司，店铺由ZNN的两个女儿GL和GXF负责。胖阿姨烤肉名声在外，大量外地人都知道胖阿姨烤肉。ZNN告诉笔者，生意最好的时候，一天能卖到3000袋(1袋250克)，后来受新冠疫情影响，一天的销量在35袋左右，除去厂房和门面的租金，基本上处于亏本状态。[2] 胖阿姨的烤肉有微辣、香辣和酱香三种类型，每袋重量又分别有500克、450克、400克、250克、180克，对应的价格分别是90元、81元、72元、45元、36元。店里的顾客多为年轻人，年销售额上百万。与螺峰烤

---

① 访谈对象：WQM，访谈人：黄祥深、谭雅云、吴嫦，时间：2022年7月19日，地点：螺峰正传烤肉店。

② 访谈对象：ZNN，访谈人：谭雅云、吴嫦，时间：2022年7月14日，地点：胖阿姨烤肉店。

图 3-32　螺峰正传销售的部分产品　吴嫦摄

肉店不同的是,胖阿姨烤肉店负责人的经营热情已经下降了很多,她已经有了很多加盟店,目前主要做批发业务,将产品批发给别人代销,赚取差价。

在新冠疫情之前,桂林村烤肉的产值近千万元,受疫情影响,产值大幅度压缩,但烤肉仍然在延续。随着新技术、新包装的出现,以及更加规范化的生产和销售,烤肉这一特产还会进一步为桂林村带来经济效益。

(三)水蜜桃

穆阳水蜜桃号称"天下第一桃",但关于穆阳水蜜桃的起源,至今仍有不同的说法。第一种说法是在 1931 年,穆阳苏堤人缪某从德化引进几株桃苗种在园中,出乎意料的是这些桃苗异地种植后,与当地的桃子异花传粉,品质得到优化,繁衍不断。但这一说法忽视了水蜜桃种植技术的困难和复杂性，脱离实际，很快便被专业人士推翻。第二种说法称，水蜜桃是嫁接者缪怀琛先生从比利时引进，但该说法与缪先生的专业和学历背景相矛盾，同样不具有说服性。第三种说法广泛流传，认为穆阳水蜜桃是 20 世纪 30 年代由传教士从澳大利亚传入穆阳，并广为种植，至今有 70 多年的栽培历史。这一说法是村民们最喜欢的版本，因为既有外国因素，又有本土因素，二者相结合必然备受称道。由于穆阳水蜜桃广受大众欢迎，由此也衍生出了水蜜桃文化节、桃花节等文化活动。

图 3-33　水蜜桃与茶叶　谭雅云摄

图 3-34　运送水蜜桃的快递人员　谭雅云摄

　　穆阳水蜜桃系全国农产品地理标志产品。2013 年 4 月 15 日，中国农业农村部正式批准"穆阳水蜜桃"实施农产品地理标志登记保护。2020 年 5 月 20 日，入选第一批全国名特优新农产品名录。桂林村四季分明，夏长冬短，光热充足，夏季高温，昼夜温差大，非常适宜水蜜桃生长。据"全国地理标志农产品查询系统"介绍，穆阳水蜜桃果皮薄，易剥离，整体呈淡黄绿色，向阳面有大块鲜红晕，缝合线明显，果汁多，味浓甜，有香气。随着当地水蜜桃不断被外界认可，桂林村的水蜜桃种植面积也从 2012 年的 70 亩增加到 2022 年的 160 亩，促进了农民增收。

　　笔者在调研时，正值水蜜桃采摘期，到处都弥漫着水蜜桃的香味。因为水蜜桃不易保存，采摘当天就需要卖出，所以这一时间段种桃户非常忙碌，每天早晨 3 点多去摘桃子，9 点多就需要全部包装好运走。一般有两种方式销售：一是通过生鲜快递运输，主要以本省区域为主，大部分区域当天能送到,比较偏远区域隔天早晨能送到,一斤桃子在15～20元之间;二是通过汽车运输,比如福州、宁德、福安等地市场,农户直接雇用小货车甚至是小汽车送达,价格也在这个区间。水蜜桃采摘时期,每天早晨村内快递点也以运送水蜜桃为主,直到中午。

村民都以穆阳水蜜桃这个品牌为荣,因为它确实好吃,确实给村民带来了好处。随着快递行业的发展,保鲜技术创新,运输更加方便,水蜜桃也将走向更远的地方。

(四)其他特产

桂林村的花生为小种花生,其荚果匀称、网纹清晰、果实饱满、口感佳。目前,桂林村中的小种花生都是分散种植,农户零星制作和经营,没有形成专门的企业与品牌。村民将收来后的花生用盐水煮熟,然后晒干,做成盐水花生,一般售价是每斤25元。

福安当地人喜食姜,姜被广泛使用在生活的方方面面,糖醋泡姜更是村民日常饮食习惯上的重要搭配。竹姜,根茎细长如指,呈不规则状,黄白色,纤维少,质地脆嫩。其根茎作为蔬菜食用,香辛爽口,具有祛风寒、健胃的功能。当地人自己种植、自己泡制的糖醋姜广受消费者

图3-35　小种花生　吴嫦摄

喜欢。目前桂林村糖醋泡姜的价格是每罐25元到30元之间,WQM店的年销量可达到1000罐以上。[①] 胖阿姨烤肉店通过大量批发的方式销售,泡姜的销量则更大。

光饼是福建地方食品,福州、莆田、建瓯等地的光饼不完全相同,各具特色。明朝嘉靖四十二年(1563),倭寇进犯福建,戚继光奉命入闽歼敌。由于连日阴雨,战士无法做饭,于是制作了一种可以串起挂在身上的饼,后人称之为"光饼""继光饼"。当地村民每逢祖先忌日、清明节,都少不了"光饼",

---

① 访谈对象:WQM,访谈人:黄祥深、谭雅云、吴嫦,时间:2022年7月19日,地点:螺峰正传烤肉店。

它成了人们怀亲念祖的象征，是一种鲜明的地域民俗文化。

图 3-36　竹姜　吴嫦摄

图 3-37　待发货的糖醋泡姜　吴嫦摄

桂林村中现存的光饼铺有两家，一家位于福源路，一家位于穆云畲族乡中心小学门口。由于七八月份气候炎热，福源路的光饼店已经歇业，调研期间仅小学门口的那家光饼铺还在经营。光饼店主要售卖光饼和炉咯（马蹄饼），受天气影响，每天只制作 300 个左右，每个光饼卖 1.5 元。老板表示："现在天气热，一天就卖两三百片，冬天的时候多一些，做出来也更好吃。"[1]

特产经济是以本地特色资源为基础形成的，通过丰富的传播渠道、多元的呈现手段，可形成区域特色品牌资源。随着人们消费观念的转变，绿色、健康的产品成为消费主流，而地方特产则成为新的消费时尚。发展特产经济，是促进地方旅游与商业发展的重要支撑点。桂林村基础设施不断完善，以烤肉、扁肉、水蜜桃、小种花生、糖醋泡姜和光饼为代表的特色产品将走向更广阔的世界，满足消费者多元化的需求，增加村民的经济收入，带动桂林村整体经济发展。

五、养殖经济

养殖业作为农业中重要的组成部分，随着社会经济不断发展，养殖的品种也不断变化。桂林村养殖业主要包括家畜家禽饲养和野生动物驯养。

随着村民对生活环境要求越来越高，养殖业受到养殖环境的影响，养殖规模已经大大缩小。旧时作为桂林村重要收入来源的养猪场、鹅场等养殖

---

① 访谈对象：GBD，访谈人：黄祥深、谭雅云，时间：2022 年 7 月 17 日，地点：穆云中心小学。

场已经渐渐退出桂林村。目前，桂林村的养殖业以孵鸭苗和蓝孔雀养殖为代表，呈现出良好的发展趋势。

孵鸭苗场位于商贸街，是一家具有上百年历史的祖传产业。经营者从十多岁就开始从事祖上传承下来的孵鸭苗生意。他将孵鸭场建在住宅二楼的一个房间内，养殖间内设备齐全，卫生条件较好，结合家族祖辈沿袭下来的技术，具有较

图 3-38　桂林村孵鸭苗场　吴嫦摄

高的孵化率，在当地也有较好的名声。孵鸭苗的受精蛋来自周边农户家里，通过与农户长期合作，保证了蛋的优良品质。每年大概孵养十余万只，每只卖 15 元左右。鸭苗销售的旺季是每年农历八月，销售区域覆盖福安、周宁、柘荣和寿宁等地。

老板说，传统的孵鸭苗技术没有任何先进的设备，都是采取纯人工观察，并根据环境变化采取相应措施，但这些措施往往具有滞后性，"以前我们每天半夜都要起来好多次，根本没办法睡好，睡好的话蛋就不行了。但是那个时候大家都可以养牲畜，买的人多，卖的人也多，村里到处都可以养，生意比现在还好"。[1] 孵苗技术虽然市场广阔，但是目前养殖业与环境保护之间的关系还没有协调好，需要国家政策的支持，这个产业才能继续发展。为了扩大业务，老板开始孵化鹅苗和鸡苗，产品更加多元，销售区域也更加广阔。

与发展历史久远、传统基础雄厚的孵鸭苗场相比，迎合大众需求的蓝孔雀养殖场就成为另一种特殊的养殖类型。桂林村蓝孔雀养殖场位于桂林新村，2022 年成立，经营者为 LS，经营范围是以家禽类动物的养殖、屠宰和销售为主。由于经营才起步，蓝孔雀饲养场位于一个简易石棉瓦搭建而成的地下仓库，面积约 30 平方米。目前养殖有蓝孔雀和白孔雀。新型养殖品种的出现，有利于农村经济多样化发展，突破传统养殖业养殖品种的限制，适应市场的多样化需求。

① 访谈对象：WYP，访谈人：谭雅云、吴嫦，时间：2022 年 7 月 28 日，地点：商贸街。

桂林村的养殖业历史悠久，见证了桂林村经济与时代共进步、同发展的过程。养殖人将传统和现代技术结合，品种多样，销售区域不断扩大，有广阔的前景。而孔雀养殖场的出现代表着新兴养殖市场的兴起，是在乡村振兴背景下村民创业创新的一次尝试，符合时代发展的需求。

图 3-39　桂林新村蓝孔雀养殖场　吴嫦摄

　　总而言之，桂林村地少人多，完全依靠土地难以持续提高村民的生活水平，在有限土地资源上要维持生计，村民不得不从事商业或其他行业。这也造就一代又一代桂林人去务工经商。桂林村村民经商的传统还在延续着，他们不仅继承了父辈的经商传统，还在不断创新开拓，坚持诚实守信、低调实用、感恩社会的理念，促进桂林村经济社会发展。

　　桂林村的经济并不是那种"一村一产业"的模式，它是通过整体性经济发展的方式促进村民收入的提高。这种"整体性"表现在：三大产业齐头并进、多种经济形式并存、多种产业共同发展、国内外市场同时开拓。这种经济发展模式，有利于各产业既能独立发展，又相互配合，降低市场冲击的风险，为桂林村经济进一步发展奠定坚实基础。

第四章

宗族组织

　　宗族在传统中国乡村社会中具有不可替代的作用。千百年来宗族对中国传统文化和乡村伦理道德、社会秩序维持产生深远的影响。宗族活动的重要场所是祠堂,它是传统尊祖敬宗文化的载体,也是家族进行教化活动的"公共场所"。在以血缘为纽带的宗族关系中,祠堂是尊祖敬宗的联结点,深入了解祠堂有助于理解宗族文化的真谛。祠堂代表着一个家族的祖先,蕴藏着一种质朴的精神动力,是家族文化传承最重要的平台。祠堂的基本功能是祭祀祖先,通过祭祀将整个家族的成员联系起来,从而形成宗族内部的凝聚力和亲和力,强化族人的归属感。祠堂也是后世子孙了解宗族组织、祠堂文化、地域文化的载体,有助于传承家族文化、增强宗族凝聚力、维护社会稳定,进而形成集体情感和共同记忆。

第一节　王氏祠堂

　　王姓是桂林村人口最多的姓氏。根据桂林王氏相关族谱记载,桂林王氏现已传承到 62 世,王氏后裔已繁衍了 1 万余人。目前桂林王氏人口有5000 余人,占全村总人口的 85.3％。迁出村外近 6000 人,主要是迁往上桂林、井上、梅田、漳湾、柘荣及周边各县市。

　　桂林村王氏祠堂,也称"闽王桂林祠",历史悠久,在闽东地区有着重要地位,其地位不仅体现在悠久的历史和宏伟的建筑当中,更是体现在对村子、王氏宗族发挥的作用上。王氏祠堂在某种程度上已经成为桂林村的形象代表,是了解当地文化重要窗口之一。

一、历史沿革

　　王氏祠堂之所以在福安市乃至闽东地区具有重大的影响力,是因为其能够将当地王氏宗亲凝聚在一起，形成强大的宗族力量，对内团结一心建设村落，对外互相帮助壮大自身力量。祠堂现为福建省文物保护单位，保护完好，并不断修缮，是王氏子孙重视宗族文化、凝聚宗族力量的体现，也是王氏子孙对宗族乃至村落的精神寄托。桂林王氏强大的凝聚力从王氏祠堂的历史沿革与规模建制上可以窥见一斑。

桂林村王氏祠堂的堂号是"文畴堂"，俗称"螺峰王祠"，始建于明朝万历十三年（1585），由开基始祖王畴德后裔所建，至今已有四百多年历史。祠堂初建时，布局是"前堂后寝，寝设五楼，始祖居上楼，左右各二楼，以各房有功德祖配之，参以乡官。地基自头门至后寝，南北深二十五丈六尺，头门东西阔七丈二尺，后门东西阔六丈四尺，四周围以墙"①。此后，祠堂历经多次重修。雍正年间，祠堂"栋宇垣墉倾颓，急欲修葺"，遂邀请族人筹集资金，"有力能捐银十二两者，许其祖若父入祠与享祀之列"，此次修缮"庙貌焕然重新"。乾隆四十三年（1778），族人以祠堂"后寝卑隘，前堂暗淡"，又一次重修，修缮后祠堂"轩昂灿烂，较之从前更见冠冕"。修缮后，族人加强祠堂管理，"管年常加封锁，不使渎亵"②。清末，祠堂主体建筑不幸毁于火灾，光绪二十四年（1898），族人将祠堂未遭火毁的部分整体迁移于今址，并重修祠堂。王氏族谱的《重建大祖祠碑记》③详细记载：

> 吾族大祖祠自有明肇建，迄今三百余年，风霜剥蚀之，屡经堂基圮毁，栋宇倾攲。岁时享祀，跻堂者咸惧其无以安祖考而妥先灵也。于是佥图改建，卜基于旧祠之西。爰谋爻龟诹吉，但恐事关创始，非有急公明敏者以总董之，则图度经营，不归专责，何以蒇乃事而观厥成。时裔孙永楷勤敏有干才，众议举以为督。其银钱出入，另择裔孙永华以司其简记。楷乃祗承众志，鸠工庀材，鼎建于清光绪二十二年五月，阅两载而祠成，规模宏敞，气象一新，构成前中后四座，计费金钱一万三千有奇。除祖积外，其出自房下子孙鸠集参赞者，所有题捐名氏刊列于石以示不忘，亦使后之览斯石者，知先人之缔造维艰，克勤克俭，长保宗祊，继继绳绳，永绍箕裘于勿替，是则合族之所厚望也夫。
>
> 清光绪二十四年十一月各房长同立石

---

① 《开闽桂林太原王氏族谱·建置·附记》（1945年），手抄本。
② 《开闽桂林太原王氏族谱·建置·附记》（1945年），手抄本。
③ 《开闽桂林太原王氏族谱·建置·附记》（1945年），手抄本。

根据碑记可知,修建祠堂是族人的大事,各房子孙都应参与其中,这是宗亲关系亲密团结的反映。

民国时期,当地历经战乱,祠堂被用作福安师范附小教室及礼堂。中华人民共和国成立后,祠堂还被用作县茶叶局生产加工茶叶的车间。后祠堂又成为村小学办学之处。"文化大革命"期间,祠堂遭到破坏,但因族人秉持"敬祖重如山,齐心护祠胜过家""村在王祠在"的信念,[①]堂厅虽受到一些损伤,但主体建筑结构、祖牌、挂匾、明代天启皇帝颁发的圣旨录文等完好无损。直至 1990 年,村小学搬迁至新址后,王氏族人大力修缮,恢复祠堂原貌。此后,该祠堂便成为王氏后裔议事、祭祖等重大活动的场所。

2004 年 9 月 8 日,王氏祠堂被福安市人民政府核定为"市级文物保护单位"。2013 年 3 月 20 日,祠堂被福建省人民政府批准为"省级文物保护单位"。此后,王氏族人倍加爱护宗祠,重启祠内理事全日制办公制度,由专人时刻看守。[②] 2015 年,螺峰王祠改称"闽王桂林祠"。2016 年,借修编第十套家谱之机,王氏族人在原祖堂后侧挖山拓建祖堂,扩展深 16 米、宽 23 米,右侧新建有占地面积 146 平方米的两层理事办公楼,使得整个祠堂占地面积达 2126 平方米。新祖堂落成后,宗族海外恳亲、国内联姻等活动逐年增多。

2019 年,由于宗祠屋面坍塌、漏雨严重、屋面木基层破损、糟朽毁坏,祠堂理事会遂向文保部门申请修缮祠堂。2020 年 11 月,福建省文物局发布关于桂林王氏宗祠修缮设计方案审查意见的批复,同意所报方案。同年,宗族理事会正式启动祠堂修缮工作,预算经费 180 万元。修缮资金主要来源于政府拨款、群众集资和社会赞助。

王氏祠堂历经明、清、民国不同时期,风雨沧桑,经过多次修缮,至今保存完好,是王氏族人集体努力维护的结果。王氏祠堂不仅在凝聚内部力量上发挥作用,在对外联络和团结王氏宗亲上也起着重要作用。与此同时,文保部门对于王氏祠堂保护的重视,也增强了王氏族人的自豪感。

二、规模形制

祠堂是一个家族权势的象征,神龛、牌位、烛台、高堂以及雕刻有龙凤的

---

① 福建省闽王桂林祠:《桂林闽王文化》,2016 年,第 2 页。
② 福建省闽王桂林祠:《桂林闽王文化》,2016 年,第 3 页。

高台,给人以庄严、肃穆的观感,令人心生敬畏,所以族人在祠堂选址和布局上格外讲究。王氏祠堂坐落于螺峰山北侧山脚,面临福源路,坐西朝东,为穿斗式抬梁混合式梁架,由门楼、祠厅、戏台、新祖堂组成宏伟的建筑群,主体结构以木为主,以古雕刻装饰。① 祠堂前门旁有一古井,成于明代,青石井栏边沿有绳索的痕迹,一直使用至今。

图 4-1　祠堂井照片　谭雅云摄

图 4-2　桂林王氏宗祠大门　陈怡妃摄

祠堂门上写有"三槐世泽,两晋家声"的大字,大门外侧两尊石狮雄伟生动,两个抱鼓石左右架地而坐。大门右侧立高 4.6 米、宽 2.8 米的大石碑,石碑正面刻有"闽王桂林祠",背镌"桂林闽王家训",底座写有"省级文物保护单位"。门廊梁架施斗拱,正中屋顶为牌楼式雨盖,正门上方镶"开闽第一宗"和"状元及第"匾。走进门楼,可见五座房楼、四座天井组成的大型古建筑,楼与楼之间均设天井采光。大门内侧横匾题"彝伦攸叙"。祠厅四根大木柱挺立承梁,更显大柱挑大梁之风度,见证了先祖威震一世的历史。在福安民间流传着"筑厝大柱莫比卓家坂祠堂廊檐柱"的说法。② 祠堂建筑规模宏大,造工精巧,木雕艺术精湛,保护完整。

祠堂分为三个祠厅,分别是明代、清代和 2016 年修建。明代祠厅由于年代久远,相较于其他两个更为简陋。进门左侧摆放有两块碑,一碑记载 2005 年祠堂被认定为市级文物保护单位,另一块为残碑。两碑中间放有两

---

① 福建省福安市穆云畲族乡志编纂委员会:《穆云畲族乡志》,北京:万志出版社,2018年,第58~59页。

② 蓝炯熹主编:《穆云畲族乡志》,福州:海峡书局,2014年,第345页。

个直径为 72 厘米的石臼。古代王氏后裔中举时,要将蒸熟的糯米饭放在石臼中,用木棍搅拌成"棉头"供奉祖宗,答谢祖宗荫佑。进门右侧墙内嵌有五块碑,前三块为 2007 年重修桂林螺峰王祠及庆典捐款芳名碑;后两块为2008 年寨边岗祖墓各地宗亲人士及人丁捐款芳名碑。祠厅外两侧对称摆放着两张半圆状祭祀桌,直径为 133 厘米,高 125 厘米。这两张半圆桌是祠厅供奉水果用的樟木桌,距今已有 400 多年。2003 年,祭祀桌被偷盗,在罗江码头准备装船运往海外时,被王氏祠堂理事会成员追回。

图 4-3　祭祀桌　周敏摄

图 4-4　戏台　陈睿琦摄

　　背靠第一个祠厅建有一座大戏台,戏台进深 6.4 米、高 1.38 米、长 17.22米,进深 4 柱、面宽 6 柱。台中顶棚设八角藻井,饰人物画像;两侧均分两个长方形藻井,有祥鱼、吉龙画饰,雕刻精湛。垂灯外柱饰雕盘龙柱。每年正月十三日迎神时会有戏班子在台上表演数天,全村人都会聚在戏台前观看。

　　第二个祠厅为清代修建,该祠厅分为两部分。第一部分是戏台对面的大堂,布置较为简略,仅有立柱;第二部分是旧祖堂,堂内除柱子、对联外,还挂有数块牌匾,这些牌匾均为王氏子孙捐赠。旧祖堂正中间放有开闽王——王文光的祖像,该祖像迎神时会被抬出巡游。祖像前放有长 181 厘米、宽 84.5 厘米的贡台和长 201 厘米、宽 123 厘米的供桌,旧祖堂两侧放有正月十三日迎神用的牌、旗和工具。大堂和旧祖堂的过道两侧各有三间储物间,储物间内放有迎神时用的杂物。左侧储物间仍存有迎神时使用的神铳,该神铳长 233.5 厘米,铁制部分长 123 厘米、直径 16 厘米,木制部分长110.5厘米、直径 11.5 厘米,铁扶手长 40 厘米。第二个祠厅相较于第一个祠厅来说，修建得更为规整华丽、通透宽敞。

图 4-5　祠堂内景　毛戈辉摄

图 4-6　旧祖堂　　周敏摄

图 4-7　新祖堂　周敏摄

图 4-8　神铳　周敏摄

　　整个祠堂最为华丽的是新祖堂。新祖堂首层楼厅高 13.68 米、宽 23 米、深 16 米。顶层为木质扛梁并雕刻以装饰，仿古琉璃瓦封顶。厅内格局宽敞明亮，先祖牌龛下沿以精美的石雕"二十四孝图"为基饰，龛位中央供有四尊新塑入闽王王彦复、桂林祠始祖畴德公婆像。堂厅两侧墙上依次挂着十六幅先祖和历代杰出祖先的木质画像以及 14 块牌匾。新祖堂的楼梯扶手上雕刻十分精美。书有"文畴堂"的牌匾挂在正上方，牌匾下方是四幅祖先像，祖先像左右两侧放有数十个王氏祖先的牌位，前有一大一小两个供台。第三个祠厅的顶部装饰十分考究，中间是圆形花纹及吊灯，两侧为王昭

图 4-9　2023 年迎神礼炮车　王茂华摄

君、王安石等 16 位王姓名人像,还用 45 个圆形花雕组成上顶。在新祖堂顶上正中间写有"时公元贰零壹陆岁次丙申年肆月初捌日壬辰时扩建穀旦本祠坐申向寅加坤叁分金大吉"。新祖堂侧边是祠堂理事会办公楼。

祠堂旁原为穆云中心小学,小学搬迁至螺峰山顶后,现为穆云幼儿园。祠堂也是本族教育子弟之所,后又是村小学所在之地,而今祠堂又和学校相依,可见王氏祠堂与村教育密不可分。

以上是祠堂的大致情况,整个祠堂雄伟华丽,从其规模形制中不难感受到浓厚的宗族文化。王氏祠堂作为桂林村宗族文化的重要载体,有着强大的凝聚力,将桂林王氏子孙紧密地团结在一起,共同促进桂林村的发展。

三、分祠

桂林村除闽王桂林祠外,还有王氏分祠。这些分祠的建造和维护也体现出王氏子孙对宗族文化的重视。桂林王氏原本有 10 余座分祠。1949 年后,历经沧桑,屡遭破坏,至今仅存 4 座分祠。其中两座祠堂建筑尚完好,另两座破损严重。

（一）振纲祠

振纲祠现被改造成桂林村文化活动中心,内有大堂和祖堂,堂内有电视

105

供村民观看，还有报纸供村民阅读。右侧是"青门"。祖堂空地处摆放有桂林村明万历年间至清末的 18 块石碑，村民称之为"碑林"。"碑林"墙上绘有仙女图，并题有"桂林赋"。

图 4-10　振纲祠　周敏摄

图 4-11　桂林赋　周敏摄

图 4-12　启元祠和旗杆石　　周敏摄

（二）启元祠

启元祠位于长春街，紧邻振纲祠，大门上有二十四孝雕花装饰，十分精美。启元祠是土木结构廊院式建筑。该祠建于清乾隆年间，坐北向南，前后两座皆为穿头抬梁式木构架，占地面积 818 平方米。整座建筑由门厅楼、天井、主楼祠厅组成，宽 21.58 米，进深 37.91 米。大门上挂"开闽第一宗"横匾，两侧刻有对联："系出太原溯槐荫梅美长承孝德，门临穆水看支分派衍尽见朝宗"。门楼进深五柱，面阔五间带两廊，前廊轩顶，大门前保存有四对旗杆石。门厅与主座祠厅之间的天井两侧为厢房，天井两侧的檐枋上饰作倒人字拱上加一斗三升，承托檐檩，做法少见，但显得特别大方。祠厅面阔五间,进深七柱,用材硕大,举架特高。① 启元祠门口有 8 座旗杆石,东西两侧各四座,两小两大,西侧宽 162 厘米,东侧宽 167 厘米,其中西侧刻有"同治丙寅补行甲子正科举人立"字样。

图 4-13 建垣祠碑 吴嫦摄

图 4-14 天八祠 周敏摄

（三）建垣家祠

建垣家祠位于福源路,是清代建筑,仅剩门牌、两块石碑和一间屋顶不全的大厅。根据碑记所载,建垣家祠于道光二十一年(1841)建,家祠敬奉垣三公,其后裔分为四房。

建垣家祠大门是砖砌墙体,大门正面墙头装饰墙栋,门额饰灰塑横匾,内书"建垣家祠",两侧耳龛分别直书。左边为唐代诗人李绅的《悯农二首》之二:"锄禾日当午,汗滴禾下土。谁知盘中餐,粒粒皆辛苦。"右边是唐代诗人王涯所作的《琴曲歌辞·蔡氏五弄·游春曲二首》中的四句:"万树江边杏,新开一夜风。满园深浅色,照在绿波中。"整个大门颇有文化意境。大门进去向左是门头亭,众厅紧靠亭北面,因多年不用破损严重。门头亭进深三柱五架梁结构,东西向 4.14 米,南北向 5.14 米,亭高 3.9 米。② 由于年代久

---

① 福建省福安市穆云畲族乡志编纂委员会:《穆云畲族乡志》,北京:方志出版社,2018年,第 58 页。

② 福建省福安市穆云畲族乡志编纂委员会:《穆云畲族乡志》,北京:方志出版社,2018年,第 60 页。

远,木构件更换较多且有遗失,原有的柱子比较粗大,保存下来的部分斗拱造型方形肥大,系清代早期做法。山墙边保存有《建垣祠碑》和《祭扫田积置田育贤田》两通清道光年间碑刻。

(四)天八祠

天八祠目前正在重修。据介绍,天八祠支系仍有 1000 多名子孙,为了重修天八祠,该支系子孙齐心协力。

四、理事会

祠堂理事会是管理祠堂的组织,承担着调节宗亲关系、促进宗亲团结发展的功能。在祠堂理事会积极运作下,桂林王氏形成了团结和谐的统一体,理事会也成为联络全国各地王氏宗亲的重要力量。

(一)理事会组织

桂林村王氏宗族日常事务由祠堂理事会会长和常任理事共同负责,并设有顾问、名誉会长、名誉副会长、副会长、秘书长等职。祠堂理事会有 1 名理事长,5 名常任理事,常任理事中有专门管理财务的成员。桂林村王氏宗祠已成立第十届祠堂理事会,组成人员如下:

顾问:王育荣　王寿怀　王妹嫩　王柏明　王少荣　王少清

名誉会长:王建梅

名誉副会长:王全忠

会长:王少雄

副会长:王长清

秘书长:王长青

常任理事:王少雄　王长清　王龙清　王成书　王长青

理事:王少雄　王长清　王龙清　王成书　王长青　王国良

　　　王增铃　王石金　王锐明　王赐财　王玉春　王阿明

　　　王承柱　王陈兴　王贻林　王安生　王瑞喜　王奶春

　　　王窑健　王锦其　王成林　王连平　王廷忠　王茂华

　　　王奶灿　王裕金　王云现　王长明　王少周

理事长一般通过选举产生,选举的规则相对复杂。首先要从王氏八房中的每房选出 7~8 位代表,被选出的代表再通过举手表决的方式选出一名理事长。理事长一般由 60 岁以上的人担任,且要有一定的经济实力和威望。理事长一届任期为 3～5 年,可连选连任。理事会换届时,新的理事长也可以由现任的祠堂理事会班子从王氏八房中提名,然后八房的代表们再根据提名人选投票选取。代表们投票表决时,现任理事会不干预。理事会换届时,除了要选出理事长,还要选出理事会的班子,分别负责会计、财务、管理等事务。[①] 现任理事长王少雄已经任职 10 余年。

（二）运行机制

桂林村王氏祠堂理事会曾经有文件性的规章制度,现在则采用约定俗成的方式。宗族内如有大事,理事会需召集八房村民共同讨论协商。如宗族山地管理、收租等被认为是大事。若小事或理事会内部的事情,则由理事长和常任理事们共同商量。如有外地的宗亲来找桂林村王氏祠堂理事会处理事务的话,理事会首先会协商讨论出初步的方案,再召集各房讨论,获得支持后才可实行。[②]

桂林祠堂理事会和村委会的联系较为紧密。随着社会的发展、村委会组织的完善,原本许多由宗族管理的事情,都改由村委会管理。以前祠堂理事会没有村委会的成员,但近年来理事会中的大部分成员均为村镇退休人员。此举目的是将有威望、有文化、熟悉管理的人充实到理事会。

（三）祠堂经费

1.经费来源

王氏祠堂经费主要来源于族人的捐款。捐款的用途包括修建祠堂、修谱、正月十三日迎神、谱牒研讨会等与宗族相关的大型活动。捐款人既包括宁德市内其他王氏宗亲、王氏祠堂,也包括桂林村其他姓氏的村民。每人按照个人经济情况捐款,捐款后祠堂都将其记载在捐款名录中,或附在石碑上。每次大型活动结束后,剩余的捐款就放在桂林村王氏祠堂理事会账户上。祠堂经费来源广泛,体现了桂林村不仅对内团结一致积极传承宗族文化,对外也与其他姓氏相处融洽,互帮互助。2016 年,桂林王氏兴建新祖堂

---

①　访谈对象:WSX,访谈人:周敏、毛戈辉,时间:2022 年 7 月 6 日,地点:桂林村王氏祠堂。

②　访谈对象:WSX,访谈人:周敏、毛戈辉,时间:2022 年 7 月 6 日,地点:桂林村王氏祠堂。

时,不仅有各地的宗亲、祠堂捐款,还有许多桂林村非王姓的村民捐款。

2.经费使用、管理与监督

祠堂经费放在银行的专门账户,由理事会专人管理,用途均与王氏宗族相关。经费一般用于建设新祖堂、祭祖、修谱、晋祖庆典、赠送其他王氏祠堂贺礼、维持宗亲关系等方面;此外还有一部分经费用于聘请择日先生、补助村民、修建维护理事会办公地点、会议接待等。每一笔收入与支出均有明确的记录,经费管理人员定期将祠堂经费的收支情况公开,供大家监督。

表 4-1　2019—2022 年王氏祠堂财务收支表

年份	捐资收入(元)	支出(元)								
		差旅费	祠堂日常支出	会议支出	建祠支出	庆典支出	招待费	固定资产	其他支出	本年小计
2019	5000	2212	9817	17900	155705	32827	8603		31400	258464
2020	3600	1350	16494.5	1000	5155	65844	21546		300	111689.5
2021	42200		31461	3000	69092	22310	18695	3580	32123.8	180261.8
2022	129848		9497	1000	103700	5580	25079		800	145656
合计	180648	696071.3								

根据以上收支明细可知,尽管祠堂经费数额大,账目却非常清楚。这些年在祠堂理事会的有效管理下,祠堂已形成一套明晰的财务管理办法。同时,根据 2019 年至 2022 年王氏宗祠财务收支情况可以看出,祠堂的日常支出、修建与维护、庆典支出以及招待费占据了祠堂经费支出的大部分。其中祠堂日常支出还包括村内各宫庙的维护费用,体现了祠堂和宫庙之间的紧密联系。

理事会已经形成了较为完备的组织架构与职责功能。在理事会的努力下,桂林王氏在外影响力与日俱增。外界在谈到桂林村时,往往首先想到的是桂林王氏和其祠堂。可见,王氏和王氏祠堂是桂林村的重要标志。

第二节　祠堂活动

宗亲关系的传承是一种复杂的情感传承。桂林王氏通过其既有的祠堂活动和其他仪式,使得宗亲关系世代传承下去。随着社会的发展,越来越多的年轻人外出拼搏,这导致宗亲关系在年轻人中的传承和以前有所不同。在调查中发现,村里老年人有一种认识,他们认为宗亲关系的延续不仅需要年轻人积极参与宗族活动,还需要依靠长辈来传承宗族关系。由于长期受长辈和自身经历的影响,当他们老了以后也会产生宗亲的意识,又会帮助自己的下一代去传承。因此,宗亲关系总是会传承下去。祠堂对于桂林王氏子孙来说,不仅仅是举办宗族活动的场所,更多的是承载了他们的祖先记忆和宗族认同。因此,无论是老一辈在帮助下一辈人传承,还是自己在传承,宗亲关系的传承都离不开祠堂。祠堂活动主要是正月十三日游神(也称"踩街")和春秋祭祀两大类。

一、游神活动

桂林村每年都会举行游神活动,村民将神灵的神像聚集在一起,并将排好顺序的神像和香火在村内游行,村民称为"游神"。桂林村的游神活动以王氏祠堂为主导,每年正月十三日举行,活动一般从十二日晚上十二点开始,持续到十六日,最为隆重的是十三日当天的"踩街"活动。

图 4-15　游神队伍在王氏祠堂　王茂华摄

桂林村一共有 10 座宫庙,分别是临水宝殿、天后宫、林公忠平侯王宫、齐天大圣宫、谢元帅宫、五显大帝宫、黄三相公宫、福德正神宫、虎马将军宫和连谢法主宫。每年正月,王姓族亲于游神前组队分别到周宁杉洋村请林公大王、古田中村临水宫请陈靖姑、莆田湄洲岛请妈祖。一般是正月十一日出发请妈祖，十二日请陈靖姑和林公大王。村里人根据路途远近，于不同时间出发，每辆车有一名村委会指定的安全员负责全车人的安全。去迎请的人员为村民主动报名，每一队有一名"公家人"负责组织，一同前往的还有一两个法师。十二日赴古田、周宁的队伍连夜赶回桂林村，赴湄洲岛的队伍则在当地住一夜后返回。各支队伍于十三日零时法师进行法事前均须回到桂林村。

图 4-16　游神时的换香　王茂华摄

村民在请神时会带着神像和香炉前往宫庙迎请香火。在"公家人"和法师烧完元宝并点完鞭炮之后，他们要从神灵所在地的大炉中取火，用香炉装好并保护好带回。请到神以后，各支队伍回到桂林桥头集合。游行队伍从桂林桥头开始，先到苏堤，接着从南洋过河到苏坂，经康厝过穆阳桥，顺着穆阳大街踩街而回。在桂林村内，队伍穿行村内的大街小巷后，最终停在王氏祠堂。

全村人都参与游神活动，小孩负责拿旗帜，年长者拿轻一点的东西或者负责放鞭炮、烟花，年轻人负责挑担子或其他事务，村民各有分工，人多而不乱。游神当天，村中年轻男子会"全副武装"组成方队，以展示村中人丁兴旺和精神风貌。村民还会自行组织舞龙队，走在最前方开路，通过模仿龙的动作，寓意着龙神降临，给村民带来好运和喜庆。在游神时，村民会通过"换香"将神灵的赐福带回家。所谓换香，就是村民用家里的香换神像前的香，将敬过神的香放到家中以获得神灵的赐福。游神队伍到祠堂后，各个表演方队在祠堂里轮流表演一番，然后把十尊神像请到祠堂最里面专门为神像搭建的架子上，游神到此结束。

祠堂为神准备好供品,包括八盘菜(猪头、墨鱼、鱼肝、豆扣、肉糕等);十杯茶、十杯酒;五种水果。神像面对戏台,背对龙牌神龛。下午两点,戏班子开始在戏台上演戏。戏一共六场,十三日到十五日每天上下午各一场。演戏的剧目都是选取偏喜庆欢乐的,剧目表演内容多为神话故事,如《仙女下凡》《迎(云)头送子》等。每年最后一场戏均为固定剧目——《迎(云)头送子》,而"接孩子"的人一般是祠堂理事会的会长或者副会长,代表整个桂林村的王氏后代。村里人希望通过该出戏为村里添丁,这既是宗族兴旺发达的直接体现,也是传统文化的延续与传承。

从十五日开始,村里的八座宫庙轮流做醮。十五日是齐天大圣宫,十六日是五显帝宫,十七日是林公忠平侯王宫,十八日是临水宝殿,十九日是林谢法主宫,二十日是虎马将军宫,二十一日是黄三相公宫,二十二日休息一天,二十三日是谢元帅宫。做醮时间从下午两点到夜里十二点。

正月十六日,戏班子表演结束,各个神被送回宫里安座。当晚,祠堂常务理事和村里参加迎神的骨干分子集中在谢公庙,摆席庆贺。席间要商议下一年的迎神组成人员,决定迎神的总理、副总理和理事人选,最后由祠堂发出请帖。正月二十四日晚,王氏村民代表聚在一起,将村中游神活动的组织权交接给下一届,并做好清点账目、结算财务、公布账目,进行财务交接工作。所有仪式和程序结束后,村民们就开始了新一年的生产生活。

二、清明节祭祖仪式

王氏宗祠无论是祖先的供奉还是祭祀活动,都颇具特色,一系列的祭祖、晋祖活动将王氏子孙紧密团结在一起。谱载:"清明日拜奠始祖墓,然后各人祭私墓,至谷雨止。"[①]如今,祠堂和个人都在清明节祭拜。

桂林村的普通家庭,一般是往上祭扫三至五代,五代以上列祖列宗则归入祠堂管理。在旧时,祠堂有田产时,清明节的开销由祠堂田产租金开支,各房各支牵头祭扫各自先祖坟墓。现在则是祠堂牵头,由理事会出面雇工祭扫每一个祖先的坟墓。雇佣的人既有王氏族人,也有其他姓氏的人,被雇之人需要在清明节前后 10 天内完成祭扫工作。扫墓完成后,理事会在祠堂里组织聚餐,但规模较小,一般只有几桌。

---

① 《开闽桂林太原王氏族谱·时序》(1945 年),手抄本。

三、中元节祭祖仪式

族谱载："中元祭于祠堂，清明祭于坟墓，春秋唯此而已。""中元之祭，主祭宜房长嫡孙。若不知礼数，则另举年高有德者以代之，不必执定大宗之说。前期一日习仪，请主出外厅事。始祖居上，昭穆各二房列左右。至期鸡鸣，击鼓三通，以集族众，然后行礼。祭毕设酒，散神惠、序昭穆，而礼之情文备举矣。"①可见，中元节也是王氏族人集体祭祀的重要节日。

中元节祭祖分为家祭和祠祭两种。个人的家祭通常在农历七月十三日举行，集体的祠祭则是七月十五日举行。虽然祭祀的场所不同，但无论家祭或祠祭都会选择在下午的两点至三点举行。村民认为，下午三点是时辰交替的时间，此时阴间已经下班，祖先们就要来到阳间享用祭品，所以仪式要持续到下午四五点左右，一般也是村民生火做饭的时间。家祭一般是在老房子的大厅进行。这些老房子多建于清朝或民国时期，虽然住户几乎都已搬出，但中元节这一天，大家都会回到老房子祭祖。平日里，祖宗牌位也摆放在老房子的供案上。当地人认为这样做是出于孝道，"因为他们中元节要回来，虽然后人的家是在外面，但是祖宗没有被请到新房子去，为了方便中元节回来，所以老房子一定要留着。而且现在很多地方都是商品房，也没条件祭拜，所以还是在老房子方便一点"。②

王氏子孙有"百年祭祖"的说法，即祭祖时只祭近100年内去世的长辈。这100年内不管有多少代长辈都要进行祭祀，但超过100年的就不在家中祭祀，而是归到祠堂，由祠堂来负责管理与祭祀。③村内各房派代表到祠堂祭拜自己的祖先与亲人，一来表达自己对祖先的崇敬和哀思，二来希望祖先能够保佑桂林村繁荣昌盛、子孙后代顺利。

祠堂祭祖时，由理事长点三炷香，然后在祠堂左右神龛、大门口插香。点香时，理事长会请所有祖宗回来过节，参加会宴，放鞭炮表示会宴开始。祭祀时需提前准备好祭文，祭文上写有最早几个祖宗的名字，由他们代表全部祖宗回来吃饭、喝酒、带钱。念完祭文后在大门口烧纸，之后再放鞭炮代表祭祖结束。结束后，各个厅派出代表和理事们聚在一起，用祭祖的菜品做

---

① 《开闽桂林太原王氏族谱·祭礼》（1945年），手抄本。
② 访谈对象：WKZ，访谈人：马语瑄、陈睿琦，时间：2022年7月20日，地点：WKZ家。
③ 访谈对象：LCT，访谈人：周敏、毛戈辉，时间：2022年7月17日，地点：樟林路。

一餐宴席。如今这个聚餐习俗也被取消,因族人认为祖先吃过的东西不洁净,也就不聚餐了。

四、晋祖仪式

晋祖一般和修谱同步进行,每 25 年至 30 年举行一次。修一次谱就意味着有一代人成人,要把他们记载到家谱当中。家谱修完以后,就要分谱、晋祖,所以一般是新修祠堂和修谱完成后,就要晋祖一次。王氏祠堂最近一次晋祖是在 2016 年 12 月。2015 年,王氏祠堂开始修缮祠堂,同时修谱。修谱时需通知全族人统计每家每户信息,大概会持续一到两年。2016 年祠堂翻修完成时,修谱也已历时两年。在修谱和祠堂翻修后,祠堂举行了晋祖庆典。

（一）制龙牌

晋祖前要请风水先生来择定吉日和吉时。2016 年 12 月,晋祖的吉时是晚上十二点,所有仪式要在十二点以前完成。晋祖的首要环节是开牌,就是给龙牌开光。龙牌由祠堂统一联系加工厂制作,过世族人的谱名会被写在龙牌上,每副龙牌 1600 元,其中制作费用 600 元,祠堂神龛位置 1000 元,由其后人出资。新做的龙牌不能直接进神龛,需要由道士作法开光以后才能进入。

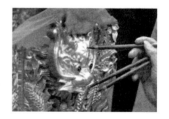

图 4-17　2016 年桂林村晋祖仪式　*王少雄供*

（二）龙牌开光

法场的最前端是祭坛和供桌。祭坛由六张四方桌搭建而成,五张并拢在地上,第六张立于五张之上,最上面一张桌子上放着斗灯和法器。仪式由一主二辅共三位道士站在祭坛上作法,主导的法师身着黄色道袍,另外两个法师身着红色道袍。祭坛后面是供桌，供桌面向龙牌，最前端插着三炷香，其次是十杯茶十杯酒，再次是供菜和五果；另外分别有一猪一羊被放置在供桌两侧，供桌之后为龙牌。龙牌都挂着红纱，统一摆放在祠堂门口，根据辈分依次向后排列。每个龙牌背面都贴有一张红纸，上面写着进入神龛时的序号。最末端是一枚写有"国泰民安"的大铜钱，被立在二龙相拱卫的台子上。

　　下午六时起，法师开始做法事。他们先是站在祭台上作法，然后由一个黄衣法师拿着铃铛依次行走在每一排龙牌边，从祭台走到最末端的铜钱处，接着又以同样的方式走回来。随后，法师开始点祖开光，先由黄袍法师拿着墨笔对着摆好的龙牌点画一下，红袍法师端着墨盘立于其侧，后由黄袍法师端着墨盘，两个红袍法师在其两侧，各自手执墨笔点龙牌，类似画龙点睛。法师画过的龙牌就意味着开光，可以进入神龛。

图 4-18　2016 年桂林村晋祖仪式的祭品　王少雄供

（三）入祠

　　龙牌全部点完后，就由各自的子孙抱着龙牌。此时祠堂里已经准备好了供品，神龛前也放了立成塔状的五种食物。供品中间还放着一个香炉和两根蜡烛，供案最外两侧各放有一盏长明灯。供品是十杯茶、十杯酒、三牲（猪、鸭、鱼）、五果（人参果、柚子、火龙果、苹果、橘子）和五种点心。供案前摆有两张大圆桌，2016 年晋祖时，桌子上摆着新修的两套王氏族谱，一套是手写的，一套是电脑打印的。

开光仪式结束后,由理事长持斗灯引路,领着龙牌队伍进入祠堂。斗灯里的物品包括红筷子、秤(表示生意兴旺、子嗣绵长)、麦穗(表示五谷丰登)、墨家尺(表示保平安)、烛火(表示香火不断)、筷子(表示子嗣繁茂)、未脱壳的稻谷(表示满仓、五谷丰登)、镜子(表示护身、保平安)。当地人认为斗灯具有驱邪庇护的功能,除了保护仪式顺利进行外,还有照亮、引路的作用。理事长将斗灯放在供案后,后续的人员就开始请龙牌进神龛,被称为"礼生奉主进龛"。这时候龙牌背后贴的号码牌就是龙牌在龛内的座位号,各个族人穿着红衣或者戴着红纱红帽将龙牌捧到龛前,由专人奉送到指定位置。此后由祠堂理事站在第一排,其他族人根据辈分大小,依次向后排列。先是理事们依次端着茶酒和猪头拜祖宗、行献礼,再是集体持香行跪拜礼。此时祠堂里五代同堂,由一男性站在理事旁念祭文。念毕,理事起身,其他族人根据辈分,在主持人的引导下,依次向祖先行礼。

(四)封谱

入祠礼毕后,理事长将族谱放入特制的红箱子,并用红色封条将宗谱封上,再将箱子锁好。在旧时,箱子锁了以后,钥匙会被掷于地上,由族众抢夺,得钥匙者(旁人不知谁拿到钥匙)会悄悄把钥匙藏于家中,待下一次修谱时再取出。现在这个习俗已经改变,钥匙通常由理事长掌管,以备需要时候查阅。封谱结束后,族人通常会挑着一副担子来,一头是一桶水,另一头是一盏灯。族人将香炉的火引入灯里,寓意灯火相传、枝繁叶茂,典礼至此结束。

图 4-19　2016 年桂林村晋祖仪式　*王少雄供*

（五）超度

晋祖第二天,祠堂开始做法事。这场法事要持续七天,用来超度那些后继无人或无人照料的亡魂。村民认为,超度如同教育一样,跟亡魂讲道理,让亡魂安心离去,不要驻留。做法事相当于完成亡魂的未尽之事,并劝慰亡魂放下执念,前去西方极乐世界。在七天的法事里,每天都要有七名从各个寺庙里请来的法师作法,还需要七八十名尼姑、和尚、道士和吃素的信众念经辅助。法事每天做六场,每次持续一个小时到一个半小时,早上两场,下午两场,晚上两场。做法事期间,祠堂要负责法事参与者的饮食,专门制作素斋。同样,供品也是素食,即八大盘蔬菜和五果。祠堂还要准备烧给亡魂的纸钱和金包,让他们拿着钱去做想做的事。七天法事结束后,晋祖典礼全部结束。

2016年的晋祖仪式是在祠堂翻修完成后进行。但通常来说,晋祖周期取决于修谱周期,修谱完成以后会晋祖。虽然祠堂损坏时需要不断翻修,但是祠堂翻修更多是取决于族人的意愿和经济能力,没有固定的周期。

第三节　族谱编修

族（家）谱、国史和地方志并称为中华民族的三大文献,有着不可替代的独特功能。族谱是中华民族大家庭血脉关联的历史载体和组织纽带,也是中华民族独有的一种姓氏文化。族谱是一个姓氏人群的关系记录,是同一血缘亲属社会群体的史书,也是宗族传承的重要标志。族谱是独属于有血缘姻亲关系的一群人的历史,通过族谱能够了解家族源流、社会风尚,了解在不同历史背景下人们的生产水平和生活方式。族谱有"强宗固族"的精神作用。

从中国历史来看,编修族谱为该族之大事。通过族谱可以了解宗族的历史沿革、世系繁衍、人口发展、居地变迁、成员生卒年月、婚姻状况以及社会生活等。桂林村王氏的繁衍和发展都在族谱中有所体现,族谱作为王氏世代凝聚在一起的重要载体,有着不可替代的作用。

一、王氏旧谱

桂林村王氏十分重视族谱的编纂,其族谱内容全面翔实。通过现存族谱可以窥探桂林村的历史沿革、风俗习惯和世系繁衍,可以说王氏族谱是了解桂林村历史和文化最好的资料。

王氏族谱分为总谱(大谱)和支谱(小谱)。总谱在晋祖封谱仪式中要封存,但也会留一到两本在理事会成员手中,小谱则每家每户都会有。大谱记载内容十分详细,涉及祖先源流、世代名录、风俗习惯、山地、林地等各方面,而小谱则只在开篇介绍源流,后面为家族世系表。桂林村八房王氏均有自己的家谱,谱牒传承得到充分重视。桂林村现存三套 1949 年之前修纂的王氏族谱,这三套族谱结构完整、内容充实,具有丰富的历史价值和研究价值。

第一套是民国五年(1916)重修的《螺峰王祠宗谱》,线装、手抄本。该家谱破损严重,前几页缺损,"序"部分包括了嘉庆年间到民国五年(1916)重修的 10 篇序,记录 27 世桂林村王氏子孙。族谱内容包括凡例、姓氏源流、字辈、家规、咏景诗志、公益事业建设志、碑记、祠堂记、祖坟等,还附有桂林村和总祠堂的平面图。虽然该家谱有所破损,但并不影响族谱的整体内容和价值。

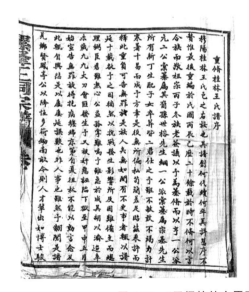

图 4-20　《开闽桂林太原王氏家谱·序》 毛戈辉摄

第二套是民国三十四年(1945)编修的《开闽桂林太原王氏族谱》,该谱保存完整,它是在民国五年(1916)重修谱的基础上再次进行编修,补充了新的世系。两次编修时隔 29 年,符合桂林村王氏时隔 20～30 年修谱的传统。

本谱结构完整，包括11篇序、旧谱名字行列表、新名字行列表、凡例、重建大祖祠碑记、选举、劝惩、隐逸、烈女、建置、沿革、风俗、山川、世守、山界、艺文、灾异、杂录等，记载内容详细。族谱中较有特色的内容是将桂林王氏与穆阳缪氏的纠纷完整地记录在内，为后人了解穆阳历史及宗族之间的关系提供了历史资料。

根据《开闽桂林太原王氏族谱》中编者撰写的序，该谱修撰时正值抗战时期，在烽火未泯之时，修撰谱牒难度可想而知，何况编者还被"奸恶诬陷下狱"，[①]更加令修谱之事困难万状。然而，编撰者克服困难，最终还是完成了族谱编撰任务，为今人保留了丰富的历史资料。

第三套为《螺峰王氏宗谱之王氏世系族图》。该世系图谱共记载了六十二世王姓，每一世都有不同的字辈。从世系图中可以看出每家每户的源流与繁衍情况。世系图由右向左横行排列，每个世代人名左侧都有一段生平记述，介绍该人的字、号、功名、官爵、生辰八字、配偶、后代、葬地、功绩等，查阅起来十分方便。从该世系图谱中可以看出，王氏家族中的女性也可以上谱。同时，桂林王氏在家谱中按照"大小百千万"来排列郎名。王氏子孙拥有常用名和谱名，谱名是在出生前就由修谱先生预先起好。桂林村很多村民甚至不知道自己的谱名是什么，也不关心自己是第几世。王氏虽然家家户户都有家谱，但对于家谱上的具体内容并不了解，甚至对自己在谱上的信息也不清楚。[②] 日常生活中，村民除了用身份证上的名字外，更多的是用一些昵称或者外号来称呼彼此。

家谱有着"明世系、辨昭穆"的作用，通过家谱人们可以清晰地知道自己的世系，祖上的成就。通过修撰家谱，族内成员不断追根溯源、寻祖问宗，促进家族内部的交流沟通，增进彼此之间的了解和信任。族谱修撰亦能凝聚人心，使得族人不断受到亲情教育，激发对祖辈的敬意与怀念之情。

二、现代族谱的编撰

修谱就是修史。族谱记载着宗族成员繁衍和重要人物的事迹，是珍贵的历史资料。族谱无论在哪个历史时期，都是人们另一种意义上的"身份

---

① 　《开闽桂林太原王氏族谱·序》(1945)。

② 　访谈对象：WY，访谈人：周敏、毛戈辉，时间：2022年7月7日，地点：长春路；访谈对象：WSH，访谈人：周敏、毛戈辉，时间：2022年7月8日，地点：商贸街；访谈对象：WGP，访谈人：周敏、毛戈辉，时间：2022年7月9日，地点：南路路。

证"，一种证明自己宗族归属的身份证明。在现今社会，族谱对于地方文化重塑和提升文化自信仍然具有重要意义。1949年后，桂林村王氏族谱也历经多次重修，这是村民对传统文化传承的期盼，也是寻求归属感的体现。

（一）两次修谱

王氏近两次的修谱时间分别是1990年和2016年，都是在原谱基础上续修。修谱时由祠堂理事会负责人组织，各房配合。1990年修谱是由王振灵、王卫坤等人组织。修谱时，先由理事会组织常任理事协商，将大致流程商量好后召集各房代表再次讨论，将修谱事宜确定。理事会一般会请风水先生和修谱先生协助修谱，风水先生负责确定修谱的时机和仪式等相关事情，而修谱先生则负责族谱的修撰等事宜。即使距离上次修谱时间较长，也不用担心修谱细节被遗忘，修谱先生会将流程完整地复原出来。

修谱前，修谱先生会向各房收集世系信息，以便更新家谱，一般历时一年。当地有"出了祠堂不修谱"的说法。随着社会发展，如今修谱会请专门的修谱团队或修谱公司来帮忙修谱，如此既能为理事会省时省力，又能高效地进行修谱。[①] 在理事会的精心组织和修谱团队的配合下，王氏族谱内容丰富、结构完整。

桂林王氏最近一次修谱是2016年，距离上次修谱相隔26年。当时各房修谱的意愿较为强烈，大家都认为及时更新家谱是对祖先的尊重，也有利于家族的传承。村民认为家谱是老祖宗的东西，自己要进行传承，就像孝顺自己的父母一样。修谱成为村民不言而喻的共识。显然，族人有强烈的宗族意识，有意无意地在传承宗族文化，成为传统文化复兴的推动力量。但修谱并非易事，需要多方面综合考虑，尤其是当地民间信仰、祖先崇拜意识较为强烈的情况下，若修谱不规范或不系统可能被认为冒犯祖先，会受到先人的谴责。因此，修谱时风水先生在其中起到了协调规范作用。

（二）修谱仪式

桂林村王氏修谱时，由祠堂理事会组织修谱启动仪式，仪式的主要内容——请祖宗。在仪式前先要请风水先生择好日子，备好香烛、肉、水果、

---

① 访谈对象：WCQ，访谈人：周敏、毛戈辉，时间：2022年7月26日，地点：桂林村王氏祠堂。

鱼、猪头等供品。请完祖宗后，组织八房代表在祠堂吃饭。整个仪式结束后，修谱先生就在祠堂开始修谱，将各房子孙记录在谱上，需十分仔细，避免书写错误。①

　　族谱编修完成后，要举行封谱仪式，表示对祖先的重视与崇敬。桂林村最近一次封谱仪式是在 2016 年 12 月举行。此前，晋祖仪式和封谱仪式会分开进行，由于 2016 年适逢修建祠堂和续修族谱重合，于是封谱仪式和晋祖仪式同时举行。封谱时一般会有八个放谱的箱子，四个箱子用来放手写谱，四个箱子用来放打印谱，一个箱子一般会放两房的谱，共计八房。每个房的谱印几套没有统一，而是由各房人数来决定。

　　封谱时讲究五代同堂，这五代的人不一定是同一家庭里的五世，只要是族内五个不同辈分的代表即可，如果实在找不到五代人的话，四代也可以。五代人都到达祠堂后，在法师的组织下，先将修好的谱摆放在桌上，然后开始拜祖仪式。拜祖时祠堂理事会的理事长和常任理事们先拜，待他们拜完后五代人按照辈分大小依次进行，拜祖结束后正式封谱。封谱时要将箱子锁上，再由法师贴上封条，众人将封好谱的箱子抬到仓库保存。封谱之后没有重大事情就不得随意打开族谱，一般要等到下一次修谱时才能启封。各房会留一到两套谱不封存，以备有事时翻看，但即使是没有封存的谱，平时无特殊事情也不会拿出翻看，以表示对祖宗的尊重。②

图 4-21　封谱仪式照片　王少雄供

---

　　①　访谈对象：WSL，访谈人：周敏、毛戈辉，时间：2022 年 7 月 11 日，地点：振纲祠；访谈对象：ZXJ，访谈人：周敏、毛戈辉，时间：2022 年 7 月 13 日，地点：商贸街。
　　②　访谈对象：WSX，访谈人：周敏、毛戈辉，时间：2022 年 7 月 25 日，地点：桂林村王氏祠堂。

（三）修谱经费

修谱的经费主要来源于族人的捐款,也称为"丁钱"。每家每户按照人数（包括小孩）捐钱,一丁 300 元。经济条件较好或者重视宗族文化的族人则会多捐一些,祠堂理事会的理事也会多捐点。[①] 祠堂理事会对于捐款人都有详细记载,有的族人捐款是以个人名义登记,有的人家（一般是年纪较大的老人）会以自己儿子的名义捐款。村民认为,捐款编修家谱是义务,通过捐款不仅能够践行孝道、尊敬祖先,也是宗族意识的延续。

三、族谱的写作方式

桂林王氏族谱的编撰体例与其他族谱差异不大,世系的记录、人物的评价等都中规中矩,但对女性、入赘、夭折等情况的编写有一定特点。

（一）女性上谱

桂林村无女性不能上谱的说法。不仅女性可以上谱,女性的丈夫也会记载在女方家的家谱,同时女性也会被写在夫家的家谱里。这可以理解为女性被写到自己父亲家的家谱,是明确自身从哪里来;被写到夫家家谱中去,是要知道到哪里去。但记载的内容有所不同,出嫁的女性在父亲家的家谱中记载得简略一些,在夫家的家谱记载得详细一些。以 WSH 家为例,WSH 为第二十六世,其妻子及女儿均记录在家谱。家谱上对其妻子的记载是,"娶甘棠迁桂林××基公女××,生一九六七年丁未七月初十日未时";对其女儿的记载是"女一××,生一九九〇年庚午十月十八辰时,适湖北省潜江市×××路××号×××之子××"。[②] 女性上谱是男女平等的重要体现,也是完整记录家庭成员的需要,能让后人更加清晰地了解先人的繁衍和迁徙历程。

（二）入赘

在桂林村入赘的男性直接记载在入赘家的家谱上,有部分家庭会在修

---

① 访谈对象:WGP,访谈人:周敏、毛戈辉,时间:2022 年 7 月 9 日,地点:南路路;访谈对象:WSL,访谈人:周敏、毛戈辉,时间:2022 年 7 月 11 日,地点:振纲祠。

② 访谈对象:WSH,访谈人:周敏、毛戈辉,时间:2022 年 7 月 8 日,地点:商贸街。

谱时特别注明入赘的子孙，避免入赘子孙信息丢失。入赘男性的孩子要随女方姓，孩子也要上女方的家谱，但如果生了多个孩子后，后面孩子的姓氏在双方达成一致后也可以跟男方姓氏。无论跟随女方姓还是随男方姓，孩子都要上女方的家谱。如果入赘男性的原配不幸去世，其继娶的妻子及其孩子也要记载在原配女方的家谱，继娶的妻子在家谱上要标明继娶二字，孩子也要写明是后妻所生。由此可见，入赘的男性已经成为女方家中的一分子。

（三）夭折

桂林村村民视十六周岁为成人，若王氏子孙满十六岁死亡，也要上家谱。若死亡时无子嗣，则死者的兄弟姐妹的子女要过继到他的名下，将世系图勾连下去，这一做法名为"过嗣"。如果不把世系图延续下去，就表明祠堂管理不好，没有宗族礼仪，无法将宗族文化更好地传承下去。若未满十六岁死亡，以前修谱是不上家谱的，只会注明"夭折"；但现在很多村民子嗣较少，所以如果有未满十六岁死亡的孩子，父母会将孩子的生辰八字与自己的信息合并记录，意为父母把孩子带在身边。当地还有一种说法认为，未满十六岁的孩童都是由奶娘陈靖姑来管。满十六岁死后会上牌位，未满十六岁夭折便不上牌位，也不会给他烧纸。当地也有人到寺庙供奉非自然死亡的亡者牌位，庙里师父每天会为其念往生咒，超度亡灵。

族谱不仅是寻根问祖的重要依据，而且具有教化作用，会影响一个家庭、一个家族子孙后辈的世代传承。当代修族谱可以视为传统文化的展示，让后人熟悉先人的足迹。

四、其他姓氏族谱

桂林村人数较多的姓氏还有潘、陈、林、黄、李、郑等。这些姓氏虽在桂林村没有自己的祠堂，但他们同王姓一样，族谱也会分总谱（大谱）和支谱（小谱），家中一般也存放有支谱（小谱）。据笔者了解，目前桂林村其他姓氏的小谱有：1994年修订的汤洋林氏次房支谱和岳秀西河郡林氏支谱、2010年修订的西铭郑氏支谱、2011年修订的岳秀林氏支谱等。这些支谱除了西铭郑氏中有一些族源介绍外，其他族谱只有世系表。西铭郑氏支谱中还包括宋理宗御书赐寀公匾、题扇诗、寀公谢赐北山澄庵御书表的内容，并记载郑氏祖上一些事迹。而支谱的世系表一般也是节选，如岳秀林氏支谱中仅

记载十三世到二十一世,汤洋林氏次房支谱中仅记载二十二世到三十二世,
岳秀西河郡林氏支谱中仅记载十三世到二十三世。

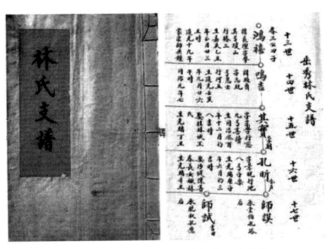

图 4-22　岳秀西河郡林氏支谱　周敏摄

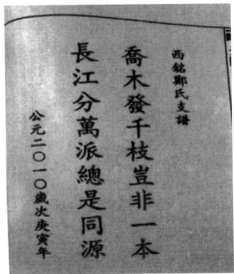

图 4-23　西铭郑氏支谱　周敏摄

桂林村其他姓氏修谱的经费来源也是依靠捐款,但捐款的方式和王氏

有所不同。有的姓氏按户收钱，即每家每户都要出钱；有的姓氏根据是否在谱出钱，在谱者出 200 元，新修入谱者出 300 元；有的姓氏根据性别决定捐款数额，即女性出 200 元，男性出 300 元；有的姓氏会区分出成人和小孩的捐款数额，成人出 360 元，小孩出 160 元；有的姓氏以家庭经济状况为准，根据经济状况出钱。① 虽然姓氏不同，捐款的方式和数额有所不同，甚至同一姓氏的捐款方式也有所不同，但可以看出所有姓氏关于修谱捐款的认识是一致的，愿意并且以实际行动将家谱这一承载着家族文化和共同记忆的载体传承下去。

族谱有"聚其骨肉以系其身心"的教化作用。② 族谱修撰能追根溯源，寻祖问宗，加强族内人员的交流沟通，增进宗族内部的了解和信任，凝聚人心，使得族人受到深刻的亲情教育，激发起对祖辈的敬意与怀念。修谱可以弥补社会大历史涉及不到的内容，将乡土社会的历史记录其中，完善社会发展史的书写。桂林村各姓氏修谱的历程以及丰富的修谱仪式，都可以看出村民对族谱的珍惜，也能真切感受到村民传承祖先、延续后世所做出的努力。

第四节　宗族承继

宗族是人类历史悠久的组织形态，在人类社会的发展和进步中起着重要作用。宗族在维护传统社会的秩序和调和社会矛盾上扮演着不可替代的角色。然而，随着时代的发展和变化，特别是 1949 年以后的现代化建设，宗族的发展演变与现代化进程、人们的观念息息相关。

1949 年后很长一段时间，桂林王氏族谱被秘藏、祠堂祭祀终止、族产被没收，族谱修缮周期中断，祠堂房屋长期被征用。尽管时人做了各种努力保护宗族文化，但相当一部分仍未能保留下来。改革开放后，村中大量年轻人离开家乡到外地务工，宗族的发展面临困境。但宗族具有很强的生命力和

---

① 访谈对象：ZXJ，访谈人：周敏、毛戈辉，时间：2022 年 7 月 13 日，地点：商贸街；访谈对象：LLM，访谈人：周敏、毛戈辉，时间：2022 年 7 月 14 日，地点：商贸街；访谈对象：LRS，访谈人：周敏、毛戈辉，时间：2022 年 7 月 16 日，地点：华光路；访谈对象：LCT，访谈人：周敏、毛戈辉，时间：2022 年 7 月 17 日，地点：樟林路；访谈对象：CBY，访谈人：周敏、毛戈辉，时间：2022 年 7 月 18 日，地点：桂林村村委会。

② 欧阳宗书：《中国家谱》，北京：新华出版社，1993 年，第 81 页。

适应性,归根结底就是血脉联系是一种强力纽带,无论社会如何发展也不能改变血脉相连的事实。宗族会在适当的时候涅槃重生,重建的宗族又会以一种呼应现代化的形式而存在。

20世纪90年代后,桂林王氏和其他姓氏重修族谱就是复兴宗族文化的开端。此后,修缮祠堂、成立理事会、举行民俗活动等都是宗族文化的传承和发扬。重建后的宗族与旧时的宗族有所不同,它的主导力量是族内的中老年人。年轻的政治精英和经济精英进入祠堂理事会,有助于宗族更好地适应现代社会发展。

桂林村以王氏祠堂为核心,联结起大大小小的家庭。这些家庭成员聚族而居、朝夕相处,共同劳动、共同生活、代代相传,共同绘制了日常生活的宗族文化图谱。当下宗族的功能主要有两个方面:一是族内功能,具体而言包括凝聚功能、制约功能和协调功能,以维持宗族的生存发展并保证其稳定延续;二是族外功能,以王氏宗族的名义同外界联系和交流。

一、维系宗族秩序

(一)凝聚群体力量

王氏族谱中有十禁,其中之一是"禁分户"。编修者认为"吾族之所以浔保全,以有今日者,由叔伯和集,未有分户之故也"[①]。王氏族人在日常生活中抵御天灾人祸等危害时往往会显示出群体力量。桂林王氏一族聚居于四面环山的山间盆地中,相对封闭,加之王氏先人从外地迁徙落户此地,面对陌生的环境,宗族必须保持团结,发挥集体力量才能保存自己,发展壮大。所以在日常生活中处处可见王氏族人相互帮衬、相互支持。宗族要求族人之间相互体恤,在生产和生活中互相帮助、通力合作,在族人遭遇困难时能提供援助和关怀。在生产力水平低下的年代,个人和家庭的力量极其弱小,遇到灾荒疾疫,家庭有可能濒临破产,甚至面临卖儿鬻女的悲惨境地。宗族可通过集体力量救助困难家庭,避免其陷入绝境。从这个意义上来说,宗族也是传统社会中的一道屏障。

王氏祠堂对困难家庭的资助由来已久,但祠堂的收入并不稳定。以前桂林周边的山都归祠堂管理,山林的产出成为宗族的主要经济来源。祠堂

---

① 《开闽桂林太原王氏族谱·禁革》,1945年,手抄本。

失去山林管理权后,收入锐减,只能靠宗亲支援。虽然有宗亲支援,但资金来源不稳定,于是宗族理事会把启元祠租出去收租,这笔收入叫作"众厅收入"。这些收入除了用于宗族集体活动外,主要用于资助困难族人。目前,祠堂资金专门设有救济补助项目,用于救济个人或家庭。那些向祠堂求助的个人或家庭,可以得到一次性救助金,金额在 2000～3000 元之间。①

除去祠堂给予的救助外,族人之间也会以募捐的方式履行族规中族人互助的规定。募捐的发起对象既可以是个人或家庭,也可以是在族内有影响力的人。不管是谁发起募捐,都能得到族人的响应,在短时间内募集到资金或物资,支援有困难的族人渡过难关。有时,募捐的号召会通过人际交往、网络媒体等渠道传递到整个宗亲圈中,使受助主体得到更多人的帮助,进一步加强了宗亲之间的联系和凝聚力。据村民说,曾有一个 19 岁的孩子,父亲得病,母亲瘫痪在床,考上大学时,家庭面临很大的困难。他的困难情况被族里关注到,但考虑到众多因素,并未从祠堂出资,而是号召大家自发捐款。通过在微信群里发起倡议,60 多位宗亲响应号召,短时间内筹集到 26000 多元。②

随着时代的变化,宗族的救济方式也发生了变化。传统的救助和募捐仍是重要的救济方式,但这些方式有一些无法忽视的弊端:一是这些方式是临时性的、事后的,需要一定时日才能筹集到资金,在救济上有一定的滞后性;二是筹集到的大量资金在捐助给受助者以后难以监督,不能保证救助资金被用于正确的地方;三是桂林村存在多个姓氏的族群,但很多时候资助范围被局限于一姓一族之内。

在村委会的号召下,基金会应运而生。基金会的出现使得传统的宗族救济方式得到了延续和发展,从资助对象单一、集资困难转变为对象广泛、有预备资金的现代模式。基金会实行会员制,加入基金会需缴纳一定会费。在发起成立基金会时,由初始发起人捐献大量资金作为基金会的启动资金,随着参与者的不断增多,基金会的资金存量就会越来越多。基金会的资助对象不局限于一姓一族,每个基金会会员在遇到困难时都能得到帮助,打破宗族姓氏藩篱和地域限制的资助模式吸引了越来越多的人加入。同时,更

①　访谈对象:WSC,访谈人:陈怡妃、张向阳等,时间:2022 年 7 月 25 日,地点:桂林村王氏祠堂。

②　访谈对象:WBS,访谈人:周敏、毛戈辉,时间:2022 年 7 月 5 日,地点:福安金山王氏祠堂。

多的人加入,也有助于基金会扩大规模。桂林村有教育基金会(详见第五章)用来资助、奖励上大学的学生。族人还积极加入"留洋众筹慈善基金会",这个基金会也有助学项目,资助金额一般是 1000～3000 元,所有考上高中(指福安一中)、专科、本科的基金会成员都可以获得资助。扶困是该基金会的重点项目,每当有老人遇到困难,或者是遭遇重大疾病时,基金会也会出钱帮助。[①]

　　宗族在对困难个人和家庭救济时,一定程度上承担了社会救助职能,发挥了维护社会稳定的作用。宗族对困难个人和家庭提供物质帮助的同时,也给予了受助个人和家庭以精神力量,促使他们重拾希望,走出困境。救济行为不仅体现了宗族的集体力量,还强化了族人之间的联系,能够让族人感受到宗族的温暖和正义。

(二)维护宗族秩序

　　宗族发挥着维系族内关系、稳定族内秩序的作用。王氏的家风、家训、家规等内容都写进族谱,刻于祠堂。宗族内部秩序的维持,往往通过族规族训得以实现。王氏宗族每逢重要节日或是重修族谱,祠堂会派族人去联系本族居住在各地的宗亲,邀请宗亲捐助或是参加祭祀。重修族谱时每个族人都需要缴纳丁钱,对于不愿缴纳丁钱或不提供家庭信息的人,则有惩罚措施。嘉庆年间,王氏重修族谱时,"有数名家状不交,自断宗支,离异祖宗",由此规定"嗣后凡族内山场户门,概不许混行干与,书入谱牒以警将来"[②]。显然,惩罚违背宗族惯例的行为是为了制止后人再出现类似的行为。所以,村民十分重视缴纳丁钱。据村民介绍,有一些村庄只有 260 多户,族里要新建祠堂,每户负担可想而知。但不论多寡,族众都会如数上缴。因为丁钱是必须缴纳的,如若不缴,等同于背弃祖宗,自断宗支。[③]

　　此外,宗族的制约功能还涉及族人的信仰。王氏族谱禁革第一条就是"禁天主"。族谱载:"天主之教,自明入中国矣。祖宗以至今日,无有被其毒者,由其道明而识定也。但其教浅陋不足道,而其事又积渎不经,无益于身心,徒以减祀典而滋悖逆之行耳。后之愚夫愚妇或有入其中而为所惑者,兴

---

　　①　访谈对象:LLM,访谈人:周敏、毛戈辉,时间:2022 年 7 月 14 日,地点:商贸街。

　　②　《开闽桂林太原王氏族谱·禁革》,1945 年,手抄本。

　　③　访谈对象:PSG,访谈人:周敏、毛戈辉,时间:2022 年 7 月 20 日,地点:洋中厝。

众共击之，毋使滋蔓。蔓，难图也。"①族人认为，若夫妇分别信仰不同宗教，会在一些人生重要礼仪上产生难以弥合的分歧，从而导致家庭不和。特别是天主教徒信奉上帝，不祭祀祖宗先人，族人对此不能容忍。这种冲突至今还存在于一些家庭。据村民说，天主教不烧香、不拜佛、不拜祖宗，人们难以弥合这些信仰和习惯上的差异，②尤其是过世的时候，或者是结婚的时候，不同的宗教信仰易发生矛盾，导致家庭不和。③

如今传统族规、族训中的内容成为村规民约的重要参考。如族谱记载："禁山林，夫江河之水不能充漏卮，山林之木不足供野火。吾族之山，向属燅当，头首兼管，因禁约不敢几致濯濯。万历七年，愧溪九锡公乃白族长申明禁约，另择不阿者三人专掌其事。樵采必以枯落合用，必以告明违者重罚，掌山知而不举，众共攻之。以故辄之有数生之无穷，而材木不可胜用矣，后当常守其禁，而勿弛可也。"④桂林村的村规民约延续了这一条，规定"山上的树木不可砍伐，周边的大树也不能砍伐，要以保护环境为重"。⑤可见，族谱里保护树林的规定契合了当今生态环境保护的要求，桂林村村民世代守护的青山绿水，也成了金山银山。

（三）调节族内矛盾

王氏宗族成员之间发生的日常矛盾、利益分配矛盾等，宗族会进行族内调解。调解的主要方式是：族老劝导；召开理事会会议或八房会议；协助村委会调解等。

1.族老劝导

族老劝导是宗族内协调的主要方式，但效果欠佳。因为兄弟间的纠纷大部分是涉及产权之类，族老不一定能起到作用。所以大部分纠纷仍然是通过法律途径解决，或由村里调解处负责，因此祠堂这方面的工作量较以前减少了很多。但是涉及兄弟分家、拜祖、兼祧等，仍由祠堂来调解。祠堂理

---

① 《开闽桂林太原王氏族谱·禁革》，1945 年，手抄本。
② 访谈对象：LCM，访谈人：周敏、毛戈辉，时间：2022 年 7 月 21 日，地点：桂林村王氏祠堂。
③ 访谈对象：CBY，访谈人：周敏、毛戈辉，时间：2022 年 7 月 18 日，地点：桂林村村委会。
④ 《开闽桂林太原王氏族谱·禁革》，1945 年，手抄本。
⑤ 访谈对象：WQZ，访谈人：毛戈辉，时间：2022 年 7 月 25 日，地点：桂林村村委会。

事向笔者介绍过类似的案例。有些村民家中有好几套房子,有人不愿意住老房子,要占着新房子。有些是分家时要分财产,一般要等份分,也有要求按照人口数量分。如果老大结婚生了孩子,加上老婆就有三个人,其他兄弟没有结婚,就只有一个人。分财产时如果按照人口数量分就不公平,易起矛盾,这时候就需要祠堂调解。①

还有一些案例,既不涉及财产,也不涉及分家,而是传统的习惯问题。如王氏族人讲道:有一户人家母亲过世,母亲之前改嫁过,和前夫育有子女,前夫要求把离异妻子的尸体带回去合葬,但改嫁的丈夫和孩子们不同意,要求母亲和后来的丈夫同葬。这是典型的宗族内部事务,由祠堂来调解效果最好。最终经调解并根据族规,决定让去世的母亲与前夫合葬,改嫁的丈夫没有资格提出合葬要求。祠堂调解的结果得到了双方认可,矛盾遂化解。②

此类涉及宗族内部的纠纷,法律调解可以做到公平公正,但可能缺乏人情味,容易在调解后纠纷继起。宗族祠堂调解往往循循善诱,让双方坐下来商量,在心平气和的状态下解决纠纷,维护社会秩序。

2.八房议事会

宗族内部小的事务由理事会开会解决,重大事务就由理事会的五位常务理事和八房议事会成员共同讨论。八房议事会是在理事会常务理事成员参加的基础上,将王氏宗族八个支系选举出的理事召集起来,共同商讨解决重大事务。据祠堂相关负责人告知,修支祠是比较典型的祠堂资金使用事项,以前支祠由各支脉子孙负责,现在统一由祖祠负责。

3.协助村委会调解

祠堂还会协助村委会调解一些拆迁问题。亭街改造是最具代表性的案例。在亭街改造中,祠堂理事积极配合村委会工作,对于那些不愿意拆迁的村民,祠堂理事主动上门调解,了解村民诉求,寻找合适的办法解决拆迁户的困难。据村委会负责人说,亭街改造时,有几个村民不愿意迁走,就由祠堂的老同志做了大量工作来劝说他们。这些村民的房子在村里,但人已经搬到其他地方,由祠堂老同志上门去做思想工作比较方便。一些纠纷涉及

①　访谈对象:WCQ,访谈人:潘宏特、毛戈辉,时间:2022 年 7 月 26 日,地点:桂林村王氏祠堂。

②　访谈对象:WCQ,访谈人:潘宏特、毛戈辉,时间:2022 年 7 月 26 日,地点:桂林村王氏祠堂。

宗族，也是理事会成员来做思想工作。[1]

正如村委会负责人所言，宗族中年纪大的人在村里有声望，大家都比较尊重，他们说的话分量也就不一样。所以，宗族和村委会密切配合有利于尽快解决问题。如果我们遇到难题需要祠堂的老同志协助，我们会向老同志介绍，然后再叫调解人和当事人一起商量，促使事情向好的方向发展，这样处理结果可能会令各方比较满意。[2] 虽然宗族在此类调解工作中扮演的是协助者的角色，但在特定情况下，祠堂族老的劝导比村委会干部做思想工作更加有效。

二、促进族外互动

桂林村王氏与其他姓氏互动交流方式也随着社会发展而有所改变。王氏宗族的联络活动不再局限于本村，也不局限在福安王氏，而是面向全国，甚至与境外的王氏也有联系。

（一）新年向村内所有姓氏贺喜

每年的正月初三日到正月十三日这段时间，王氏宗族会统计过去一年桂林村各户人家举办的喜事（包括结婚、乔迁、添丁、晋升等），并向他们送上喜报。喜报是以祠堂的名义写上相应的贺词，送至各家。祠堂安排发送喜报的是一支庆贺队伍，队伍里吹拉弹唱一应俱全，收到喜报的家庭要给庆贺队伍一个红包，对红包的金额没有固定要求，主要是图个喜庆，也有把好运气借给别人一点的寓意。庆贺队伍收到的红包会在正月十三日迎神时使用。

（二）与缪氏逐渐和好

桂林村王氏和穆阳缪氏纠纷由来已久。然而，近年来两族关系趋好，在重要的典礼仪式上开始互相邀请对方参加，双方都能予以积极的回应。据祠堂理事介绍，前些年缪氏祠堂重修后举行晋祖仪式，缪氏向王氏发了请柬，邀请王氏前去参加。缪氏还专门设了一桌宴席给王氏，这是破天荒，历史上从来没有过。2016年，王氏祠堂晋祖时，王氏也发了请帖邀请缪氏参

---

① 访谈对象：WQZ，访谈人：毛戈辉，时间：2022年7月25日，地点：桂林村村委会。
② 访谈对象：WQZ，访谈人：毛戈辉，时间：2022年7月25日，地点：桂林村村委会。

132

加,缪氏也带了一桌人过来,还带了很多金包用于祭祀,两家关系已经正常化了。① 可见,宗族传统的矛盾并非不能解决,即使延续数百年的纠纷,也能在新时期慢慢得到缓和。

(三)与其他姓氏礼尚往来

每逢节庆之时,桂林村王氏会收到周边其他姓氏的贺礼。2016 年晋祖时,王氏宗族收到了许多姓氏的贺礼,但接受贺礼只是礼节性的,大部分礼金会退回,不论是给一万还是两万,王氏一般就是象征性地收五百元。晋祖时,咸福的阮氏贺了 3000 元,王氏全退了回去。因为王氏祖上最高辈分的祖母,就是来自阮氏,王氏认为阮氏就是舅家,不能收礼。苏堤黄氏祠堂办酒席时,王氏送了礼金,待王氏晋祖时,黄氏也贺了一万元的礼金。祠堂理事说,周边穆阳、穆云、苏坂、苏堤等地,不管什么姓的祠堂,只要有活动,我们王姓都要参加。如果我们王姓做活动,不管什么姓,有祠堂的也都要请过来。② 祠堂间的互动对于当地良好社会秩序的建构无疑会有帮助。可见,王氏宗族对于社会秩序的维护不局限在族内,也会通过姓氏之间的联谊活动而延伸到族外和村外。

三、王氏宗亲的联谊交往

王氏宗亲之间的交往也十分频繁,桂林村王氏在福安王氏乃至全国王氏都颇具影响力。日常交往主要有三种:维护王氏宗亲利益;在节庆典礼中互相援助;联系海内外王氏宗亲。

(一)维护宗亲利益

桂林村王氏宗族人口众多,在闽东地区具有一定影响力。王氏与周边其他群体互动过程中,给人留下了勇于抗争、敢为人先、精诚团结的记忆,也展现出强悍的性格。这种强悍与团结表现在桂林村王氏为族人、宗亲解决了诸多困难,并提供了有力保障和后盾。因此,王氏宗亲一旦遇到难以解决

---

① 访谈对象:WSC,访谈人:毛戈辉、张向阳等,时间:2022 年 7 月 25 日,地点:桂林村王氏祠堂。

② 访谈对象:WSC,访谈人:毛戈辉、张向阳等,时间:2022 年 7 月 25 日,地点:桂林村王氏祠堂。

的问题，或者是利益遭到损害，就会到桂林村王氏祠堂请求支援，王氏祠堂则会积极予以援助。历史上基层社会治理存在以强压弱现象，村与村之间、不同姓氏之间也因为祠堂、山地发生过冲突，弱势一方往往请桂林村王氏的人出面支持。

20世纪70年代，甘棠乡有个村，王姓和苏姓两个家族因为祠堂用地问题起了纠纷，甚至打架，闹得很厉害。我们祠堂就组织一两百号人开拖拉机去撑场面，最后解决了。2000年，周宁上桂林因为地基的纠纷，祠堂的地被公安局征用，政府就另外划拨了一块地。不料这块地被一政府官员占去，而且他态度非常强硬，还用围墙围起来。祠堂就开了两部大巴车，十几部小车，载着一两百号人去支援，最后把地要回来了。①

通过互相支援，王氏宗族很好地应对了每一次挑战，每当遇到外部威胁，王氏宗族都会通过全族团结的方式，聚集力量一致对外。通过这种众志成城的传统方式捍卫了宗族的利益，强化了宗族对个体的吸引力。

（二）宗亲之间的交往和庆贺

桂林村王氏祠堂和福安、周宁、宁德、霞浦、寿宁的王氏祠堂来往较多。这些年来，祠堂理事会主动与其他宗亲来往，与福安48个王氏祠堂都有往来，进一步扩大了王氏祠堂在外的影响力。宁德的王氏委员会办公室就设在桂林村王氏祠堂。祠堂理事说："宁德地区9个县市王姓有什么事情也请我们祠堂去，我们祠堂有什么活动也请他来。还有全省10个地市和我们都有来往，他们有什么事情都要叫我们参加，我们有时候也邀请他们。"②总之，桂林村王氏与宗亲之间的联络愈来愈频繁。

2014年2月，闽东九县市王氏宗亲联谊会在桂林村王氏祠堂召开，与会56位王氏宗亲代表共商完善闽东王氏家族信息、提升王氏文化品位、扩大姓氏文化影响等议题。③ 2016年6月，宁德市姓氏源流研究会福安市王氏委员会成立大会在桂林村王氏祠堂召开，与会71位宗亲代表全市40个

---

① 访谈对象：WCQ，访谈人：潘宏特、毛戈辉，时间：2022年7月26日，地点：桂林村王氏祠堂。

② 访谈对象：WSX，访谈人：周敏、毛戈辉，时间：2022年7月6日，地点：桂林村王氏祠堂。

③ 福建省闽王桂林祠：《桂林闽王文化》，2016年，第26页。

王氏宗祠,一致推选桂林祠堂理事会理事长为宁德市姓氏源流研究会福安市王氏委员会会长,并从桂林村王氏祠堂理事会成员中挑选一名作为秘书长。① 显然,桂林村王氏已经成为宁德姓氏文化的推动者。

在节庆典礼中王氏宗亲之间的援助行为,主要是指在传统节日和重大典礼时王氏宗亲之间捐钱捐物的互助行为。如中元节,宁德宗亲给祠堂送来了 3000 元作为庆贺,每到清明、端午、中元,周宁上桂林、柘荣南阳、宁德的井上、岩坑等地的宗亲都会派代表到桂林村王氏祠堂烧纸。② 若桂林村王氏祠堂有重大活动,也会得到全国各地乃至海外宗亲的捐助,各地宗亲贺礼的数量十分可观。前些年,桂林村王氏祠堂在承办世界王氏总会时,福安、宁德、霞浦等地的宗亲捐款达到六十余万。③ 祠堂祭祖时,福安市几个王氏祠堂也都抬着匾、杀了猪,一起来庆贺。

(三)海内外王氏宗亲联谊

海内外王氏宗亲联谊包括地区性王氏宗亲联谊和境外王氏宗亲联谊。地区性王氏宗亲联谊一开始局限于福安市,后来宁德姓氏源流研究会成立,委员会设在桂林村,宗亲联谊遂扩大至整个宁德市,后又扩大到全省。近些年,桂林村王氏祠堂还是王氏宗亲联谊举办地,一些比较重要的王氏联谊均由桂林村王氏祠堂承办。2011 年 3 月 17 日,为期两天的"中华入闽王氏首次谱牒研讨会"在桂林祠堂召开,来自山西、河南、浙江、江苏、广东、广西、江西等 16 省,以及美国、法国、韩国等地王氏宗亲代表 400 余人,共同研究入闽王氏千年文化传承发展史,会上发表了 13 篇有关王氏源流、族谱修编等主题的论文。④ 2014 年,桂林王氏与境外王氏联系更加密切,经常参与各种宗亲联谊活动。目前桂林村王氏祠堂与马来西亚、新加坡、菲律宾等地区王氏宗亲保持着联系。⑤

---

① 福建省闽王桂林祠:《桂林闽王文化》,2016 年,第 29 页。

② 访谈对象:WCQ,访谈人:潘宏特、毛戈辉,时间:2022 年 7 月 26 日,地点:桂林村王氏祠堂。

③ 访谈对象:WSC,访谈人:陈怡妃、张向阳,时间:2022 年 7 月 25 日,地点:桂林村王氏祠堂。

④ 福建省闽王桂林祠:《桂林闽王文化》,2016 年,第 21 页。

⑤ 访谈对象:WSX,访谈人:周敏、毛戈辉,时间:2022 年 7 月 6 日,地点:桂林村王氏祠堂。

从对内维持秩序到对外互动交流，整个王氏宗族呈现出了复杂而完备的功能。尽管宗族的许多功能已经被抛弃、替代，但透过王氏宗族的历史，可以看到王氏宗族在同陌生环境、不同族群斗争中表现出的顽强和团结精神。如今，宗族文化宣传的主要内容跟乡村新文明建设一脉相承，积极宣传勤俭持家、和睦相处等向上的文化。[①] 王氏宗族所倡导的爱国爱乡、遵纪守法、睦邻重亲、崇文重教的精神，也促进了乡村乡风文明建设。王氏宗族的功能随着社会发展而不断调整，积极主动地适应现代社会的要求。

四、宗族文化的当代传承

随着社会转型加快，人们生产生活方式发生巨大变化，大量村民外出务工定居，形成了乡村"候鸟式"的生活方式，新兴文化也不断发展传播，这都对宗族文化产生了冲击。一方面，这些变化不仅深刻影响了宗族组织依存的基础，也使得宗族组织的功能、形式、内容、运作模式有了更新；另一方面，宗族社会的形成是世代传承和积累的结果，已经深深扎根于民众的日常生活中，宗族的自然传承仍在缓慢发展。

自然传承是指在人与人之间、代际之间、亲缘之间的传承，其归根结底是血缘的传承。正如前文所说，宗族组织在年轻人中的传承以及宗亲关系的延续并非仅由年轻人来完成。如35岁以下甚至40岁以下的人基本不参加宗族活动，而主要是由家里的女性如母亲、奶奶在负责，男性只有在必要的时候才会在祖宗面前出现。正如村民所言，宗族传承是靠世代来延续的，是靠上一辈人帮下一辈人在延续，而年轻人虽然在年轻时没有参与宗族的很多活动，但当他们老了后，宗亲意识会增强，又会帮助下一代去传承，所以宗族关系总是会传承下去。如长辈在参加相关捐款时会写上孩子的名字，是以孩子的名义参与宗族活动。村民对"族老"（上了60岁的人）的解释有利于我们去理解宗族的传承：村民认为没有人能够永远停留在60岁，但是总有新的一代人步入这个年纪。在60岁以前，村民很少参与宗族事务，就算是参与，也是陪同上一辈人参加，是辅助性的。但60岁以后就可以称之为"族老"，族老是宗族内的重要当事人，也是各种仪式典礼的主持者。一旦一个人年满60岁，他在祠堂的号召和帮助下，自然就会涉及宗族事务，从而

---

① 访谈对象：WQZ，访谈人：毛戈辉，时间：2022年7月25日，地点：桂林村村委会。

获得主导宗族事务的权力。[①] 在这种机制的作用下,人们会自然而然地投入宗族事务中去,成为各种活动的组织者和参与者。

　　理事会成员说,年轻人对宗族文化的不关心主要受到客观条件所限。年轻人在创业阶段,很少关注这些内容,像我们过去也是一样,在工作时,我们看到祠堂文化就躲起来。今天在外面谋生的人越来越多,不管从事什么工作,他都会接触到社会上很多的姓氏文化,理解姓氏的意义。我们通过修村志和族谱可以增强年轻人的凝聚力,增加他们了解宗族文化的渠道。当他们走出村以后,回想起村里面的历史和祖先,相信年轻人也会有所作为。[②] 在春秋二祭时,宗族往往将老年人和年轻人搭配在一起,这种有意识的传帮带,就是宗族文化延续的一种方式。很多年轻人通过口耳相传的方式,实现宗族文化的传承。而一年一度的游神是王氏展现经济实力和凝聚力的最佳活动,也是村民聚会的一种方式。[③] 村民通过欢聚一堂来不断强化凝聚力,提升对宗族文化和乡土文化的认同感。这既凸显了当前村里宗族文化传承的困境,也显现了宗族文化得以传承的途径和动力。

　　我们可以清晰地看到浩浩荡荡的宗族重建浪潮背后的驱动力。宗族作为一种体量巨大的文化存量,它不会轻易地在社会变迁中消失,它早就潜藏在中国人血脉深处,散布在社会的各个角落。历经数千年的风雨,即使宗族的物质载体不断演变甚至衰落,但宗族所承载的共同体认同还深深地刻在族人心中。宗族所具有的顽强生命力和强大适应力会使宗族变通其存在形式,适应社会发展变化。今天宗族的复兴和重建,并不是企图从历史的垃圾堆中搬出糟粕,而是以宗族为纽带,试图通过新的方式促进乡土文化更好地适应和传承。

---

　　① 访谈对象:WSC,访谈人:黄祥深,时间:2022 年 7 月 14 日,地点:WSC 家。
　　② 访谈对象:WCQ,访谈人:潘宏特、毛戈辉,时间:2022 年 7 月 26 日,地点:桂林村王氏祠堂。
　　③ 陈婷婷:《村落的神明——桂林人的宗教信仰世界》,厦门大学硕士学位论文,2013年,第 69 页。

第五章

教育文化与医疗卫生

桂林村良好的经济基础有利于教育、文化和医疗事业的发展。桂林村悠久的教育历史，厚重的乡村文化，特色的医疗体系在村里随处可见。笔者在与村民访谈中发现，每每谈起这些历史和文化现象时，村民们自豪的神情溢于言表。由于村内文化事项众多，笔者只能将最具特色的文化记载下来，以管窥村中教育、文化和医疗文化之一斑。

第一节 桂林村的教育体系

教育是立国之本、富强之基，它关系着经济、政治、科学文化等方面的发展水平，关乎国家的前途与命运。教育最为核心的任务在于为国家培养人才，推动国家经济增长，最终推动全人类社会的发展。改革开放以来，"三农"问题制约着中国现代化发展，要实现农村现代化，便需要大量的高素质农民和先进实用的农业科技。在这一过程中，乡村教育发挥着重要作用，只有把乡村教育放在一定的高度和优先发展的地位，才能更好地培养新型乡村人才，从而实现"三农"现代化。

自 1949 年至 2021 年 3 月，桂林村有本科院校毕业生 319 人、研究生 49 人。[①] 笔者调查发现，大多数村民非常支持和重视孩子的教育，目前有不少家庭的孩子正在大学学习。桂林村能够在教育上取得如此成绩，与其悠久的教育历史、厚实的教育基础、较为丰富的现代教育资源、良好的社会氛围和教育环境有关。在这些历史与时代因素共同作用下，桂林村形成了较为完善的教育体系，持续推动着桂林村教育的发展。

---

① 数据来自桂林村村委会。

一、传统教育的基奠

桂林村村民的教育能够不断地适应社会发展,与当地悠久的传统教育分不开。桂林村的传统教育主要体现在宗族教育(包括家训)、科举教育、孝廉教育等方面。

(一)家训和宗族教育

宗族教育是我国传统社会中一种独特的教育形式,它以特有的方式对族中子弟进行教育。我国许多乡村存在浓厚的宗族文化,对村民的生活具有深远的影响力,尤其是对个人、家庭、家族有关宗族传统文化的熏陶,十分显著。

在桂林祠堂大门右侧的石碑背面是用正楷字体凿刻的《桂林闽王家训》,曰:

攻书攀博识,勤俭慧持家。重礼积荣德,与邻皆友善。

尊老当敬孝,教子严有方。家族奉团结,灾贫众携帮。

学高为师长,严己宽人赞。守法智创业,谐谋聚辉煌。

家训短短的六十个字中,可以看到桂林王氏家族对勤学、勤俭、礼节、友善、孝敬、互助、包容等传统美德的重视,包括自身、家庭、邻居、家族等不同方面的训导。这些良好的家训引领王氏子女、乡邻、家族之间形成勤俭持家、团结友善、相互帮携的村落风气。家训时刻鞭策着桂林村村民修德、为善、守法,在宗族教育陶冶下,桂林村很多家庭形成了良好的家风家教,为家庭、邻里、社会带来了重要价值。即使到今天,穆云中心小学仍然与王氏宗祠共处一地,宗族教育自然也会在潜移默化中对学校教育产生影响。

宗族教育对乡村的发展、村落的稳定都有过重要的贡献。随着社会发展与时代变迁,宗族制度在新经济、新观念的冲击下,逐渐走向衰落。但宗族教育对一个家族、村落以及社会的团结稳定发展都有重要意义,宗族教育对于解决一些民众冲突也能起到积极的调解作用。

(二)孝廉与科举教育

孝廉是我国的传统美德。从家训中可以看到孝廉是宗族教育的重要内容,其中最具代表性的孝廉人物是王朝佐。王朝佐(1452—1518),字克用,号素庵,其父王昌担任过教谕。受其父影响,自小便开始通读四书五经等儒家经典,忠孝廉礼熟知于心。明万历《福安县志·人物志》载:"(王朝佐)通易学,两试不偶,超然有嘉遁之志。督学赏其文,令补弟子员,资以廪饩,辞不受。退隐螺峰,教授生徒。有叩不问能否,悉心以告。训子俭泊,不事浮屠。族有曲直,赖以取平。有司请宾席,辞不赴。乡论重之。"①可见其德才与孝廉之举受到世人尊重。

明清之际,桂林出现许多中举之人,以王九韶最为人们熟知。王九韶是畴德公第十三氏后裔,字尚乐,号凤庭,万历三十七年(1609)乡试第 14 名举人,万历四十五年(1617)初任归化(今明溪县)教谕,旋升兴安(今广西桂林)令,官至湖广茶陵知州。他任职教谕时,教导出的学生多为贤士。他为人宽厚、体恤民情、爱民似亲,因地制宜施行农事,发展经济。因其为人本分循规、政绩突出,明熹宗朱由校于天启六年(1626)下诏书奖赏,诏曰:"加意育青衿,化宏械朴;推心置赤子,泽遍桑麻。"②该诏书至今仍珍藏于桂林王祠。他逝世后,因生前的贤能和卓越贡献而享受春秋祭祀。民国《明溪县志·列传》载,王九韶"万历四十五年(1617)来署教谕事,为人宽和,其教人以行己立身为本,文艺次之。士有贫者,不取其贽,且捐赀以赒之。旋升广西兴安知县。邑人士为立碑,以志其德"。③

此外,到清朝末期桂林村出现许多饱学之士。如清庠生王贡南对桂林村的教育与文化发展也有贡献。桂林村东南方凤翔山上的"清泉洞"是福安西部地区胜景之地,该洞由嶙峋天然怪石构成。光绪十三年(1887 年),王贡南带领族人开辟全洞,建文昌阁,奉魁星,作乡学子读书之所。④ "闽东第一留洋博士"北大学子王骏声与其表弟缪帮铺(原西南政法学院书记、院长)曾隐于此洞攻读。⑤

不难看出桂林村有着悠久的传统教育与文化传承,无论是王朝国家科举教育,还是宗族与家训方面的熏陶,皆为桂林村教育发展奠定基础。也正是在这种深厚的教育文化牵引下,桂林村近现代人才辈出。据王氏祠堂统

---

① 陆以载纂:(万历)《福安县志》,李健民整理,北京:中央文献出版社,2003 年,第 211 页。

② 蓝炯熹主编:《穆云畲族乡志》,福州:海峡书局,2014 年,第 368 页。

③ 王维梁、刘孜治修纂:(民国)《明溪县志》,厦门:厦门大学出版社,2008 年,第 371 页。

④ 蓝炯熹主编:《穆云畲族乡志》,福州:海峡书局,2014 年,第 371 页。

⑤ 桂林闽王祠理事会编:《桂林闽王文化》,2021 年,第 61 页。

计:桂林村近现代的博士有——王骏声、王忠良、王瑞文、王峰、王深、王国为、王惠、王燕、王文杰。[①] 上述博士的成功,除了自身勤奋好学之外,也离不开村落与周边地区优秀传统文化的浸染。

二、福安师范的推动

民国元年(1912)8月,桂林村绅士王玉田以王氏螺峰祠为校舍筹创螺峰初级小学堂,这是穆云最早的小学。1940—1952年,省立福安师范落户穆阳,随之在桂林附设小学1所,这就是著名的"福安师范附小"。

据《福安市教育志》记载,1940年3月,国民政府在福安穆阳镇创办福安师范学校,初名"福建省立福安国民师范学校",其前身是1939年8月由省立三都中学和霞安鼎联立初级中学附设的简易师范本科合并成立的省立霞浦简易师范学校。霞浦简易师范学校刚创立,时值日寇侵扰闽东沿海,该校被迫迁到寿宁县斜滩。因斜滩是闽东边远山区,交通不便,1940年3月福安师范迁到穆阳,定名为"省立福安国民师范学校"。1942年2月,该校升格为"福建省立福安师范学校"。1949年春,国民党濒临全面崩溃,在城关中小学的增援下,1000多名群众在福安城关举行示威游行。国民政府慑于学生运动的声势,下令解散福安师范学校。[②]

福安师范学校刚迁入穆阳时,借用桂林的祠堂、庙宇为校舍,以桂林的王氏祠堂为大礼堂,穆阳的缪氏大祠堂为男生宿舍,天后宫、临水宫、虎马将军宫为女生宿舍和食堂,罗洒女修院为教室。后在寨边岗新建两座教学楼12间教室,俗称"八间教学楼"和"一字教学楼"。福安师范在穆阳的办学历史长达12年,1952年秋迁往赛岐罗江。1955年7月,在原福安师范旧址建立福安二中,系一所初级中学。1960年,二中由穆阳迁往赛岐罗江,后又在原址上建立福安三中。福安师范长期在穆阳办学,深刻影响着桂林村及周边地区的教育发展。

省立福安师范落户穆阳后,位于桂林祠堂内的桂林小学升格为其附小,因此桂林小学教育深受其影响。据了解,福州大学电气工程学院徐书确教授曾在桂林小学就读。他在2021年五一节前夕,写下一篇名为《穆阳桂林

---

① 桂林闽王祠理事会编:《桂林闽王文化》,2021年,第21页。

② 福安市教育志编委会编:《福安市教育志》,福州:海峡文艺出版社,1995年,第259～260页。

小学跨世纪的回忆》的文章。文中提到："桂林小学是福安师范附属小学，是直接受安师指导，也是未来小学教师摇篮安师的教学实践点。徐天枢老师经常到桂小指导工作，甚至徐天枢老师还组织桂小小学生演讲比赛。记得那天晚上，戏台上挂盏汽灯，下面坐着桂小师生和安师有关学员，那次我也上台了，还获得了奖品。安师学员还指导小学生唱抗日歌曲，其中就有《义勇军进行曲》和《山海滔滔》等。桂小宗祠内的戏台是穆阳镇少有的演出场地，是安师开会和演出的重要设施，徐天枢老师经常在晚上指导安师学员排演当时进步剧目，如流行的《大路歌》歌剧和其他抗日话剧。"①徐天枢是徐书确的父亲，当时任福安师范教导主任。从上面的回忆短文中不难看出，福安师范与桂林小学、桂林村王氏祠堂间的密切关系。

福安师范附小为桂林村及周边地区培养了不少人才。我国著名文学理论家、文学史家和文学评论家张炯曾在福安师范附小学习。2022年春，年逾九旬的他饱含深情地为喜迎120华诞的福安师范学校附属小学题赋，为了更详细地了解福安师范附小办学历史，笔者将张炯的《福师附小赋》择要列于后。

> 福安师范学校附属小学，其先可溯历史悠久之紫阳书院。而近世辛亥革命后，改为紫阳小学。余幼年就读该校，后转读崇一、湖山、韩阳诸小学。因日寇飞机轰炸，遂避战乱至山村国民学校就读，又转黄坂小学、师范附属小学、穆阳小学。如此迁转，于战争年代并非得已。所历各校，城乡不一，然师长教导，皆毕生难忘。……余就学此校时，乃寄桂林坂村王家祠堂以教学。师资十余人，学生未满百，课室窳陋，设备简缺。

> 张　炯
>
> 2022年2月22日草于苏州吴园

桂林小学成为福安师范学校附属小学，对桂林村的教育产生了前所未有的影响，为桂林小学教育发展带来了许多优势条件。为了更加充分地了解福安师范学校附属小学的师资、设备、教学内容与方式，笔者翻阅和梳理了相关档案资料，下文予以详细介绍。

---

① 桂林闽王祠理事会编：《桂林闽王文化》，2021年，第13页。

（一）教学人员

福安师范学校附属小学设有校长、教导主任、总务主任、研究主任、专任教员、事务员以及杂役等。新任校长是邱继仁，其他领导有陈时杰、宋铸渊、黄荣；教员有赖学文、黄碧珊、王香蕙、陈鸣鋆、蔡作柯、刘慕兰；校工役有郭佛品、刘黄桂。在这些员工中，除了每月的薪资外，还发放相应的食米和补助费。通过对民国三十五年（1946）附小新老校长交接文档与资料的梳理，对这一阶段的教学人员做了统计。详见表5-1"省立福安师范学校附属小学教职员公役名册（1946 年 2 月）"[①]，表 5-2"1944 年 2 月至 12 月附小员役领米情况表"[②]，表 5-3"福安师范学校附属小学员役生活补助费情况表"[③]。

表 5-1　省立福安师范学校附属小学教职员公役名册（1946 年 2 月）

职别	姓名	薪额	到差年月	担任工作
教导主任	陈时杰	85	1945 年 8 月	自然、算术、音乐
总务主任	宋铸渊	85	1945 年 8 月	国语、算术、音乐、体育
研究主任	黄荣	85	1945 年 8 月	国语、算术、自然
专任教员	赖学文	30	1942 年 8 月	国语、算术、音乐
	黄碧珊	85	1944 年 2 月	国语、常识、美术、劳作
	王香蕙	85	1943 年 2 月	国语、常识、美术、劳作
	陈鸣鋆	80	1945 年 8 月	国语、地理、公民、历史、算术
	蔡作柯	80	1945 年 6 月	国语、体育、算术
	刘慕兰	80	1945 年 2 月	国语、公民、地理、历史、美术、劳作
事务员	缪璋	70	1944 年 2 月	缮写、庶务
工役	刘黄桂	30	1944 年 2 月	门房
	郭佛品	30	1945 年 8 月	杂役

①　《省立福安师范学校附属小学教职员公役名册（1946 年 2 月）》，福安市档案馆，卷宗号：2-7-518。

②　《各月份员役领米数量（民国三十三年二月起至民国三十四年一月止）》，福安市档案馆，卷宗号：2-7-668。

③　《福建省立福安师范学校附属小学留任员役生活补助费移交清册》，福安市档案馆，卷宗号：2-7-668。

表5-2 1944年2月至12月附小员役领米情况表

单位：斤

职别	姓名	2月	3月	4月	5月	6月	7月	8月	9月	10月	11月	12月
教职员工役	林廷章	150	150	150	150	150	150	150	150	150	150	150
	陈昌美	150	150	150	150	150	150	150	150	150	150	150
	赖学文	150	150	150	150	150	150	150	150	150	150	150
	黄珍惠	150	150	150	150	150	150	150	150	150	150	150
	缪璋	150	150	150	150	150	150	150	150	150	150	150
	冯毓梅	150	150	150	150	150	150					
	林承璋	150	150									
	王香蕙	150	150	150	150	150	150	150	150	150	150	150
	黄碧珊	150	150	150	150	150	150	150	150	150	150	150
	王韶光	120	120	120	120	120	120					
	冯光			150	150	150	150	150	150	150	150	150
	王世榕							150	150	150	150	150
	李德三							90	90	90	90	90
	刘黄桂	90	90	90	90	90	90	90	90	90	90	90
	陈春波	90	90	90	90	90	90	90				
	缪贵生								90	90	90	90

表5-3 福安师范学校附属小学员役生活补助费情况表

单位：元

项目	收入数	支出数	余绌数		附注
			余数	绌数	
1944年2月份教职员生补费	2874	2874			
1944年3月份教职员生补费	2874	2874			
1944年4月份教职员生补费	2874	2874			

续表

项目	收入数	支出数	余绌数		附注
			余数	绌数	
1944 年 3—4 月份教职员生补费	5748	5733	15		补发
1944 年 5 月份教职员生补费	4790	4775	15		
1944 年 6 月份教职员生补费	4790	4775	15		
1944 年 7 月份教职员生补费	4790	4775	15		
1944 年 8 月份教职员生补费	4790	9900		5110	
1944 年 5—8 月份教职员生补费	20740	15487.5	5252.5		补发
1944 年 9 月份教职员生补费	4790	9900		5110	
1944 年 9 月份教职员生补费	5185		5185		补发
1944 年 10 月份教职员生补费	9975	9900	75		
1944 年 11 月份教职员生补费	9975	9900	75		
1944 年 12 月份教职员生补费	9975	9900	75		
1944 年 11—12 月份教职员生补费	25850	25400	450		补发
小计	120020	119067.5	952.5		
1945 年 1 月份教职员生补费	22900	22600	300		

续表

项目	收入数	支出数	余绌数		附注
			余数	绌数	
1945 年 2 月份教职员生补费	22900	22850	50		
1945 年 3 月份教职员生补费	22900	22850	50		
1945 年 4 月份教职员生补费	22900	20700	2200		
1945 年 5 月份教职员生补费	22900	20700	2200		
1945 年 3—5 月份教职员生补费	80550	75450	5100		补发
1945 年 6 月份教职员生补费	49750	50000		250	
1945 年 7 月份教职员生补费	49750	50000		250	
1945 年 8 月份教职员生补费	49750	51375		1625	
1945 年 9 月份教职员生补费	49750	51375		1625	
1945 年 10 月份教职员生补费	49750	51375		1625	
1945 年 8—10 月份教职员生补费	202950	209775		6825	补发
1945 年 11 月份教职员生补费	117400	121300		3900	
1945 年 12 月份教职员生补费		121300		121300	

续表

项目	收入数	支出数	余绌数		附注
			余数	绌数	
1946 年 1 月份教职员生补费	172000	121300	50700		
1946 年 1 月份教职员生补费	147000	138550	8450		补发
1945 年 3—10 月份公役生补费	7680	7680			
1945 年 8—10 月份公役生补费	4800	4800			
1945 年 8—11 月份公役生补费	2560	2560			
1945 年 8—12 月份公役生补费	2560	2560			
1946 年 1 月份公役生补费	2560	2560			
1946 年 1 月份公役生补费	21200	21200			补发
合计	1244530	1311927.5		67397.5	

(二)教学经费

在动荡不安的局势下,福安师范附小的办学经费常出现中断,这从"福师附小"的经常费、临时费、设备费以及学校员役食米的收支情况可以反映出来。详见表 5-4"省立福安师范学校附属小学经常费、临时费、设备费情况表"[①],表 5-5"1944 年 2 月至 12 月留任员役食米收支清册"[②]。

---

① 《福建省立福安师范学校附属小学经常费、临时费、设备费移交清册(1944 年 1 月至 1946 年 1 月)》,福安市档案馆,卷宗号:2-7-668。

② 《民国三十三年二月起至三十四年十二月止留任员役食米收支清册》,福安市档案馆,卷宗号:2-7-668。

在当时艰难的时代背景下，从整体上看，学校教师的待遇基本上能得到保障，虽然有短缺时期，但最终还是能补上缺额。这有利于学校教育的稳定发展。

表 5-4　省立福安师范学校附属小学经常费、临时费、设备费情况表

单位：元

摘要	收入数	支出数	预算余绌数		附注
			余数	绌数	
1944 年 2 月份经常费	2160	1862	298		
1944 年 3 月份经常费	2160	1897	263		
1944 年 4 月份经常费	1506	1897		391	
1944 年 5 月份经常费	1997	1977	20		
1944 年 6 月份经常费	1997	2775		778	
1944 年 7 月份经常费	1997	2775		778	
1944 年 8 月份经常费	1997	2795		798	
1944 年 9 月份经常费	1997	2795		798	
1944 年 10 月份经常费	1997	2795			
1944 年 11 月份经常费	1997	2795			
1944 年 12 月份经常费	1997	2795			
1944 年 6—12 月份经常费	5586		5586		补发
1945 年 1 月份经常费	1997	9808		7811	
1945 年 2 月份经常费	1997	9378		7381	
1945 年 3 月份经常费	1997	3788		1791	
1945 年 4 月份经常费	2795.8	3718		922.2	
1945 年 5 月份经常费	2795.8	8316		5520.2	
1945 年 6 月份经常费	2795.8	10365.5		7569.7	
1945 年 1—3 月份经常费	2396.4		2396.4		补发
1945 年 1—6 月份经常费	4783.2		4783.2		
1945 年 7 月份经常费	3593	8258		4665	
1945 年 8 月份经常费	3593	3988		395	
1945 年 9 月份经常费	3593	4513		920	

续表

摘要	收入数	支出数	预算余绌数		附注
			余数	绌数	
1945 年 10—12 月份经常费	10785	62432.5		51647.5	
1945 年 1—10 月份追加经常费	71000		71000		补发
1945 年 11—12 月份追加经常费	15200		15200		补发
1945 年 1 月份经常费	10700	9825	875		
1945 年 2—7 月份临时费	10000	10000			
1944 年度充实内含设备费	5000	5000			
1945 年度充实内含设备费	9000	9000			
总计	191410	185514	5896		

表 5-5　1944 年 2 月至 12 月留任员役食米收支清册

单位:斤

摘要	收入米量	支出米量	备注
由福安田赋粮食管理处拨来 1944 年 2 月份员役食米	1500		
向校外借来垫发 2 月份员役食米短额	150		该月份食米短缺已由福安田赋粮食管理处如数发米归垫
付 2 月份员役食米		1650	
由福安田赋粮食管理处拨来 3 月份员役食米	1500		
向校外借来垫发 3 月份员役食米短额	150		同上
付 3 月份员役食米		1650	
由福安田赋粮食管理处拨来 4 月份员役食米	1500		
向校外借来垫发 4 月份员役食米短额	1500		同上
付 4 月份员役食米		1650	

续表

摘要	收入米量	支出米量	备注
由福安田赋粮食管理处拨来 5 月份员役食米	1500		
向校外借来垫发 5 月份员役食米短额	150		同上
付 5 月份员役食米		1650	
由福安田赋粮食管理处拨来 6 月份员役食米	1500		
向校外借来垫发 6 月份员役食米短额	150		同上
付 6 月份员役食米		1650	
由福安田赋粮食管理处拨来 7 月份员役食米	1500		
向校外借来垫发 7 月份员役食米短额	150		同上
付 7 月份员役食米		1650	
由福安田赋粮食管理处拨来 8 月份员役食米	1500		
向校外借来垫发 8 月份员役食米短额	120		同上
付 8 月份员役食米		1620	
由福安田赋粮食管理处拨来 9 月份员役食米	1500		
向校外借来垫发 9 月份员役食米短额	120		同上
付 9 月份员役食米		1620	
由福安田赋粮食管理处拨来 10 月份员役食米	1500		
向校外借来垫发 10 月份员役食米短额	120		同上
付 10 月份员役食米		1620	
由福安田赋粮食管理处拨来 11 月份员役食米	1500		

续表

摘要	收入米量	支出米量	备注
向校外借来垫发 11 月份员役食米短额	120		同上
付 11 月份员役食米		1620	
由福安田赋粮食管理处拨来 12 月份员役食米	1500		
向校外借来垫发 12 月份员役食米短额	120		同上
付 12 月份员役食米		1620	

（三）教学活动

附小主要开设的课程有国语、算术、音乐、体育、自然、历史、常识、美术、地理,此外还有劳动课程。从这些课程来看,小学课程覆盖面广,重在扩展小学生的知识面。除了上述基础课程教学外,为进一步促进儿童发展,学校还组织了很多教学实践活动。

第一,协助师范生实习。学校同福安师范联合组织师范生实习,做好实习生的教学、事务、研究等方面指导,从中了解师范实习生的实习心得和困难,以便改进。成立师范学生实习指导委员会,举行师范学生试教批评会。第二,学期结束时举办各科成绩展览及恳亲会、游艺会,帮助家长了解孩子的学习情况。第三,学校尽力举办科学仪器展览,扩宽学生的见识和视野,增广学生的见闻,并激发学生对自然科学之研究兴趣。第四,学校定期举行各科竞赛及各种集会活动,增强学生的拼搏精神。第五,学校每周会组织劳动生产训练,指导儿童修理破损的教具,进行劳动生产方面的训练,有助于提高孩子的动手能力,同时增加教学工具。第六,学校努力建设儿童图书馆,征集教师私有的儿童读物,丰富学生的阅读资源。第七,定期进行家庭访问与劝学,在每一学期开学时,要举行劝学运动一次,同时定期做学生家庭访问,加强家庭与学校间的联络。第八,健全儿童自治组织,积极开展各项儿童工作,开展小组训练,以培养儿童集体自教的能力。第九,组织维修校舍和教具。因学校土墙年久失修,出现崩塌,为了保障学生的安全和学习环境,学校决定对其进行重新修葺。学校为解决教学用具的供应困难,还利用劳作时间指导学生改进与修理破损的教具,布置学校环境,整理学校周围场地。为便利学校各项事务的开展,将废弃场地改建为学校礼堂。第十,组织教师进修研究会,进一步推进教学技术的改进,学校每月举行教学改进讨论会一次。第十一,积极组织推行社教,开展公共卫生及公共医疗方面的宣传。第十二,推动刊物出版工作,要求每周出版时事简报一张,每半月出版通俗科学壁报一张。

除了上述提到的教学工作,在当时简陋的条件下,学校努力充实教学设备,积极添置黑板、办公桌、仪器以及运动器具等,以提高教学质量。还对各科作业和笔记的批阅,规定统一的批订符号与方法,使之统一明了。

截至民国三十五年(1946)二月,福师附小共计三届毕业生40人。第一届有8名成绩优良的毕业生选送福安师范学校,升入初中4人,就业者2人;第二届毕业生保送入福安师范肄业者8人,升入初中者2人,死亡2人,就业2人;第三届毕业生有7人保送升入福安师范,3人升入初中,就业2人。

通过对附小相关材料的收集整理,不难发现福安师范迁入穆阳后,桂林小学的教育质量有明显提升,这为小学教育的发展打下了基础。

三、现代教育体系的建立

桂林村除了具有悠久的教育传统外,该村还拥有优越的地理位置,较易获得国家政策的支持,分享公共教育文化资源。

(一)国家扫盲教育

中华人民共和国成立后,国家把扫除文盲作为一项重要的任务。1951年底开始,群众性的扫盲运动逐步开展。乡村中的学校白天是小学生上课的地方,晚上是成人上课的场所,小学老师也成了扫盲老师。1956年,在乡成立了扫盲办事处,配有专职扫盲干部,同时设立一所工农业余教育中心校,每校配备校长、教导各一人,促进农村业余教育的发展。1957年、1958年,穆阳福安二中的初中学生,在寒暑假期间有组织地到各个村落进行扫盲。[①]

这一系列的扫盲运动让桂林村受益匪浅。在群众性学习文化运动中,桂林村不少群众扫了盲,有了一定的知识文化,还出现了模范人物,王木成

---

① 蓝炯熹主编:《穆云畲族乡志》,福州:海峡书局,2014年,第254页。

就是其中的代表。王木成家中贫穷,在他 13 岁时父母便已去世,一直没上过学。他在穆阳中心小学当工友,带头参加扫盲班学习。他一边当工友,一边识字学习文化知识。1954 年,穆阳民校由于各种原因,学员由 90 人骤降为 20 人,眼看就要垮下去。王木成便自告奋勇出来整顿民校,向当地党组织自荐去当民师,从而开始了一边做工友,一边学习知识与做民师的工作。即使一天光挑水就得 30 多担,他仍然意志坚定,利用烧火的时间来备课,晚上躺在床上还在背记生词,教学中不懂的问题,就向中心校教师请教。后来在自己的努力下,他学会了查字典。他常常带病坚持上课,深入辅导学员,认真负责的教学态度得到学员的认可,这给他带来了很大的鼓舞。在他的努力下,学员从原来的 22 人增加到 125 人,出席率达 95% 以上。1956 年,他被提升为福安县留洋里村小学教员。这是一个条件很差的山区小学,校舍破漏,算上那些残缺不全的,学校总共只有 12 张课桌椅,尤其困难的是流生现象非常严重,由原来的 37 人减到了 17 人。很多学员对学习不重视,认为学文化没有什么大的用处。他来学校后,挨家挨户地进行动员,终于有 60 人报了名。王木成通过坚持不懈、废寝忘食的努力,从一个文盲成长为一个懂得学校管理的教育工作者,先后担任过多个学区校长及党总支书记、教革办主任。由于王木成一生刻苦好学、勤奋努力、尽职尽责、成绩突出,他被评为全国先进工作者。[①]

　　在 1960—1961 年间,因农村饥荒与抓生产度荒,扫盲工作出现停摆。"文化大革命"开始后,桂林村的农民业余学校改为政治夜校。为进一步扫除我国少、青、壮年中的文盲、半文盲现象,1978 年 11 月 6 日,国务院发布《关于扫除文盲的指示》,福安县采用福安方言注音速成识字法,进一步扫除文盲。1980 年,经检查验收,桂林村基本达到无文盲的要求。[②]

(二)学校教育建设

1.小学教育

　　1984 年穆云畲族乡成立,桂林小学升格为中心校,并正式命名为穆云畲族乡中心小学,桂林村也自然成为穆云畲族乡基础教育的中心。为改善教学条件,在国家与爱心人士的帮扶下,学校不断改善教学硬件条件。

---

① 　资料来源于穆云中心小学退休老师 ZRS,下文不一一注明。
② 　蓝炯熹主编:《穆云畲族乡志》,福州:海峡书局,2014 年,第 255 页。

1987年，小学建成一座3层共12间教室，建筑面积946平方米的教学楼。1989年，学校筹建了建筑面积为1508平方米的五层综合楼。1997年，在省市各级政府、长乐市教育局和各个爱心人士大力支持下，小学筹集资金70多万元。桂林村无偿献地20多亩，村民自愿迁走坟墓10座、深埋4座，砍伐绿竹408丛、茶树50089株、橄榄67株、杉木1066株，推土2万余方，平整土地6600多平方米。村委会和村民的善举为建校提供了充足的土地资源，终于在螺峰山建成一座现代化的教学楼。该教学楼共4层，建筑面积1665平方米，原有的3层综合楼改为穆云中心幼儿园，原有的5层综合楼则改为教师宿舍。学校的硬件条件有了根本性改善。

在各级党政组织和相关部门持续支持下，2005年，学校在螺峰山半山腰又建成一座四层、建筑面积1430平方米的综合楼。学校还为中心幼儿园、中心校操场建设围墙，装修校舍，硬化道路。在福安市电信局的资助以及名誉校

图5-1　穆云中心小学大门　潘宏特摄

长王少清等全力支持下，学校开通了校园网。桂林籍企业家王木灿、王遇生、王贤荣等还无偿捐赠了20多万元为该校建设了多媒体教室。该村原党支书、村委会主任王建梅为穆云中心小学捐赠3万多元的桌椅，替换原有破烂不堪的旧桌椅，还花费6万多元为原有的5层综合楼更换铝合金窗户。

2015年，穆云中心小学占地面积达到15171平方米，建筑面积5154平方米，绿化面积2830平方米，运动场地面积2270平方米。中心校12间教室均安装有白板多媒体教学设备，拥有电脑室、多媒体室、心理咨询室、电子备课室、图书室等专用场所。同时，学校还建成了校园宽带网、大型电子显示屏。学校有教学班14个，在校学生385人（其中畲族、回族等少数民族学生166人）。教职工66人，其中专任教师48人；中、高级职务教师45人；大专学历45人，本科学历6人；宁德市学科带头人1人，福安市骨干教师、学科带头人、教坛新秀15人。

学校还有1个运动场、1条200米塑胶跑道、1个篮球场、4个篮球架、5

张乒乓球桌。学校建有全封闭的寄宿生宿舍楼1座,宿舍安装有太阳能热水器,热水供应充足,吃住一体化,为学生在校生活提供了便利。

图 5-2　福安市穆云中心小学　蒙祖娟摄

学校注重地方文化的宣传,在运动场的围墙展示了畲族民俗文化,包括畲族传统节日、婚姻习俗、银器文化、服饰饮食等方面。学校门口则展示了习近平总书记在宁德的相关活动介绍。学校还开发"畲俗文化""白云山地质文化"等具有地方性特色校园课程,并组织相关的民俗活动,开辟有畲俗文化、溪塔葡萄沟文化、蟾溪地质文化等专栏。学校组织兴趣小组,开展畲歌、枪担舞、腰鼓、书法、剪纸,以及写春联、畲文化知识竞赛等系列活动。《民族团结一家亲》教育材料,曾被收入福建省思想品德教材。学校选送的8位留守女童表演的《畲乡童谣》,代表福安市在"第 31 届上海之春国际音乐节——放飞心中梦上海市百灵鸟艺术团专场演出"中以全场第二名的好成绩荣获一等奖。该校 WYS 老师曾指导学校少儿腰鼓队、枪担舞队参加穆云桃花节、葡萄节、福安西部地区乒乓球锦标赛踩街表演,受到群众的好评。

2.学前教育

穆云畲族乡学前教育起步较迟。1952 年福安师范迁走,福安师范附小重新改回桂林小学,附设了 1 个学前班,配备了保幼员 2 人。1982 年 8 月,随着体制改革,桂林幼儿园跃升为穆阳中心幼儿园。1984 年建乡时,该园定名为穆云中心幼儿园。该园建园之初,教学、办公和食宿等场所全都借用桂林村王氏祠堂。

1997年，教育部门将中心小学3层12间教室的教学楼改建为穆云中心幼儿园综合楼，从此才结束寄居桂林村王氏祠堂的历史。穆云中心幼儿园占地面积1280平方米，建筑面积946平方米，绿化面积200平方米，运动场地面积680平方米。该园是福安市农村标准幼儿园，幼儿园开设了体育、语言、科学、数学、社会、艺术和游戏等课程。教育教学活动活泼有趣，取得了显著的成效。目前园里有教职工13人，3个教学班，幼儿86人。

图 5-3　福安市穆云中心幼儿园　潘宏特摄

为进一步推动教育优化全面发展，自2019年12月起，穆云中心幼儿园在村委办公楼的北侧开始建设新园，总投资3600万元。目前，一期建设已完成，并于2021年6月17日开园使用。新园总用地面积6394平方米，总建筑面积为8880.29平方米，绿化面积2000平方米，绿地率为30%。新园设有教学楼、图书馆、行政办公楼，幼儿生活配套设施功能齐全。新园可容纳15个班级，每个班级120平方米，可容纳幼儿600名，达到省一级幼儿园标准。穆云中心幼儿园新园建设为桂林村的学前教育带来了发展契机，推动学前教育跃上更高的台阶。

除了公立幼儿园外，桂林村还建有私立育德幼儿园与南瓜城堡早教园。早教园招生对象是年龄在1.5～3.5周岁的幼儿，课程内容包括生活技能、脑力提升、数理思维、空间想象、艺术创造、逻辑推理等。桂林村有3所幼儿教育机构,基础设施相对完善,为各年龄段幼儿入园提供了方便,也使桂林的幼教、幼托工作走在了全市各村前列。

图 5-4　桂林村私立幼儿培育学校　潘宏特摄

3.中学教育

福安师范从穆阳迁走后,1955 年,在旧址上建立了福安二中。1960 年,二中迁址赛岐,同年 8 月,在原址办起福安三中。这为桂林村经济和教育发展提供了有利的条件。1984 年,穆云畲族乡成立后,在穆云中心小学设立了 2 个临时的初中班。桂林村不少学生进入临时初中班就读,在一定程度上促进了桂林村初中教育的普及。1993 年 9 月,穆阳中学在苏堤村建立。因此,桂林村的小学毕业生择优被福安一中、福安三中等校录取后,部分学生到穆阳中学就读。

(三)乡村培训兴起

桂林村还设有多家课外兴趣教育培训机构,培训内容包括武术、美术、舞蹈、书法等。目前,有 1 家跆拳道体育训练场所,3 家分别专注于美术、拉丁舞、街舞、中国舞、主持等特长的培训班,还有 2 家书法、艺术活动培训班。

笔者调查期间正逢暑假,多数培训机构放假,但一家书法培训机构还在正常运行。该机构集装裱、各种刻印制作于一体,设有培养孩子艺术兴趣的雅室。教授孩子书法的是位 70 岁的黄先生,他曾经在乡下学校教过书,黄先生除了给孩子教书法,又兼做各种碑刻、印章。目前有十多个小学生在练习书法,每周三次,每次两个小时。在交谈中,黄先生告诉笔者:

　　自己就是搞手工艺的,然后顺便带带一些孩子。这个辅导班主要是教孩子硬笔、软笔。在我这里都是教小孩子楷书，主要是先从楷书的笔画教起。现在很多人没有把楷书练好，不注重楷书，一开始就去练习草书，所以现在很多书法作品都是一些行、草书之类的，正规的楷书很少，几乎看不到楷书的作品。因为很多都缺乏楷书坚实的基础，所以很多草书作品也缺少一些韵味。①

从中可以看出，黄先生对于孩子练习书法有自己的理解，对书法学习也有不同的见解。

四、民众教育意识

近年来，桂林村出现许多高学历人才，本科生、硕士博士研究生在增多，外出留学的人数也有不少。这一现象的出现，与上文提到的各种因素密切相关，此外，民众在教育观念上的改变也是促成该村文化教育进一步发展的重要原因。教育观念是与一定社会发展阶段相适应的，受到不同阶段社会、政治、经济、文化等方面影响，教育观念的转变为桂林村教育的进步提供了强大的动力。笔者以为观念的转变主要受以下因素的影响。

（一）重视教育的传统

在所有形式的教育中，家庭长辈教育是孩子最初、最直接的教育，是影响孩子成长的重要因素。一般而言，长辈对孩子的教育包括健康安全教育、为人处世和学习态度等方面。我们了解到村民对孩子教育内容主要是日常行为规范：不要独自去河边打闹嬉戏，去街上乱跑；去玩或去同学家不要太晚回家；去别人家做客或玩时要懂礼貌；少到外面乱跑，注意多读书；少玩手机、少玩电子游戏；不要打人、骂人、骗人。目前，村民的教育观归纳起来主要有如下几点。

1.注重孩子的家庭教育

重礼积德、严教子孙的传统仍被村民继承。如 WZ 家祖辈出过秀才，他本人是一位诗歌爱好者，编有两部诗集。WZ 一生从教，多在极其偏僻的山区小学奔波辗转。据《秋园人物》记载：WZ 曾就读于福安师范丙简班，他在一年后毕业，被分派在人和保（今黄坂）国民学校，后来被调到蓬山保（今下

---

① 访谈对象：HJR，访谈者：潘宏特、蒙祖娟，时间：2022 年 7 月 21 日，地点：商贸街。

逢)国民学校任教员兼总务,民国三十一年(1942)调桂林保国民学校任校长。[①] 桂林小学成为福安师范附小后,WZ 被师范学校聘为教员。[②] 1977年,WZ 给女儿写过一封简短但充满父爱的信,从中可见其对孩子的日常教育。信件内容节选如下:

> 馨儿:
>
> 你最近工作好,我于国庆节回家,仅三天,懂得一切,从你的工作性质来看,虽是临时,已是固定。周总理说"干一行,爱一行,专一行",我们不可掉以轻心,认真负责,对工作要"谦虚谨慎,戒骄戒躁"。对上级要忠诚老实,尊敬领导;对同志要团结友爱,互助互让;对群众要平易近人,态度和蔼(特别眼睛里有贫下中农);对学习要挤出时间钻研业务(特别报需要看,如人民日报社论等文件要看);对自己要严格要求,自知之明。毛主席教导我们"要夹着尾巴",严于解剖自己就是少犯错误。对身体要注意卫生,保护、锻炼节养自己。以上我想讲的仅当参考。
>
> 关于写信常识,要力求字少,言简意赅,不要牢骚,要事实。错别字要注意,如"叔"字,你有时写"卡又"就不像字了。
>
> 工作好、身体好、学习好。
>
> 爸爸 1977 年国庆节于桂林

简短言语中,不难看出祥和慈爱的背后对孩子工作、学习、做事、为人各方面都有教导。这是对孩子的关怀,也是对孩子的要求与期待。

WZ 的孙子 WXN 认为,其爷爷作为一个老师,"除了传授一些书本里面的知识,还教人要诚信,不要去骗人家。我爷爷一生就是这样,非常诚信,我从来没有听别人说爷爷某方面不好的事,他是个正直、言而有信的人"。WXN 表示,"对孩子的教育,就是希望他们好好念书,根据自己的兴趣来选择职业。因为每个人的道路要由他自己去走,我们不能代替他走,我们不能过分地去干预他。希望孩子不要怕苦。前辈讲的话要听,做优秀的人"。[③]

2.长期陪伴

桂林村村民大都注重陪伴成长。笔者与一位全职在家的村民访谈中了解到她对孩子教育的看法。她说:"孩子要上学,就在家做全职保姆。大的

---

① 刘晓恩、刘毓华:《秋园人物》,香港:中国档案出版社,2015 年,第 284 页。

② 访谈对象:WXN,访谈者:蒙祖娟、潘宏特,时间:2022 年 7 月 24 日,地点:WXN 家。

③ 访谈对象:WXN,访谈者:蒙祖娟、潘宏特,时间:2022 年 7 月 24 日,地点:WXN 家。

孩子已经工作,在福州当老师。小孩子还在读书,刚刚去学拉丁舞了,她还学钢琴。她喜欢什么就让她学,也要她学会吃苦,我只是尽了家长的责任,能给他们培养多少是多少。培养孩子也要花心思。"①再如,WSM 有两个孩子,为了孩子的健康成长,他让妻子去照顾大儿子的饮食,自己留在村里照顾小儿子。他认为:"金山银山,还是不如我们孩子的前途。这大山,我们把它垒起来,里面就有很多金山银山。你这大山没有把它堆起来,那金山银山很小,小银山你挖一点就没有了。将这大山把它堆起来你是挖不完的。"②很平淡的一句话语,却藏有重视教育的深意。眼前金钱的赚取是短暂的,而孩子得到好的成长与发展,那便是长久与永恒的。

村民的教育观念虽有不同,但适时陪伴孩子有助于孩子的成长。村民对孩子的教育重视程度不亚于城市居民,无论是在为人处世,还是读书工作,都努力通过各种方式对孩子进行教导和培养。

(二)土地的缺失

很多村民表示,由于当地各种产业、工厂、道路在不断地建设,家里的田地已经很少了。村民认为,村里年年都有很多孩子考上大学,其中重要的原因是土地越来越少,无法依靠土地养活人口,村民们急切想寻找新的方式来改变传统的生计方式,所以桂林人特别重视教育,希望孩子能走出去。③ 桂林村从 20 世纪 90 年代开始,大量农地被征用,失去土地的农民不得不考虑孩子的前途和命运。年轻人已经不可能在村里靠土地来维持生活,只能通过务工、经商或从事其他工作来谋生,这就需要一定的知识积累。面对现实环境的要求,父母也不得不更加重视孩子的教育问题。

(三)社会氛围的改变

桂林村村民重视培养孩子,很大程度上是受国家政策的影响和外界环境的冲击。村民告诉笔者:"32 岁时,我是村委副主任,有时会跟村民讲,这个时代一定要孩子们多上学、多学习,我们宁愿自己苦一点,也要让孩子上学,我们桂林村的文化已经落后了很多。但当时很多村民不理解,常会说家

---

① 访谈对象:WAY,访谈者:蒙祖娟、潘宏特,时间:2022 年 7 月 18 日,地点:华北路。
② 访谈对象:WSM,访谈者:蒙祖娟、潘宏特,时间:2022 年 7 月 28 日,地点:WSM 家。
③ 访谈对象:WSC,访谈者:黄祥深,时间:2022 年 7 月 14 日,地点:WSC 家。

里的农活还需要有人来做。"①当时村民在文化方面的意识比较淡薄,因为村里很穷,都是农民,他们就希望孩子长大后能帮忙做农活,很少考虑孩子的读书问题。

  大概是 1985 年到 2000 年,这段时间变化很多。1985 年,村里的孩子经常打架,做生意都靠打架。后来国家开展"严打",村民就觉得还是读书好,还是要培养孩子去读书。因为你二十岁去打架,四十岁你也会被人家打。读书是永远的,像泉水一样长流的。随着时代的变化,年轻人不断地出去打工后,他们发现自己没文化,很多事做不来。以前是靠体力的社会,现在社会越来越注重文化,往文化方向发展,科学进步,没文化做不好。在这段时间村民转变了观念,现在村民很重视培养孩子。②

  从这些描述中,我们可以很明显地感受到,村民在教育观念的转变一定程度上是受时代的冲击。这种冲击改变了村民的认知思维,进而影响了教育观念的变化。在重教育的观念带动下,村里孩子受教育水平得到明显提升。

五、激励和资助机制

  桂林村在教育方面的重视还体现在长久的激励和资助机制。桂林村历史上就有利用"育贤田"来资助村里孩子读书的传统,这从保存完好的墓志碑刻中可得到验证。

  清乾隆时期,村里庠生严七公继周曾置办"育贤田"。据其墓志载,"育贤田坐落三十一、十六都,土名圭墩、九笕,十二、十五秤大,湖尾三秤二头大"。嘉庆至道光年间,王家昌墓志中记载,"计开丁田杨家坪等处载租,大洋二十秤大,石涧里二十七秤大,前塆二十三秤大,九斗二十八秤大,石二坵上下塅四十四秤大,林后并王芹三号共三十七秤大,和尚花二号共二十三秤大,亭池垄二十秤大,半洋桥头中坳并厝兜园四号共二十八秤,山洋地方土名井下坳租三十秤大,崎山洋七斗载租二十一秤大,坑池租十八秤大,(贤)井大路下井头丘三号二十二秤大,大塅淇头二号租三秤大,石垫岭并桥头墓地垄二号租三十四秤大,长每秤补秤头斤均取二十担育贤田"。在崇垣城门

---

① 访谈对象:WSM,访谈者:蒙祖娟、潘宏特,时间:2022 年 7 月 28 日,地点:WSM 家。
② 访谈对象:WSM,访谈者:蒙祖娟、潘宏特,时间:2022 年 7 月 28 日,地点:WSM 家。

中有两块道光二十一年（1841）碑，一块是"建垣祠碑"，碑中言及"兹公议将前之墓租、育贤田并浚之续置，以及山场房屋俱勒于石，以垂不朽"；另一块是"祭扫田、续置田、育贤田"，但因为碑文中未明确区分育贤田，故无法得出育贤田的准确数量。

虽然不能得到准确的育贤田数量，但从墓志、碑刻的记载中可见，王氏族人对本族孩子的教育十分重视，育贤田的设置激励学子勤勉好学，客观上为桂林村的教育事业提供了经济基础。而今为激励更多孩子努力学习，进一步推动乡村建设发展，村委会与宗祠也实施了教育奖励机制，对每年考上本科以上院校的学生都给予一定的奖励，以此来激发孩子们的学习热情。

1994 年，桂林村开始实施奖励制度。村委会通过村民、企业等各方捐款 30 多万成立了桂林村教育基金会。基金会成立初期由村委会专人负责，后来曾短暂移交给王氏祠堂管理。2007 年，基金会的管理权回到村委会，因监督不到位，造成基金流失，基金会在运营了十来年后被迫关闭。此后，村

图 5-5　2022 年桂林村大学生座谈会　王茂华摄

里学子考上大学的奖励就由村集体收入支出，直至现在。2020 年以前，对于考上二本院校的学生资助 600 元，一本院校资助 800 元，985、211 院校资助 1000 元。从 2020 年起，不再区分学校层次，凡是本科一律资助 1000元。① WJZ 还提到：对于家庭特别困难的学生，会尽量地想办法，帮学生筹钱，村里实在没办法了，村委会就会向上级部门争取给他们筹钱。所以，第一年的学费肯定都没有什么问题。② 对于一些已经离开桂林村的村民，如

---

①　访谈对象：CBY，访谈人：周敏、毛戈辉，时间：2022 年 7 月 18 日，地点：桂林村村委会。

②　访谈对象：WJZ，访谈者：蒙祖娟、潘宏特，时间：2022 年 7 月 18 日，地点：桂林村村委会。

果考上大学需要资助,他们可能会向王氏祠堂提出申请。祠堂也会相应地给他们一些补助。[①]

除了村委会和祠堂给予一定的奖励外,考上大学的学生还可享受到村中"乡贤"爱心人士的资助。2022年,桂林村考上大学本科的共有14位学生,村委会发放奖学金1.4万元,同时得到万丰农业机械有限公司WL的爱心资助1.12万元。[②] 这些助学奖励无疑会激励已经考上大学的孩子继续努力学习,也会在村里形成良好的激励机制,鼓励更多的学子考上大学。

桂林村的村委、宗祠、村民、乡贤都努力为该村教育创造良好的社会环境,通过经济资助的形式激励村内学子好学上进,并随着社会的发展形成了稳定的资助机制。这种资助传统有利于桂林村形成良好的教育氛围,进而提升村民的文化素质。

六、农技教育培训

为更好地向农民推广新技术、新产品,指导村民提升农业生产技能,提高农业生产水平,增加收入,穆云畲族乡建有专为乡村农业发展进行培训的农技站。1984年,乡农技站在各村分别成立农业科技活动小组,创办穆云文化技术学校,校址就设在穆云中心小学。文化技术学校除了扫除剩余文盲,也进行技术培训,还在桂林开展家禽家畜防疫与饲养技术培训,水稻与茶叶等农作物病虫害预防和田间管理技术培训。[③]

通过对穆云畲族乡农技站的技术指导员LXF的访谈得知,该乡开展的技术培训主要围绕当地的特色产业培训进行,包括水蜜桃、刺葡萄、茶叶等经济作物的种植技术,同时也会根据实际需要教授一些其他经济作物的种植技术,如脐橙、猕猴桃等。培训主要是在田间进行,开展实地操作,如植物的修剪、初发播谷、整形等。据LXF介绍,这是梯级式的培训体系,在乡镇一级的就叫作技术指导员,上面有专家团队,下面有科技示范户,再往下就是普通的农民,这是一层一层地进行培训。每年上级要开展培训时,把乡镇技术指导员集中到农学院培训,然后由乡镇技术员对科技示范户开展培训,科技示范户再传给普通的种植户,这样就形成了一个完整的体系,正式名称

---

① 访谈对象:WSC,访谈者:周敏、毛戈辉,时间:2022年7月25日,地点:桂林村王氏祠堂。

② 数据来源:穆云中心小学退休老师ZRS。

③ 资料来源:穆云中心小学退休教师ZRS。

叫农业科学技术推广体系。[①] 桂林村人口众多，很难做到把所有人集中起来进行培训，所以通过梯级式培训能够快速产生效果。

除了上述科技示范户的培训之外，自2015年开始，每一年都有一次至两次的贫困户专门培训以及一些不定期的

图5-6　穆云畲族乡农技站办公室　潘宏特摄

培训。如2019年，茶叶栽培培训后，下半年又进行了猕猴桃栽培培训，还有一些柑橘类的培训。

笔者在对桂林村种植带头人WSM的访谈中了解到，他对桂林村经济作物的种植非常熟悉。他本人也种植百香果、水蜜桃，且在康厝乡有十五亩的养鱼场。他每年都要到福安市农业局和宁德党校接受种植、养殖方面的培训；每半年要去市里渔业局培训。培训结束后，他要及时将培训内容向村民传授。如桂林村以前主要种植福云六号白茶，随着经济形势的变化，茶叶竞争激烈，需引导村民改种口感更好的福安大白。所以WSM培训回来之后，会解释种植福安大白的原因，并告知福安大白产值更高，收入也更高。他说，我时常跟村民聊聊，"遇到村民时慢慢说，一传十，十传百，慢慢就传开"。[②] 通过这种方式，村民的认可度和接受度会更高。

第二节　乡村文化建设

2018年，习近平总书记提出"乡村产业振兴、乡村生态振兴、乡村文化振兴、乡村人才振兴及乡村组织振兴"的要求。乡村振兴的目标是"产业兴旺、生态宜居、乡风文明、治理有效、生活富裕"。"乡村文化振兴是乡村振兴

---

① 访谈对象：LXF，访谈者：蒙祖娟、潘宏特，时间：2022年7月27日，地点：穆云畲族乡农技站。

② 访谈对象：WSM，访谈者：蒙祖娟、潘宏特，时间：2022年7月28日，地点：WSM家。

战略的灵魂,是推进乡村全面振兴的内生动力,是解决乡村振兴中产业振兴、生态振兴、组织振兴和人才振兴过程中乡村群众主体意识觉醒、解放思想、提升综合素质的关键一环,是推进中国特色社会主义核心价值观融化于村民文化思想和价值观念的有力抓手,也是实现中华优秀传统文化走向复兴的伟大举措。"[1]在乡村文化振兴背景下,桂林村的岁时节日越办越热闹,传统的匾额高挂于古居大厅,墙绘扮靓村头巷尾,标语横挂于马路上方,村文化活动中心在翻新改造,文化广场上节目异彩纷呈。村民或多或少地都以不同的方式参与到村文化建设中。

一、弘扬优秀传统文化

弘扬优秀传统文化是乡村振兴的必然要求,传统文化中蕴含着许多优秀的思想观念、人文精神、道德准则,这些精神品格以不同的形式引导着一代又一代人。传统文化以节日为载体,以寓教于乐的方式引导人、教化人,促使村民在日常生活中潜移默化地接受思想文化熏陶。

(一)传统节日展现地方文化

传统岁时节日,是民众集体创造的文化,寄托着群众的特殊情感,凝聚着民族向心力和自信心,是优秀传统文化的重要组成部分。生活中不可无节日,节日里不可无活动。在当下社会生活中,岁时节日早先的信仰内核可能已经淡化,但许多传统节俗依然存在于民众的日常生活之中,并且随着时代的变迁,从内容到形式都更加深刻多样。[2] 在现代化发展背景下,桂林村传承着正月十三日游神踩街和端午节赛龙舟的习俗。

农历正月十三日是桂林村举办传统踩街活动的日子。踩街活动在这一地区很普遍,但具体到每个村,举办活动的时间又不一样,活动规模也不同。踩街当天,村里各宫的神被人们迎出来参加踩街。桂林村全民参与到此活动,有的到外地请香,有的在村里组织,有的负责看护、推运本村"保护神",小孩则可以在踩街队伍中扮演神童或仙女,除去活动所需的部分劳力外,其他的民众则作为普通观众参与到活动中来。各地鼓乐队、舞狮队、舞龙队、

---

① 范建华、秦会朵:《关于乡村文化振兴的若干思考》,《思想战线》2019 第 4 期,第 86页。

② 钟敬文主编:《民俗学概论》,上海:上海文艺出版社,1998 年,第 153 页。

戏班受邀齐聚桂林，营造浓郁的节日氛围，吸引人们共同参与到节庆活动中。① 踩街活动由于历史的积淀和时代的发展，越办越隆重，全民的参与使得人们投入更多的人力和物力到活动中去。"能者多劳"和"有钱出钱，有力出力"的俗语在这一活动过程中淋漓尽致地展现出来。在当下社会，踩街活动的举行，不单是一种民俗文化的展演，更是连接万千群众情感交流的纽带。

随着现代城市的快速发展，村民纷纷涌入城里，或工作或求学，使得原本天天相见、时时相呼的街坊邻居只能在逢年过节时相遇。年后的踩街活动，让长久不见的街坊邻居、乡里乡亲们在这难得闲暇的日子里合力举办节俗活动，共创文化认同空间，增强民族自信心、认同感与归属感。壮观热闹的活动场面，丰富多彩的节目表演，离不开街坊邻里的通力合作。

此外，踩街活动也是传播现代文艺的平台。在踩街队伍中，有的方队播放着新时代主旋律，有的方队奏唱新时代的乐曲，也有方队演奏民族音乐，舞龙舞狮则是必备节目，这些才艺方阵让踩街队伍更加壮观。踩街活动能够传承地方民俗文化，凝聚群众力量，传播新时代文明思想，在农闲之余为群众"充电"，丰富村民的精神世界。

农历五月初五日是端午节，也是一个比较热闹的节日。据村民所述，端午这一天，人们除了吃粽子外，午饭后会聚集到红军桥（今桂林大桥）下举办龙舟比赛。参加龙舟赛的成员多为本村村民或附近村民，都是临时组织的队伍。由于村里外出务工的年轻人较多，加上节后大家又各奔东西，所以龙舟赛只能在端午节午饭后举行。赛龙舟作为一种民间传统文体活动，不仅考验人们的身体素质，强调队员之间的团队协作能力，还能展现村民的集体主义精神。所有比赛结束后，在穆阳溪中的大石头上还要举行一个传统的祭祀仪式，祭祀屈原（有观点认为祭祀的是河神）。② 村民说以前还没有桥的时候，需要用渡船，有时会有意外发生。夏天很多小孩子到溪边去游泳，有时也出现意外，这个祭祀就是保佑村民能够平安。祭祀的对象包括四海龙王和水母娘娘。据说，水母娘娘会保佑在河里游泳的孩子不会溺水。③

---

① 访谈对象：WZJ，访谈人：潘宏特、蒙祖娟，时间：2022 年 7 月 6 日，地点：WZJ 家。

② 访谈对象：WJZ，访谈人：潘宏特、蒙祖娟，时间：2022 年 7 月 8 日，地点：桂林村村委会。

③ 访谈对象：WAS，访谈人：潘宏特、蒙祖娟，时间：2022 年 7 月 13 日，地点：WAS 家。

显然,这个仪式具有很强的目的性,仪式具体过程在第七章予以描述。

如今桂林村村民的出行方式早已发生改变,但这一仪式传承历史悠久,蕴含人们求安祛祸、祈福避灾的价值取向,富有独特的地方文化内涵。因此,这一传统仪式仍然被延续。

农历七月十五日是中元节,俗称"七月半",其活动时间不限于当日,桂林民众对这一节俗普遍重视。据村民所述,桂林村在农历七月十三日举行隆重仪式,在外面务工无法返回的村民,要交代家人去办,实在无一人在家的也要请在家的堂叔或亲戚代

图 5-7　端午龙舟队　桂林村村委会供

办。中元节作为纪念先辈的节日,后人每年要做仪式表孝心,对后人来说这是一种孝道,必须恪守,这已经深深刻在人们的心里。[①]

中元节习俗虽被民众普遍重视,但随着城市化的发展,人员外流导致传统的中元节习俗或多或少发生了一些改变。原本是全家男女老少齐参与的活动变成了由家人代表组织祭祀即可,更有甚者全托由旁支或亲戚代替自己去组织这一祭祖活动。虽然参与者发生了变化,但不变的是这一节俗的核心内涵一直烙印在人们心中。人们相信祖先灵魂的存在,供奉祖先牌位,宴飨祖先,希望通过祭祀活动祈求祖先保佑,也表达对早期进入福建拓荒先辈们的怀念和感激。

另一方面,人们又害怕自己因违反"礼"而受到祖先的惩罚。中元祭祖反映了人们对祖先的崇敬、怀念和畏惧,人们通过宴飨祖先寻求精神上的慰藉。中元节的祭祖活动被视为是不忘根本的表现,人们通过这一活动践行孝道。中元节慰藉逝者的同时也宽慰了生者,引导人们要崇尚孝道,这是节日传承不衰的重要驱动力。人们通过中元节祭祖活动追思先辈、孝敬祖先,引导一代代人将道德与准则传承下去。这一节日还加强了民众间的联系,

---

① 访谈对象:WZJ,访谈人:潘宏特、蒙祖娟,时间:2022 年 7 月 6 日,地点:WZJ 家。

增进亲情友情,营造团结友爱的亲友邻里关系。

桂林村多样的节日活动承载着丰富多彩的文化内涵。长期以来,人们以节日为载体,通过寓教于乐的方式,让村民在节庆活动中潜移默化地接受传统文化的熏陶,在精神上和心理上受到浸润。节日活动的开展有利于延续传统文化在乡村的作用,保护传统文化植根的土壤。

(二)古居牌匾传承民族品格

匾额是中国古居文化中的重要组成部分。人们以匾额为载体,用艺术的形式展现中国文化的核心内容,将国学经典、优秀道德名言等镌刻在匾额上。在钢筋水泥结构房子拔地而起的年代,桂林村老宅旧院的厅堂上依然高挂着祖辈传承下来的古老匾额。笔者在走访中收集到的匾额有 11 块,这些匾额落款时间最早是清乾隆二十四年(1759),最晚为清光绪三十年(1904),均为木质横匾。作为传统文化的一种标志,这些名目众多的匾额沉淀着桂林厚重的历史。

1.望重璧水

清乾隆二十四年(1759)己卯题匾,上款"御前侍卫三元及第镇守福宁总镇匾曰",下款"庠生王继周立,乾隆二十四年腊月榖旦"。"望"是名望、声望;"重"是看重、重视;"璧水"指太学或读书讲学之所。该匾额体现了受匾者有一定的学识,受到人们的敬仰。

村中传说此匾是乾隆外甥赠予严七公的。据说:"严七公,会读点书,会算卦,八月十五日在福安那边玩时碰到一个人,后来那个人介绍乾隆的外甥给他认识,两个人结拜为兄弟。乾隆的外甥回北京的时候,我祖宗可能送给他银两,他很感恩,后来我祖宗建这个房子的时候,他送来了这块牌匾,有乾隆盖的玺。"[1]其他村民亦同样说:"这房子主人跟乾隆皇帝的外甥打兄弟,房子的主人身高马大,长得很有福相,耳朵非常长,手臂也很长,长到膝盖处。乾隆皇帝梦见这个模样的人,认为他是皇帝的贵人。后来乾隆皇帝安排外甥前来寻找,就找到这里,这人跟他梦里一模一样,然后就有了匾。"[2]但至今村民也不清楚为什么会有这个传说。

---

[1] 访谈对象:WYQ,访谈人:潘宏特、蒙祖娟,时间:2022 年 7 月 10 日,地点:WYQ家。

[2] 访谈对象:WMH,访谈人:潘宏特、蒙祖娟,时间:2022 年 7 月 10 日,地点:WYQ家。

图 5-8　望重璧水匾额　蒙祖娟摄

图 5-9　洛社高风匾额　蒙祖娟摄

2.洛社高风

乾隆五十六年（1791）辛亥题匾，上题"钦命提督福建学政通政使司通政使加一级纪录二次吉庆熊为"，下题"耆老王殿栋立，乾隆五十六年辛亥春正月穀旦"。洛社，指代文化圣地——洛阳，是一种文化隐喻，代表一种文学风尚，是古代知识精英的文化图腾。唐宋时期，洛社不仅成为形容洛阳文化影响力的口头常用语，还泛指"诗社"。"洛社"成为一种文化象征符号。高风，高雅的艺术风格，高风亮节、道德高尚。洛社高风，将受匾人与洛社文人类比，赞颂其高雅的品格。据匾额收藏人介绍，这块匾额原先是挂在厅堂上，匾额上的金色大字很好看，"文化大革命"期间匾额中的大字被削掉。①

3.先民是程

清乾隆五十八年(1793)癸丑题匾，上款"钦命提督福建学政都察院左副都御史纪录四次赵佑为"，下款"本宅耆叟王殿教立，乾隆五十八年十二月吉旦"。"先民"指古代的贤人；"程"是效法，以之为典范、法度之意。这块匾体现了人们对有才有德、德高望重的人的推崇。

图 5-10　先民是程匾额　蒙祖娟摄

图 5-11　松菊宗风匾额　潘宏特摄

4.松菊宗风

清乾隆五十八年(1793)癸丑题匾，上款"乡进士文林郎署福安县知县事

① 访谈对象：MMJ，访谈人：黄祥深、潘宏特、蒙祖娟，时间：2022 年 7 月 7 日，地点：MMJ 家。

加五级纪录五次记大功一次路钊为",下款"(乾隆)癸丑年十月二十四日立"。路钊,湖北汉阳人,举人出身,清乾隆五十七年(1792)任福安县知县。乡进士,代指乡试中式的举人。松有坚韧、顽强、坚贞不屈、挺直高洁的精神。菊不畏霜寒、高洁不屈,有君子之风。松菊被人格化,以喻坚贞节操或具有坚贞节操的人。

5.惇德允元

清乾隆六十年(1795)乙卯题匾,上款题"钦命提督福建学政通政使司通政使加一级纪录二次吉梦熊写",下款题"耆叟王殿敬立,乾隆乙卯年五月吉旦"。乾隆乙卯年即乾隆六十年(1795)。"惇"意为厚;"允"意为信、确实;"元"即善、大,意思是亲厚有德的人,信任善良的人。这块匾的寓意是赞扬受匾人品德高尚,仁厚善良。

图 5-12　惇德允元匾额　蒙祖娟摄

图 5-13　圭璧其身匾额　潘宏特摄

6.圭璧其身

清嘉庆十一年(1806)丙寅题匾,上款"赐进士出身奉政大夫候选部正郎原任知福安县事加十级傅玉林为",下款"庠生王殿飏立,嘉庆十一年岁次丙寅孟春穀旦"。"圭璧"即玉器,指非常有价值的东西,高尚的品格犹如珍贵的璧玉,非常可贵。这是赞颂受匾人品行清高,不与常人同流合污,为人们所尊奉。

图 5-14　欧柳慈徽匾额　潘宏特摄

7.欧柳慈徽

清道光十六年(1836)丙申题匾,上款"赐进士翰林院庶吉士福安县知县题陛哈嘛州加十级纪录十次记功记大功六次刘为",下款"王门寿母郑氏立,道光十六年岁次丙申正月吉旦"。"慈"是慈爱、和气、善良,亦为母亲的代称。"徽"是美好、善良之意。这是赞扬匾额主人慈爱、和气、善良的美好品行。

8.松筠节操

清光绪二十年(1894)甲午题匾,上款书"恭祝大闽范王府量轩翁原配郑太孺人七秩荣寿志庆",下款书"甲午科进士宗侄正月拜,龙飞光绪二十年春王正月谷吉"。这是宗侄为族中长辈题赠。松筠,指松和竹,松竹材质坚韧,岁寒不凋,赠匾之人赞扬受匾人品德高尚,具有坚贞的气节。

9.花甲长春

清光绪二十六年(1900)庚子题匾,上款"甲午科进士钦点兵部一等差官宗侄正元顿首拜,恭祝王府宗叔□五投六秩荣寿之庆",下款"光绪二十六年庚子太岁孟春吉旦"。这是宗侄为宗叔题赠的。"花甲"是年满六十岁的代称,"长春"指出生之日。这块匾额体现了题匾人对庆寿者寄予健康、安宁、长寿等美好祝愿。

图 5-15　松筠节操匾额　蒙祖娟摄

图 5-16　花甲长春匾额　潘宏特摄

图 5-17　椿护永荫匾额　潘宏特摄

173

10.椿护永荫

清光绪三十年（1904）甲辰题匾，上款"恭为大德圣王府梅溪律十翁暨原配大堂范西河林氏孺人六秩双寿之庆"，下款"龙飞光绪甲辰年正月毂旦甲午科进士宗侄正元顿首拜赠"。这是宗侄为族中长辈题赠的庆寿匾。"椿"指父亲。"护"是祖护、包庇，"荫"是树荫。《荀子·劝学》中有："树成荫而众象息焉。"引申为庇护，庇护人及受托于人，皆称荫。受匾者在家庭中的作用等同于横梁之于楼宇的作用，赞扬受匾者深厚的阴德庇护着后代。

11.望重干城

此匾额立匾时间已经无法辨认。匾中"干"意为盾，"城"即城郭，都起防卫捍御作用，也用于比喻捍卫者或御敌立功的将领，歌颂受匾人德高望重，犹如城楼一样。此匾在"文化大革命"时期，文字被铲除，只留下中间大字的印迹，且被覆盖"灭资兴无"四字。这块文字重叠的匾额反映了历史发展过程中不同文化的印迹，是不同时代的缩微反映。

图 5-18　望重干城匾额　蒙祖娟摄

桂林村传承保留下来的匾额大多体现了古人重德、博爱、仁孝等思想文化，这些思想一直指引着人们的行为、操守，影响着一代又一代人的成长。直至今日，这些匾额依然高高悬挂于大厅之上，光彩夺目，一方面是屋主身份地位与荣耀的象征，另一方面则为世人树立了榜样和楷模。通过题匾表彰德高望重者的忠孝节义和教化修养，为当世和后世树立行为典范，以此引导民众的道德教化，树立良好的社会风气。这些牌匾是弘扬中国传统文化的宝贵资源，用好这些传统匾额，保护好古民居文化空间，使其在现代社会生活中发挥应有的作用，有助于乡风文明建设。

新时代传承好、弘扬好传统文化,一方面要深入挖掘传统文化中蕴含的优秀思想观念、人文精神、道德规范;另一方面又要结合时代发展要求,利用好这些文化载体,赋予这些载体以新的文化内涵和使命,丰富节日内容,发挥匾额的正向价值功能,满足村民的精神需求,使传统文化在新时代实现创造性转化,创新性发展。

二、培育乡村文明新风尚

弘扬优秀传统文化是乡村文化振兴的必然要求,培育乡风文明新风尚也是新时代新农村文化建设的重点。桂林村的乡村文化、新风尚展示平台随处可见,村委会通过最常见的方式、最简单的语言来传播新时代的新文明。

(一)文化墙

文化墙是乡村文化的重要宣传平台,是加强村民思想道德教育的重要途径。为了加强村民思想道德建设,引领乡村新风尚,桂林村积极创建了以村史、红色文化、社会主义核心价值观等为主题的文化墙。

村史文化主题墙,即"史述桂林"文化墙,位于穆阳溪边。墙体文化的主要内容是村名来历、村风村貌、功名品德,它向村民宣传先贤的功德善行,引导村民弘扬耕读传家、仗义疏财、拯危救难、大义当先、同心同德等精神。深厚的文化底蕴是培育乡风文明的基础,桂林村祖祖辈辈勤勤恳恳,众志成城,共建商埠名村,在历史长河里,积淀了许多优秀的精神品格,为人们提供了丰厚的滋养。"史述桂林"文化墙文曰:

> 桂林,原名卓家坂,卓谢始后。南宋末年,王氏搬迁螺峰山下。天启年间,先贤遍植桂树,秋风一动,馥气迎人,遂改称桂林。桂林胜境,东跃凤翔,南竿奏儒,西澄龙潭,北望狮岩。自古民风淳朴淳雅,循规守义,隐然有盛唐遗风。士勉读书,农力耕耘,遂沂为望族。历宋元明清,代有贤人;生英仗义疏财,筑寨堡、树林木、拯危难、防风沙于丕时;王朝佐率众修建城墙,保一方平安;王九如志勇周旋海寇,保一村之难;天启间,王九韶政声卓著造福桑梓,一门均受天子敕奖。红军过境,民众大义争先,捐材搭桥,史册传扬。明清以降,共和开来,精英辈出,志乘可数。比及盛世,移民渐多,睦邻而居,众志成城。弄潮儿女,商海扬帆,弘展多彩民俗。乡贤志士,同心同德,共建商埠名村。

图 5-19　"史述桂林"文化墙　蒙祖娟摄

图 5-20　"穆阳革命史诗"文化墙　蒙祖娟摄

　　红色文化主题墙，位于穆阳溪边，分为"穆阳革命史诗"和"红色革命浮雕壁画"两部分。墙体文化围绕弘扬革命文化，传承红色基因进行宣传，进一步增强民众对中国共产党、中华民族的认同感和崇敬感，弘扬党的丰功伟绩，缅怀先烈。"穆阳革命史诗"主题墙，文曰：

　　　　穆阳古镇，斯为热土。沾穆水之灵气，得狮岩之风光。风雨如磐兮岁月峥嵘，赤焰夺目兮红旗漫卷。英雄卧底缪文焯、陈兆祥，策应蓝田暴动，始有闽东工农游击队诞生。深明大义好大嫂，勇救叶飞、曾志，成就南方革命根据地压轴人物。竹州山"畲族山鹰"钟日住，白云深处闹革命，造军工，头悬城头勇赴义。险峻陂村，回民英雄丁晋朝，驰骋疆场，策反民团终被害。苏坂灵秀孕育"传邮万里，国脉所系"佳话的林卓午。投笔从戎，苏堤黄烽，点燃江南抗日的芦荡火种，终成共和国少将。主动请缨，张炯先生，从学生领袖到文坛翘楚。遥记一九三四年，中共桂林村党总支和穆阳船民工会联手召民众搭浮桥迎红军，建苏维埃政府，送儿郎参军，北上抗日谱写革命华丽篇章。此皆桑梓之俊彩，穆阳之良实。耿耿爱乡之情，拳拳报国之志，昭日月，耀寰宇，喻后昆。

图 5-21　"抗日先遣队进军穆阳图"文化墙　潘宏特摄

"红色革命浮雕壁画"主题墙，即"抗日先遣队进军穆阳图"，这个墙体以场景的形式展示抗日先遣队进军穆阳的场面，再现了抗日先遣队在桂林村群众及船工协助下渡过穆溪，攻占穆阳镇的场景。壁画以浮雕的形式展示，人物形象栩栩如生，背景配有穆溪、船只及瓦屋，结合巧妙，画面故事情节展示合理有序。

党建文化主题墙。此文化墙主要宣传党的指导思想、基本理念等内容，具体又分为三个部分：第一是"中国梦"主题墙绘，主要表现"新时代、新思想、新作为、新征程"，加强中华民族伟大复兴中国梦宣传和教育；第二是宣传"社会主义核心价值观"；第三是"不忘初心、牢记使命"主题墙绘，主要内容为"对党忠诚、为党尽职、为党分忧、为民造福"，弘扬中国共产党为人民谋幸福的初心，引导广大党员继续在新征程中创造新的辉煌成就。

文明新风主题墙。墙体文化主要内容是文明上网不低俗、言谈举止不粗俗、旅游观光不任性、经济生活不失信、垃圾分类不落地、节俭用餐不浪费、安全出行不违规、红白喜事不奢办等。营造出浓郁的文明新风文化氛围，引导民众从身边点滴做起，从不说粗俗脏话、不乱扔垃圾、不乱闯红灯等具体行为做起。

图 5-22　文明新风文化墙　蒙祖娟摄

　　桂林村立足自身，深入挖掘村庄历史文化、红色文化，结合时代背景，宣传党建文化、文明新风，精心打造文化墙。用画笔把村庄发展、道德规范、革命精神、社会主义核心价值观、中国梦等内容绘制于村头巷尾的墙面上，让墙面"说话"，民众通过观看、欣赏这些图文，可以随时随地学习和领会文明新风。

　　（二）文化标语

　　标语作为一种大众熟知的信息传播形式，渗透于我们生活的各个角落，在价值导向、动员激励、教育警示等方面发挥重要作用。在桂林村的街头小巷里随处可见不同内容的标语，包括对社会思想价值的宣传、美德的弘扬、生态环境的保护、疫情防控和诈骗防范等方方面面。

　　桂林村与畲族、回族聚居的村庄紧邻，是多民族共生发展之地。桂林村将"促进各民族交往交流交融，铸牢中华民族共同体意识"标语设置在宁武高速路口最醒目的位置。

图 5-23　宣传标语　蒙祖娟摄

　　诚信是中华民族的传统美德，"诚信教育"也是公共教育的重要体现。桂林村利用标语文化潜移默化地来影响和塑造人们的诚信行为，村民以诚信作为立身、立家、立业之本。

土地资源的保护。随着经济的快速发展,土地资源的消耗越来越严重,可利用的耕地面积大幅度减少,土地资源保护刻不容缓。桂林村认真贯彻落实政府发布的相应文件,严禁私搭乱建、严禁乱建坟墓,严禁非法占用林地、乱砍滥伐等破坏林地资源的行为,保护土地资源,合理规范使用土地资源。

防疫宣传。自新冠疫情暴发以来,国家投入巨大的人力物力到疫情阻击战中,不仅研究病理,投入医药,还将防疫知识普及到千家万户中。防疫宣传横幅挂于桂林的街头巷尾,劝说民众预防与隔离,将健康防疫知识宣传到每一位老百姓心中,人人从我做起,共抗疫情。桂林在标语中同时强调了戴口罩和系安全带的重要性,号召村民不戴口罩不出门,不系安全带不发车,携手同心,共筑安全墙,守护生命安全和身体健康。

征兵宣传。桂林村紧密结合"传承红色基因、担当强军重任"主题教育等系列宣传教育活动,把政策宣传、氛围渲染有机结合起来,广泛深入开展征兵宣传活动,激发广大优秀青年参军报国热情。

防范诈骗。为了守好村民的钱袋子,增强桂林村村民防范诈骗意识,提高村民对电信诈骗的识别能力,预防财产损失,村里张贴了大量防诈标语和宣传单,村委走进农户家里普及防诈知识、发放宣传资料,对村民进行诈骗防范教育,增强村民防诈意识,保护财产安全。

禁毒宣传。为了增强桂林村村民禁毒意识,提高村民对毒品的抵御能力,预防和减少毒品犯罪活动,促进社会和谐,建设美丽乡村,桂林村充分发挥各种宣传阵地作用进行广泛宣传,通过张贴宣传标语、发放宣传资料等形式对村民进行禁毒教育,积极营造良好的禁毒氛围。

各个主题的文化标语在桂林村形成了一道亮丽的文化风景线,营造良好的文明新风宣传氛围。标语既是引导村民行为的眼睛,又是现代文明与民众沟通的桥梁。新时代乡村要发挥好横幅标语这一文化载体,让村民更好地接受精神文明的熏陶,丰富村民的精神世界,让新文明风尚落户生根。

文化墙和文化横幅是乡村宣传党的方针政策、弘扬文明新风、传递正能量、传播精神文明的重要载体,也是村民陶冶情操、净化心灵、增长知识的一个平台。新时代背景下,文化墙和文化标语的宣传内容发生了很大变化,标语更加注重体现多元的思想政治和价值观要求,彰显对人性的关怀和人文情怀。大街小巷里随处可见的文化墙、文化标语影响人们的思想观念和道德理念。文化墙和文化标语承载着村民美好的愿景。

表 5-6　桂林村文化宣传的部分标语

铸牢中华民族 共同体意识 宣传语	促进各民族交往交流交融,铸牢中华民族共同体意识
	中华民族一家亲,同心共迎二十大
诚信宣传语	诚信立身,诚信立家,诚信立业
保护土地 资源宣传语	倡导文明殡葬,保护土地资源,严禁乱建坟墓
	禁止毁林开垦、采石、采砂、采土、筑坟、采脂、砍柴、放牧等毁坏林地和林木的行为
疫情防控 宣传语	依法科学有序防控,坚决遏制疫情扩散
	自我防护要加强,利己利人保健康
征兵宣传语	保家卫国终不悔,热血青春献军营
	爱国拥军固我长城,双拥共建振兴中华
诈骗防范 宣传语	诈骗伎俩花样多,提高警惕别上当
	微信借钱要谨慎,务必电话再核实
禁毒宣传语	拒种毒品,美化乡村
	毒品一日不绝,禁毒一日不止
防疫与交通 安全宣传语	出门别忘口罩戴,乘车别忘安全带,春运出行平安在
	出门戴口罩,坐车系好带,回家过大年
其他	英明的领导,人民的幸福。伟大的祖国,共产党万岁! ——群众心语

三、丰富乡村文化生活

随着经济社会的发展,农村地区传统的日出而作、日落而息的生活方式发生了根本性改变,生计方式的转变和科学技术的进步使人们拥有了更多的闲暇时间。为丰富广大群众的日常文化生活,党和政府进一步加强乡村文化基础设施建设,已经建成了综合文化服务中心、村文化活动中心、文化广场等,为群众日常文化生活提供活动空间。

（一）综合文化服务中心

乡镇综合文化服务中心是乡村文化建设的重要场所,能够丰富家庭和社群日常文化生活。桂林村三门路有福安市穆云畲族乡综合文化服务中心、穆云畲族乡新时代文明实践所。2014 年 5 月,福建省文化厅为穆云畲族乡综合文化服务中心挂牌"一级文化站"。桂林村凭借地理优势,村民可以更快、更近地享受到乡级文化设施、资源与服务。综合文化服务中心建筑面积 560 多平方米,内设多功能活动室、书刊阅览室、展览室、棋牌活动室、理论宣讲室、党员活动室、体育健身室等。作为农村公共文化服务的主要阵地和窗口,综合文化服务中心免费开放供村民阅览和活动。综合文化服务中心有专职的工作人员管理,负责站内设施养护、卫生打理、书籍报刊陈列等,引导群众使用站内文娱设施,满足群众的日常文化需求,丰富群众茶余饭后的文化活动。

图 5-24　穆云畲族乡新时代文明实践所、综合文化服务中心　蒙祖娟摄

新时代文明实践所的挂牌加持,极大限度地调动和整合乡镇文化资源,更好地满足人民群众多层次、多样化的文化需求。新时代文明实践所有明确的工作制度、场所管理制度、志愿服务管理制度、志愿服务流程等管理办法。此外,新时代文明实践所设有七个志愿服务队,建立七个服务平台:理论宣讲志愿服务队,发挥"理论宣讲轻骑兵"作用,宣传"不忘初心、牢记使命"主题教育,进一步推动理论宣讲活动广泛深入开展;社会宣讲志愿服务队,大力培育和践行社会主义核心价值观,普及党的理论政策,广泛宣讲党史等;教育志愿服务队,将学校教育、家庭教育与社会教育融为一体,让学生在实践中学习,在学习中实践,推进新时代教育建设;文化志愿服务队,经常性开展群众喜闻乐见的文化活动,积极倡导新风尚,唱响乡村振兴主旋律,

进一步推动农村农民全面发展；科技与科普志愿服务队，通过加强农村科普信息化建设促进农业服务现代化，着力培养具有科学文化素养、具备一定经营管理能力的新型职业农民；健身体育志愿服务队，推动农村健身文化生活，焕发农村健身活力；乡风文明建设志愿服务队，开展移风易俗、乡风文明、清洁家园等活动。七个志愿服务队为群众提供不同的志愿服务，在提升人们的思想认识、丰富群众日常文化生活的同时，发挥志愿服务在实施乡村振兴战略中的积极作用。

文化站是乡村居民思想"加油站"，但村民未能充分利用其功能。据管理员介绍，在其管理期间，少有村民到这里来，三楼原来是一个体育运动的地方，因为很少有村民到这里活动，现已被改作他用。目前文化站里的农家书屋有几千册书籍，整个穆云畲族乡的人都可以来这里借阅，但平时很少有人来这借阅书籍。[①] 民众对这些公共文化设施的实际利用率不高是多种因素使然。文化站受冷落的原因既不是闭门不开，也不是设施不足，而是大量年轻人进城，常年在城市工作或求学，留守在乡村的更多是老人、妇女和儿童。他们可能由于各种原因无法有效利用站内的报刊书籍，很难对书籍阅读提起兴趣。老人更多地偏向于在村头和街坊邻居闲聊，妇女则在家中，小孩则无人引导。另一方面，当下数字电视、手机家家有、人人有，新媒体广受追捧，也使得站内的多媒体设备不再受欢迎，变成了文化站里的摆设物件。

不可否认，乡镇文化站配套设施齐全是乡村文化建设的重大成果，但当前乡村公共文化设施利用率不高的情况也亟须得到解决。解决这一问题，需要从村民入手，调查了解村民到底需要什么信息，需要什么书籍，对于受教育程度低的村民来讲，阅读一条新媒体的资讯比看一本书更方便、更符合其心理需求。新时代要让文化站活起来，一方面要深入了解民众日常信息需求与满意情况，另一方面要引导村里"百事通"进驻文化站，把人气与信息带入文化站。

（二）村文化活动中心

桂林村在新农村建设过程中，重视对祠堂、古民居的保护和利用。桂林村将振纲祠和启元祠改建成"村文化活动中心"，赋予祠堂新的时代内涵和

---

①　被访谈人：WSX，访谈人：潘宏特、蒙祖娟，时间：2022 年 7 月 4 日，地点：桂林村文化站。

作用。将原来的布局、摆设进行部分改造,将村史、革命文化、社会主义先进文化与传统文化相融合,把祠堂打造成传播新时代文明思想的主要阵地。振纲祠占地面积 275.2 平方米,设有报刊阅览区、农家书屋区、巅峰讲堂、棋牌区等,免费向公众开放,时常有老人观看影视节目。启元祠占地面积 668.8 平方米,该祠于 2019 年进行了全面翻修,规划分为民俗文化、红色文化、农耕文化、村落历史文化、现代村落发展等几个展区,展示桂林村古今发展轨迹与社会风貌。

图 5-25　桂林村文化活动中心　蒙祖娟摄

村文化活动中心的建设解决了桂林村广播设备老旧的问题,全套的 LED 显示屏和音频设备集声音、图文于一体取代了大喇叭。这些设备的投入使用,拓展了桂林村的宣传服务阵地,更加鲜明地传递时代精神,服务村庄发展。平日 LED 显示屏播放国内外时政、疫情防控知识、征兵宣传等视频,利用大屏幕更加直观地展示桂林村外的世界。[①]

一位村民表示:"村文化活动中心是政府专门为我们老人建的,给我们老人看电视的。"[②]年轻一点的村民也认为:"那里(村文化活动中心)是国家修给老人看电视的地方,自己还年轻不会去,平时就去商贸街聊聊天。"[③]有的则说:"大家都可以去看,但自己不去看,家里有电视,平时就在家看。"[④]

---

①　访谈对象:WJZ,访谈人:潘宏特、蒙祖娟,时间:2022 年 7 月 27 日,地点:桂林村村委会。

②　访谈对象:WXN 母亲,访谈人:潘宏特、蒙祖娟,时间:2022 年 7 月 24 日,地点:桂林村文化活动中心。

③　访谈对象:WXN,访谈人:潘宏特、蒙祖娟,时间:2022 年 7 月 24 日,地点:商贸街。

④　访谈对象:WYY,访谈人:潘宏特、蒙祖娟,时间:2022 年 7 月 17 日,地点:桂林大桥。

可见,村文化活动中心对于部分村民来说是一个看电视的地方,尚未真正体会到文化中心的其他功用。

作为村文化活动中心重要组成部分的村史馆已经正式开放。据村民文化活动中心改造提升工程项目负责人介绍,村史馆主要展示桂林村历史文化、农耕文化、红色文化以及现代村落面貌的改善和新村建设等方面。村史馆实行定点开放,如果有游客打电话要参观,也会提供参观服务,由管理员为他们进行讲解。平日村民参观的话,管理员可以帮忙解答一些疑惑。[1]

村民文化活动中心的建设打通了该村公共文化服务的"最后一公里",实现了从"祠堂"到现代乡村文化活动中心的转变。文化活动中心是传统祠堂的现代承续,新时代乡村文化建设利用好这一阵地,让文明新风吹进祠堂,让新型"祠堂文化"引领村民生产生活。

(三)文化广场

文化广场是村民进行文娱活动的场所,能够丰富村民文化生活、陶冶情操、强身健体。桂林村文化广场位于桂林大桥下的穆阳溪边,整个文化广场面积有 6000 多平方米,配备了篮球场、乡村大舞台,与史述桂林、穆阳革命史诗等文化墙相邻。2008 年,桂林村村委会筹集资金,将红军桥下穆阳溪边的垃圾堆放处改建成标准篮球场,塑胶地面、篮球架、球场围栏、球场灯光、观众席等设施一应俱全。篮球场的修建为年轻人提供了良好的运动场所,也给村民搭建了沟通交流的平台。

图 5-26　桂林村篮球场　蒙祖娟摄

① 访谈对象:WQZ,访谈人:潘宏特,时间:2022 年 7 月 25 日,地点:桂林村村委会。

2020 年底,桂林村投入 56 万元建成乡村大舞台,并配有全套的音响和灯光设施。舞台长 19 米、宽 11 米、高 1.06 米,采用了仿古牌坊式结构,两边柱子上书有对联,上联"我去君来登台皆主角",下联"男歌女舞击壤颂尧天"。2020 年 12 月 13 日,桂林村举办"乡村大舞台"开台仪式,标志着乡村大舞台正式投入使用。乡村大舞台成为群众表演文艺、个人展现风采的重要空间,也是汇聚群众丰富多彩精神文化生活的重要场地。

图 5-27　桂林村乡村大舞台　蒙祖娟摄

(四)广场舞队

广场舞队由穆云小学退休教师 WYS 领队,村妇女组成。据 WYS 说,桂林村的广场舞队是 2011 年成立的,她作为社会指导员在桂林已经教了 11 年的广场舞。她表示,自己作为桂林的一分子,确实应该为桂林出一份力。她积极为村民排练舞蹈,一直持续至今。桂林村村民起初不是学跳舞,而是跳佳木斯健身操,当时参与的人很多,几乎大舞台周边的妇女都来,有时候达到 120 多人。后来,部分村民开始参考网络上的视频,再结合一些地方特色编排舞蹈,广场舞活动因此慢慢丰富了起来。但由于舞蹈难度比佳木斯健身操难度大,一些年龄偏大的妇女就慢慢退了出来。WYS 考虑到有时候要组织妇女们去参加广场舞表演,自己一个人兼顾不了教跳舞和做操两件事,综合考虑只能选择教跳舞。WYS 和村民已经编排完成的舞蹈有斗笠舞《美丽茶山我的家》、快板《唱响伟大祖国》等。[①]

①　访谈对象:WYS,访谈人:潘宏特、蒙祖娟,时间:2022 年 7 月 11 日,地点:桂林村王氏祠堂。

　　桂林村广场舞队有一个专门的微信群，教新舞的通知和穿什么服装等都会在群里面发布。群里虽有50多个人，但每天来跳舞的只有20多个，有时候只有10余个，因为有些村民要去带孩子，有时天气太热，部分村民就在家休息。由于人数无法固定，WYS正在编排的《中国美》只能搁置。

　　桂林村广场舞队参加了很多活动，如2013年代表穆云畲族乡参加福安市第七届老年人运动会，获得了优胜奖；2018年参加福安市第二十四届"三月三"畲族民俗节；2019年参加福安市交谊舞俱乐部，并被授牌为穆云畲族乡休闲舞总队；每年还参加桂林村正月十三日踩街活动。WYS认为，组织广场舞队是提升村民素质的一种方式，她们身体健康、开心快乐便是我们的目标，同时也能把村庄的文化建设搞上去。

　　桂林广场舞活动取得今日的成果，离不开政府各项政策的支持，离不开WYS老师辛苦付出，也离不开村民的广泛参与。WYS带领广场舞演出的历程，可以看出她对于广场舞的执着和担当。她编排的舞蹈既有反映农村生活的斗笠舞《美丽茶山我的家》，又有与时事紧密关联的舞蹈《我爱你中国》《吉祥中国年》等，这对于村民的身心健康和文化熏陶都十分有益。

　　加强公共文化设施建设，丰富乡村文化生活，是满足群众多元化精神文化需要的主要途径。桂林村依托乡综合文化服务中心、村文化活动中心、文化广场，初步构建起了村公共文化服务网络，为村民日常文化活动的开展提供了文化活动场所和文化设施。文化场所管理人员还需进一步接受培训，积极引导村民白天进文化活动中心，晚上在文化广场，提高村民参与乡村文化建设的热情，丰富乡村文化生活，助力乡村文化振兴。

　　乡村文化的振兴不仅要弘扬优秀传统文化，培育乡村文明新风尚，更要切切实实地让广大人民群众参与到乡村文化建设。桂林村通过开展节日活动、整修古居文化空间、绘制文化墙、悬挂文化标语、改造文化活动中心、建设文化广场、开展文化活动等，让村民可以在不同时间、不同场合，以不同的形式全方位地参与到村文化建设中。文化墙、文化标语传递主流价值观，丰富村民的精神文化生活。文化活动中心、文化广场的建设为村民提供了健身娱乐的场所。乡村文化建设能使优秀传统文化得到传承，推动传统文化实现创造性转化和创新性发展。

第三节　现代与传统相结合的医疗资源

　　乡村卫生医疗服务的主要职能是为村民提供就近看病就医和疾病防控,关注村民身心健康,完善公共卫生服务。近年来,我国乡村医疗卫生事业快速发展,医疗质量稳步提高。桂林村近年来在国家政策的大力扶持下,现代乡村医疗卫生体系建设持续开展。与此同时,我国民间长期传承发展的地方性治疗方法也在继续发生作用。在桂林村调查期间,笔者发现该村居民的健康很大程度上依赖于当地传统的"青草药",在民间传统"土"方法与现代医疗卫生体系建设相互结合下,桂林村村民的生命健康有了更多的保障。

一、优越的医疗条件

　　因为桂林村处在乡镇中心,村民能够更加便捷地享受到现代医疗资源,且附近就有较好的医院可供看病就医。

图 5-28　福安市民族医院　潘宏特摄

187

（一）福安市民族医院

据《穆云畲族乡志》记载，1952 年，由穆阳 3 家私人西医诊所组成了穆阳联合诊所。1958 年公社化时，穆阳联合诊所改称穆阳保健院。1966 年，穆阳保健院与福安县医院穆阳分院合并，改称穆阳公社保健院。1972 年，福安县第三医院在穆阳成立，这是民族医院的前身。① 穆云畲族乡成立之前，桂林村村民看病主要依靠穆阳公社保健院。

福安市民族医院坐落在穆阳镇，担负着穆阳镇、穆云畲族乡、康厝畲族乡及毗邻的溪潭镇 10 多万群众的医疗救护、基本公共卫生、卫生保健、计划生育工作及畲族医药研发等职能。2016 年，市民族医院试点卫生所有 10 家，其中 1 家在桂林村。试点村卫生所全面实行药品零差率销售，全面部署乡村医生签约服务工作。乡村医生积极落实文件精神。福安市民族医院为桂林村及周边村庄的现代医疗建设提供了条件和保障。在乡村振兴背景下，桂林村的卫生条件与体系建设得到了相应改善。

（二）设备齐全的卫生室

随着社会不断发展，村卫生诊疗方式亦发生相应的变化。根据最新调查，桂林村现有 1 个卫生所，3 个卫生室，这些卫生所或卫生室受福安市穆阳卫生院监督。桂林村第一卫生室

图 5-29　桂林村第一卫生室　蒙祖娟摄

位于福源路；第二卫生室位于百岁街；第三卫生室位于三门路。通过对几家卫生室的调查观察得知，卫生室医疗服务皆是中西治疗相结合。卫生室基本设施包括：诊疗室、输液室、注射室、药房、存放药品与杂物的仓库，以及相关卫生医疗设备，如血压计、听诊器、测温计、身高体重计、诊察桌、脉枕等，还有炮制中药常用的捣药罐。桂林村的医疗服务体系采用了一体化试点与个体户相结合的模式，共同服务村民的身体健康。

---

① 蓝炯熹主编：《穆云畲族乡志》，福州：海峡书局，2014 年，第 290 页。

通过对村各卫生医疗点负责人的访谈了解,目前村中三个卫生室未实行乡村医疗机构一体化体制。一体化建设就是医生在救治病人时会得到一定的报酬,他们的正常收入由医院发放。一般卫生所不是一体化建设,但受卫生院的监管。实施一体化的卫生室就是为了群众看病方便和医保报销。因为农村人口较少,多是老年人、儿童,如果仅依赖诊疗费,医生的

图 5-30　桂林村第二卫生室
蒙祖娟摄

收入无法保障,所以需要实施一体化稳固医疗卫生体系,方便群众就诊,解决群众看病难的问题。

图 5-31　桂林村卫生室　蒙祖娟摄

桂林村人口较多,所以设有三个卫生室。无论是卫生所还是卫生室,都受到卫生院的统一规范监管,都要履行一定的职能,要做好 14 项基本公共卫生服务工作,包括居民健康档案管理、健康教育、预防接种、0～6 岁儿童健康管理、孕产妇健康管理、老年人健康管理、高血压患者健康管理、糖尿病患者监看管理、严重精神障碍患者管理、中医药健康管理、传染病及突发公

共卫生事件报告和处理、卫生计生监督协管等服务工作。①

桂林村三个卫生室的药品都由负责人到医药公司采购，除了一些公益性质的服务工作会得到上级管理机构补贴外，卫生室自负盈亏。目前，各卫生所的医疗设备均达到了村一级卫生室的建设条件，且该村的整体医疗服务体系较为全面，基本上能满足群众在卫生健康方面的服务。

（三）认真负责的村医

1.村医的使命

近年来，各级政府不断努力完善乡村医生队伍建设，提高乡村医生素质。通过对桂林村卫生室医生的访谈，笔者进一步体验到医生在乡村的重要性。桂林村第一卫生室的医生 LYS，从医近 30 年，来到他卫生室看病与买药的村民很多，外加一些村民在输液，所以 LYS 一边观察输液情况，一边给不断进来的病人诊疗并拿药，几乎没有时间与笔者交流，偶尔有几分钟的空闲时间，又会被断断续续来买药和看病的人们打断。观察中发现，LYS 在询问并观察患者病症之后，对每个患者都要根据患者需要吃的药进行配制，将配制好的药包装在小方纸上。这样就不需要病人回家后再将各种药品进行搭配，以防病人不识字而把握不好药量。一般给病人开两天的药量，开一天的也有，不会给病人开整盒药，防止浪费。通过多次观察发现，来医务室的人多为感冒、中暑、烫伤、拉肚子（急性肠炎）、高血压等病症。②

桂林村第三卫生室的医生 WCY，从医 20 多年。他说，现在卫生室不仅注重看病，还要把公共卫生做好。基层医生要做的公共卫生包含很多，主要是孩子出生建卡、孕产妇检查；为在我们村常住 6 个月以上的所有人建立居民健康档案；65 岁以上老年人的体检；对糖尿病、高血压病人进行每个季度的随访（每年 4 次）；每年要做 6 次健康讲座，内容包括老年人健康、高血压、糖尿病、传染病、精神疾病等。比如在糖尿病、高血压的讲座中，医生会教他们如何预防、饮食、锻炼、用药、休息，有时候会把患者聚起来，最少要四五个

---

① 访谈对象：HMX，访谈者：潘宏特、蒙祖娟，时间：2022 年 7 月 27 日，地点：福安市民族医院。

② 访谈对象：LYS，访谈者：蒙祖娟、潘宏特，时间：2022 年 7 月 9 日，地点：桂林村第一卫生室。

人,有些人没来,也会一对一进行指导,有时候在患者买药的过程中教他们。[①] 在健康扶贫的政策下,WCY 还签约了家庭医生服务,为建档立卡贫困户健康服务。

乡村基层医生责任重大,除了日常的卖药看病与照顾病人,还要做好村民的各种健康服务,严格执行国家发布的相关政策和监管部门安排的任务。除此之外,乡村医生还在应对突如其来的重大疫情中承担关键的防疫抗疫任务。

新冠病毒核酸检测也需要村医的积极参与。因为做核酸的人很多,要一天做完,仅靠民族医院的医生没办法完成,就由 4 个乡村医生和民族医院的 4 个医生联合采集核酸样本。核酸检测点设在乡村大舞台,从 7 点钟开始到 11 点,正常要做 3000 多个人。除了村里人之外,还有乡镇其他农村来这里读书的孩子和他们的父母,也需做检测。疫情刚开始的时候,从新冠疫情重灾区武汉回来的村民,医生要包岗包户。据 WCY 介绍,疫情刚开始的时候,医生主要依靠口罩进行防护,每天要为桂林村 13 个人测两次体温,还有 8 个虎头村村民,所以要负责 21 个人,连续监测 14 天。新冠疫情防控常态化后,每个乡村医生都要在村高速路口轮流值夜班,每班从 20 点到第二天早上 8 点钟。医生还负责给外地来的司机做核酸。[②]

乡村医生身上肩负着重要责任。在突如其来的疫情防控中,他们在排查外来人员、筛查发热患者等方面做出了大量贡献。他们守护着村民的生命健康,是乡村公共卫生"守门人"。

2.村医对中西医的认识

近年来,村民对中医的功效更为关注。村医 WCY 对中医有自己的认识。WCY 认为,学习中医时《黄帝内经》和《伤寒杂病论》最为重要。传统中医与西医在病理观念上不同,中医强调预防的理念,在病发之前就要能做到阻止病发,并认为中医跟传统的"道法"理念相似,都强调顺应自然规律。所以中医在最初的观念里对人的症状也是从整体出发。而西医的观念是在出现病症之后才想解决的办法与方式,就是针对身体的某一局部去治疗。

---

① 访谈对象:WCY,访谈者:蒙祖娟、潘宏特,时间:2022 年 7 月 5 日,地点:桂林村第三卫生室。

② 访谈对象:WTQ,访谈者:蒙祖娟、潘宏特,时间:2022 年 7 月 5 日,地点:桂林村第三卫生室。

西医在一些病情上用药方便且效果好，比如治感冒，一两服中药也能治好，但熬药的过程较为麻烦。如果是慢性病，西医没办法治的时候有的人才会选择中医。但中医也会面临一个问题，患者会考虑这个中医到底行不行，不行就等于白吃，所以要能对症下药，才能收到很好的效果。WCY还认为，中药的推广跟卖药的医生有关系，有时候卖西药能够获取更多的利润，所以医生会推荐西药给消费者，以致中医得不到应有的重视。从患者的角度来看，一方面是患者对中药的认识不够，有的患者还未经医生检查，在看病时就有吃什么药或输液就好了的简单想法，而有些病情并非如此，有的更应该用中药治疗会更有效。另一方面，跟患者的观念有关，很少人愿意学习和传承中医，一些患者对中医信任度也不高。这些因素都导致中医被边缘化。①

WZY的父亲是中医，他从小就跟父亲学医，而西医知识是从"赤脚医生"那里学习的。WZY本人对中医感兴趣，喜欢看中医的书，除了从父亲那里学习外，还需要自学。他认为，中医重新被人们认识，但仍有很多人不相信中医，现在村民生病都是先买西药，人们都认为西医治疗得快，所以也就没有多少人喜欢中医了。中医药不仅可以治疗慢性病，还可以迅速治疗某些疾病，其实这些问题的存在多是因人们对中医的认识不足。如果医生在和病人聊天时能说出西医的名称，病人就能更好地与你沟通，你讲中医他就不懂了，就不理解你讲什么，这是跟病人的认识有关系。如果自己作为一个中医，不知道一些西医的病名的话，那病人就会认为你不会看病。比如说高血压、糖尿病这些，如果你不知道这些知识，他就不会相信你。中医是没有这些名称的，这些名称主要是西医体系下的命名。他认为作为一个医生，如果都要去认识与记住这些不断变化的病名，哪还有时间去学医技。作为中医来说，某种程度上说没有必要去记住这些西医病名。它永远都在变化，记了亦不能怎么样。②

笔者在咨询有关新冠疫情时，WZY认为，中医里面是不特别区分这些病名的，这些名称都在变化。比如现在可以用显微镜看出病毒的形状在不断地改变，所以根据形状的变化而起不同的名字，那症状可能也是有点特别。但是一变化西医就治不好了，因为出现了这个病后才去研究如何治，但

---

① 访谈对象：WCY，访谈者：蒙祖娟、潘宏特，时间：2022年7月5日，地点：桂林村第三卫生室。

② 访谈对象：WZY，访谈者：潘宏特、蒙祖娟，时间：2022年7月13日，地点：桂林村第二卫生室。

等到研究出治疗方法时,这个症状又发生了新变异,这个药又起不到效果。WZY认为,西医的药和研究跟不上病毒变异,但中医就不一样,中医的好处就是以不变应万变,无论病情怎么变,变来变去都有症状。比如,当患者出现头痛时,我就知道去分析治疗他这个头痛,现在如果患者出现的是肚子痛,我就分析导致肚子痛的原因,明确其具体症状,然后根据症状用药。所以几千年下来中医的核心理念就没变,没有变也就变成了"老东西"。那人们就会认为既然是"老东西",那自然是不先进、不科学及没用的,所以就会觉得西医那是先进的科学。①

WZY还提到,西医的内科学可以说是西医治病的指南,每隔几年就会推出新版。新版出来以后,里面的很多内容理论都是新的,会推翻之前的理论,并认为新加入的理论是最科学最正确的,所以这是在不断地否定。但是不断地否定却被当作了指南,如此变化无常,又怎么能声称自己是最正确的呢?他从学医到现在,有很多药品都在不断地淘汰,最初被认为很好的,过了几年效果就不佳了,就得下架,都在不断地淘汰。西医的药很多都属于化学药品,有的药是从中药里提取出单体的药,在当时投入临床能够起到很好的效果,但是过几年这个药就没有效果了,而提取出单体的药拿来用仍是有效果的。中药材含有多种成分,因此,就不容易产生对抗性。诊所里面的医生,既懂中医又懂西医,有时也非常苦恼。因为根据指南用药,用了没有效果,病人就会流失。但是在医院里面是规范治疗,病治不好,如果病人去世,因为是根据指标来用药的,没有错,那病人不能治好跟医生就没有关系。这是西医方面的治疗方法。中医则注重个体化的治疗,不同中医就有各自的治疗方法。虽都为中医,但对同一个病,自己有自己的理解,所以用药就会不一样。这些药用不同方式组合,疗效就不同。所以中医都比较谦虚,他认为自己治不了某种病,只能代表自己的水平不够,其他中医或许能够治疗。而西医不同,当西医医生达到一定水平时,他就认为这个病就是这样治,如果我治不下来,也就没有人能治得下来。中医的学习和实践没有止境,奥妙无穷,难以通过简单的教授来完全掌握。如今国家对中医越来越重视,偶尔能听到村民说中医不错的言论。②

---

① 访谈对象:WZY,访谈者:潘宏特、蒙祖娟,时间:2022年7月13日,地点:桂林村第二卫生室。
② 访谈对象:WZY,访谈者:潘宏特、蒙祖娟,时间:2022年7月13日,地点:桂林村第二卫生室。

从上述两位医生对中医的见解中，笔者了解到了一些村民对中西医的不同看法，进一步加深了对中西医差异的认识。在当地百姓看来，西医并非就是"科学"，中医并非只是"历史"。中医的很多理念与治疗的方式符合人的身体规律。医疗卫生条件是人类生命健康得以保障的关键，所以，我们应该充分发挥中西医各自的优势，以更好地满足村民的不同需求。

二、民间的青草药

长期以来，中药在民间传统治疗中发挥重大影响，而中药的一些原材料常常被当地人称为青草药。"青草药在一定时期内主要流传于民间，在中医理论的指导下，有的青草药逐渐由经验用药向理论认识过渡，最终演变为中药。"[①]青草药对村民健康的影响更多体现在饮食方面。村民把青草药当作一种食材，或和茶一起泡，或和猪肉一起炖，或直接煮着吃，等等。村民认为，把青草药加入食物中，能吃得更加健康。如将青草药和猪蹄一起炖，则能够起到去油的作用，猪肉吃起来不油腻。所以，青草药对当地人的健康发挥着重要的作用。

（一）中药与青草药的区别

为了能够更清楚地认识"青草药"，笔者向村医和一些青草药店老板咨询。村第一卫生室的医生 LYS 认为：

> 中药与青草药不一样，部分中药需要进行加工，而青草药是直接采回来，将其晒干便可放到青草药店。比如说，杜仲要通过加工，进行烘炒，才能成为中药，这种加工后的杜仲在青草药店是买不到的。但也不是说所有中药都是经过加工的。中药制作有比较严格的程序，有的药需要泡制，泡制才能起到效果，而青草药就不一样，有的地方就根本没有青草药。[②]

当问到中药的原材料是不是青草药时？LYS 认为，有的也是青草药，比如鱼腥草，中药也叫作鱼腥草，青草药店也是一样的，也就是将其晒干就可以了。

---

① 詹绍江、黄秋云、李晓玲：《浅谈青草药》，《海峡药学》2014 年第 5 期，第 93 页。
② 访谈对象：LYS，访谈者：蒙祖娟、潘宏特，时间：2022 年 7 月 9 日，地点：桂林村第一卫生室。

村卫生室的医生
WZY 认为：

图 5-32　青草药店　潘宏特摄

　　有的青草药当
地有，在另一个地
方可能就没有。中
医中药就是全国通
用的，但是它们的
来源是山上天然野
生的或者人工种植
的。青草药的特点
大多是利用当地的
资源，中药则有悠久的历史记载，大部分都是用了上千年，一直在传播，
而青草药就是不被人普遍认识。青草药的书出现后，人们对它的认识
才更多，但是即使了解也无济于事，因为这个青草药是在你那里，我这
里没有，所以我拿不到，也不知道效果怎么样。[①]

　　从两位医生的看法中可以发现，一方面中药材中包含了一部分青草药，
而中药有一定的加工程序，原材料的药性有所变化；另一方面，中药具有传
统性、普遍性，青草药具有地方性，不同地域对青草药的认识不同，也就直接
影响到青草药的使用。

（二）青草药的药用价值

　　青草药是村民用来养生健体、防病治病的一种草药，在长期传承的过程
中逐渐形成地方性特征。在桂林村调查中，这种传统的青草药治疗方式仍
然存在。通过对该村和穆阳街道青草药店老板的访谈，有助于形成对青草
药药用价值的一般认识。

　　位于桂林秀溪村的青草药店，门口张贴着一张海报，上面介绍了主治的
病症，包括：男女寒痧、毒蛇咬伤、银针急救、误吃补品、腹内排石、小儿杂症、
男女不孕、妇人杂病、手脚红肿、扁桃体炎、急慢肝炎、六神血筋、白细胞疾
病、骨质增生，药店里摆放着众多的青草药。店主姓 H，已经 83 岁。H 医

[①]　访谈对象：WZY，访谈者：潘宏特、蒙祖娟，时间：2022 年 7 月 13 日，地点：桂林村第
二卫生室。

生的医术传自于其祖辈，后又通过广读医书而习得不少知识。H 医生店内挂着一幅"医术高明"的锦旗，据 H 医生说，这幅锦旗是他医治好一位 30 多岁近乎瘫痪的人后病人送的，并拜他为师。H 医生没有真正收过徒弟，他说："现在的青年人都比较浮躁，大多时间都忙于各种事情，忙于挣钱养孩子，为了生活而忙里忙外，没有时间静下心来学习。自己的儿子也一样，都是忙于挣钱，所以并没有跟随自己学医，虽然知道一些药和使用方法，但不会给人看病。孙子也没有跟随学习草药知识。"H 医生认为：外面的人就叫青草药为中药，当地人就叫"青草药"，但其实青草药与中药差不多，可以说是中药的一部分。①

穆阳龟凤村 XYS 青草药店位于东旭街，紧挨桂林村，店主 XYS 已经经营青草药店 32 年。店外的招牌上写着主治范围：痛风关节痛、面瘫、急性肝炎、乙型肝炎、肝肿瘤、肝硬化、肺结核、肺咳喘嗽、胃痛、慢性胃炎、胃肠炎、十二时血筋、跌打损伤、无名肿瘤、坐骨神经痛、颈椎炎、骨质增生、淋病、尿道结石、肾结石、胆结石、妇科病、妇女痛经、闭经、经不止、皮肤病、甲状腺炎、心脏病、牙龈肿痛、插水伤筋、缠身龙、长痔疮、烫伤、刀伤、火烧伤、眼睛红肿、乳腺增生。XYS 的父亲也是医生，他的青草药知识是从他父亲那里习得的。笔者访谈时正值夏日，药店大门摆放的是已经熬好的预防和解暑的药汤，并用小袋子包装，名为"寒茶"，上面注明"祛寒、除湿、解暑、清凉的汤药"。XYS 对这个药的解释是：可以当茶喝，加了点药在里面熬，比如眼睛红、怕冷、便秘、消化不良都可以喝。②

与 XYS 相邻的另一家青草药店店主是 LZS 医生，开青草店已经 35 年，自称药店里有 300 多种药材。LZS 医生的草药知识也源自他的父亲，从小就跟随父亲学习草药，经常陪伴父亲上山采药，慢慢就了解青草药的药性。LZS 说："青草药很难学，你要到山上去采它，采新的，还要熟悉它。"访谈中 LZS 同样指出当地人把这些草药叫"青草药"，而不是"中药"。LZS 告诉笔者，他和旁边青草药店所卖的药材不一样，药方也不同，配制药材的秘方也是不同。不管汉族、少数民族，都可以用这个草药。不同医生医法不

---

① 访谈对象：HYS，访谈者：黄祥深、蒙祖娟、潘宏特，时间：2022 年 7 月 7 日，地点：桂林秀溪。

② 访谈对象：XYS，访谈者：潘宏特、蒙祖娟，时间：2022 年 7 月 19 日，地点：东旭街。

同,配方也不同。①

上述可见,医生对青草药的药性理解不同,配药也就不同,这与中医十分相似。显然,与西医标准化相比,中医和青草药都更讲究个性化。

(三)食用价值

青草药除了作为药用外,它在日常生活中常以食材出现。很多青草药都可当成日常菜类来食用,更常见的是几乎每家每户泡茶的时候都放入一两味青草药。家里熬汤、炖猪蹄,煮牛肉、鸡肉、鸭肉等都要放一些青草药。村民 WJZ 说:"当地人会在很多食物里放一些草药,尤其熬汤时一般都放上一些。比如熬骨头汤时放田七,煮猪小肠时放生地。"他解释说,一些肉有很大的腥味,放入一些青草药,可以去腥,更好吃。日常中也会根据个人的身体情况在食物里放青草药。当地天气比较热,泡茶时就会在茶里面放一些祛湿、防中暑的药材;感觉有些上火,煮食物时会放祛除火气的草药;身上有些发痒,就放一些能止痒的药。② 村民 WSM 说:平时熬汤都用到青草药,煮猪蹄、鸡鸭也都会使用。有时候自己去山上采摘,有时候去药店买。不同食物的配药不一样,煮猪蹄、牛蹄的草药,与煮鸡鸭的草药不一样,煮鸡鸭的药材一般要清淡一点。③ 当地村民认为,当这些青草药放入炖汤时,就把它们当作食材,而不是药材。

笔者在 XYS 青草药店观察发现,早晨 8 点多,陆续就有村民来店购买青草药,XYS 和妻子忙碌地用纸包装着青草药。XYS 会根据不同人的需求,比如要和什么食物煮、有多少人吃等等,将青草药分成不同的包装。XYS 告诉笔者,店里药材分别包装有三两、四两、五两,如果是"两三斤肉就放小包,五六斤就放大包,也就是五两左右。这种调料一共有 13 种草药,每一包只是量不一样,其他都是一样"。XYS 介绍道,青草药与食物的煮法是"第一遍拿青草药去熬半个小时,把汤倒出来,第二遍再熬半个小时,两遍煮好的汤拿去炖猪脚、牛蹄就可以。汤和肉一起熬,把肉熬熟就可以吃了"。④

---

① 访谈对象:LZS,访谈者:黄祥深、蒙祖娟、潘宏特,时间:2022 年 7 月 7 日,地点:东旭街。

② 访谈对象:WJZ,访谈者:蒙祖娟、潘宏特,时间:2022 年 7 月 8 日,地点:桂林村村委会。

③ 访谈对象:WSM,访谈者:蒙祖娟、潘宏特,时间:2022 年 7 月 28 日,地点:WSM 家。

④ 访谈对象:XYS,访谈者:潘宏特、蒙祖娟,时间:2022 年 7 月 20 日,地点:东旭街。

笔者一行也感受到了这种饮食习惯。帮笔者一行提供餐食的阿姨便习惯在汤里放入一些青草药。每天早晨她还会将晒干的木姜子（当地人称之"臭子"）熬出汤，为笔者一行预防中暑与解暑，促进消化，我们感觉效果尚佳。笔者也将青草店老板送的青草药和猪肉一起煮，吃起来口感也很好。

图 5-33　XYS 青草药店　蒙祖娟摄

桂林村村民将青草药和食物合理搭配的习惯十分普遍，以致部分村民离开桂林村后，也时常要买一些青草药带走，在日常食物中加上几味青草药。LYS 告诉笔者，他的青草药不仅在当地销售，也销往上海、厦门、福州等地。因为在这些地方做生意的村民较多，尤其在上海有很多穆阳人长期居住，常通过快递物流寄运青草药。[①] 这是一种饮食习惯，也是一种情怀。虽然村民使用青草药最直接的目的是用来调味，使食物更加可口，但间接上也起到了预防和治疗一些疾病的作用。

三、青草药与村民健康

青草药就是一种新鲜植物药材，可当作药材，亦可当作食物。民间青草药食疗方是地地道道在民间流传，以青草药为主，用以养生健体、防病治病的一种行之有效的食疗方法。[②] 村民普遍使用青草药且青草药能够流传甚久，主要有以下三方面因素。

（一）优越的自然环境孕育丰富的青草药

桂林村地处亚热带，降水丰沛，光照充足，附近有白云山、笔架山、王土岗、高山、长湾山等大山。优越的地貌、气候、水文条件造就了丰富的生物资源，使该区域内生长着种类繁多的蕨类、裸子、被子植物。良好的自然条件

---

① 访谈对象：LYS，访谈者：黄祥深、蒙祖娟、潘宏特，时间：2022 年 7 月 7 日，地点：东旭街。

② 宋纬文：《刍议民间青草药食疗方的特点》，《中国民族民间医药杂志》2002 年第 3 期，第 138～139 页。

为桂林村提供了天然的青草药。正如 LYS 说:"采药主要是在附近山上,去大山里面,挖回来然后自己加工,也会从附近地市买回来。"[①]因为外地青草药相对于本地的更加便宜,所以如今桂林的青草药多是从福建三明、龙岩、南平等地运来。

(二)医疗条件限制和长期的饮食习惯

桂林村村民在历史发展过程中,由于从中原到福建的长时间迁徙,医药不足,医疗条件十分有限,这促使村民不得不依靠有限的资源来维持身体健康。在长期与疾病作斗争的过程中积累了经验,逐渐归纳总结出了各类青草药的性味与作用,逐步应用于当地常见的疾病防治,在演变中形成了具有地方性特征的"药食兼用"治疗文化。

(三)世代相传的传承体系

笔者在对青草药店医生访谈时发现,这些医生的祖辈都是行医,从小受到家庭氛围的熏陶,也逐渐掌握了青草药知识,并将经验总结成文字。LYS在长期经营青草药店的同时,也编撰了一些青草药书籍。他告诉笔者,他家祖传有一本记载青草药药性的书,现在自己又写了一本歌诀,以便后人使

图 5-34　手写的药方　蒙祖娟摄

用,这是秘方,一本药性,一本药方。LYS 本人共撰有 80 种验方,主要是根据中医的阴、阳、表、里、寒、热、虚、实等八纲来编写,每种验方都写了什么病要配什么药。[②] 笔者择录一二于下。

1.表证:

所谓表证者,脉浮舌苔白薄或无苔,外证有恶发热鼻塞咳嗽头身等

---

① 访谈对象:LYS,访谈者:黄祥深、蒙祖娟、潘宏特,时间:2022 年 7 月 7 日,地点:东旭街。

② 访谈对象:LYS,访谈者:黄祥深、蒙祖娟、潘宏特,时间:2022 年 7 月 7 日,地点:东旭街。

痛,此间尚有表寒、表热、表(虚)、表实之分。表实者,脉有力,而热不解者,麻根汤,蒲芦儿汤可解,乃表证方剂,应用之概也。表证之一方如下:

适应证:头身痛发散风寒(表证方)。

药方:落莎叶、紫苏叶、玉叶金花、蛇莓草,等等。

部分歌诀:六口菊香附会,风香头痛用此多。

2.阴证:

阴与阳是对立统一的,也是八纲辨证中的两纲,它可代表其六纲来划分阴证和阳证,如实证、热证,实证为阳,里证、虚证为阴。此外耳鸣、咽干、头晕目眩以及亡阴、亡阳等证。

仙桃石蕨汤适应证:阴虚阳浮滋阴降火(阴证方)。

药方:石仙桃,明石蕨,白茅根,等等。

部分歌诀:天冬五味茅根合,滋阴降火此方好。

青草药知识是一种独特的地方性知识,具有悠久的传承。村民在长期的使用过程中,已经累积了较为系统的青草药使用方法,有着较为固定的使用对象。青草药知识是民间的智慧,也是显著的地方特色文化。

第六章

信仰生活

桂林村村民主要信仰佛教和道教,极少数村民信仰天主教。佛教在村内具有广泛的信仰基础;道教是中国本土宗教,村民信众较多。晚清时期,天主教传入桂林村,并逐渐对部分村民产生影响,目前村内信众较少。除此之外,村民对地方神、祖先、鬼神的信仰崇拜也很突出。本书将祖先崇拜放在第四章叙述,本章主要展示村民对神灵的信仰,集中呈现村民日常生活与宗教、民间信仰的关系。

神灵观念影响着桂林村村民的日常生活和社会文化。在村民的世界观中,存在着超越现实的神灵世界,这个世界高于现实世界,也关联着现实世界,从而对现实世界产生深刻影响。村民的信仰实践包括个人层面和集体层面:在个人层面,村民对于涉及神灵的活动非常重视,每家每户都会定期在家拜神,或前往宗教场所上香拜神。在集体层面,奉献给神灵的供品和祭拜流程有严格的规定,整个乡村十分重视与信仰有关的民俗活动,如修建宫庙、游神等。显然,桂林村村民信仰体系十分复杂,对维护地方社会文化秩序起着重要的作用。

第一节 多元的信仰体系

神灵是信仰的核心组成部分,它存在于一定民族或地域的文化传统中。桂林村村民的信仰主要有两部分,一是广泛存在的民间信仰,有着对应的信仰活动场所,主要有十宫和一庙。十宫指林公忠平侯王宫、奶娘宫(临水宝殿)、天后宫、齐天大圣宫、黄三相公宫、五显宫(华光宝殿)、虎马将军宫、福德正神宫(土地祠)、连谢法祖宫、谢元帅宫;一庙指马仙庙。二是以道教、佛教为主的制度性宗教信仰,信仰场所如普济寺、万佛寺、新枫禅寺、龙鸣庵、净光寺,寺里供奉着释迦牟尼佛、药师佛、地藏王菩萨、观音菩萨等;还有清泉洞道观，它主要作为道教的活动场所。

一、世俗宫庙

桂林村的宫庙是村民信仰活动的最主要场所，其信仰对象多属于民间信仰范畴。桂林村内的 10 个宫体现了村民最具特色的信仰。

（一）林公忠平侯王宫

林公忠平侯王宫，俗称林公大王宫，位于百岁街附近。林公大王原名林亘，生于南宋庆元三年（1197）。传说他威猛善战，能够除兽安民，宋淳祐年间，闽东地区野猪泛滥成灾，林亘驱逐野猪收效显著，远近村民奔走称颂。传说林公精通医理，治病救人，积善好施，被当地民众称为"医神"。^① 到明代，明宪宗敕封林公为"杉洋感应林公忠平侯王"，从此林公大王成了闽东一带家喻户晓的保护神，闽东各地纷纷建造供奉他的宫庙。桂林村林公大王宫始建于明朝初年，清雍正十一年（1733）六月二十九日被大风毁坏，随即村民组织修缮，清乾隆二十五年（1760）再次修缮。民国十一年（1922），因台风洪灾，宫体被毁，村民再次重建，延续至今。

村民对林公的认识和塑造体现在林公宫的陈设中。宫庙形制精致，宫的外围由四面墙构成，大门上方有两层重檐，进门之后有一方小院，里面的正厅也有两层的重檐。在村民看来，这是林公常在的场所，其形制彰显了林公的地位和威望。进门右边写着一副对联，上联

图 6-1　桂林村林公忠平侯王宫　刘琥摄

"自古杉洋昭感应"，下联"而今本境接神恩"。从神像的塑造来看，林公身着铠甲，身形魁梧，呈端坐的武将形象，这便是林公在村民心目中的形象。

---

① 访谈对象：WMH，访谈人：刘琥，时间：2022 年 7 月 26 日，地点：桂林村王氏祠堂。

在村民心中,林公掌管整个村落,"相当于村里的支书,事情无论大小,有什么愿望都可以向他祈求"。[①] 在初一和十五日,前来宫里给林公上香的村民络绎不绝。每年正月组织村民去迎请林公香火时,村民都积极报名,前往的人远多于迎请其他神灵的队伍。在没有汽车等交通工具时,迎神队伍走路前往杉洋,路上要走一天,但是大家都不觉得累,反而觉得这是一件很光荣的事情,能积累福气。[②] 每年游神的时候,村民还会组成手拿神铳的方阵,既是为了纪念林公,也是表达驱除邪祟的愿望,祈祷村落平安。

村民认为村落之所以能得以平安,是因为"我们每年都会去请林公,所以村里一直平平安安,没有坏事发生"。[③] 在村民看来,村落平安、社会安定,正是由于林公的保佑,因此村民对林公极为尊崇,不断传颂他的事迹,向他敬香献礼,表示崇拜。向林公敬香时,要点好蜡烛、香,在林公面前虔诚地默念心里的愿望,或者小声地和林公说话,告诉林公自己的基本信息和困难,让神灵知道自己的想法。村民认为,"我们经常和神仙说话,他就会记住我们,保佑我们"。[④] 可见在村民心目中,神灵不仅真实存在,也能亲近人,和人打交道。

(二)临水宝殿

临水宝殿,俗称奶娘宫,供奉临水夫人陈靖姑。关于其生平事迹,最早记载于元末张以宁的《古田县临水顺懿庙记》。唐大历二年(767),陈靖姑生于福州市仓山区下渡十锦祠的一家农户,幼年时曾在闽江古渡龙潭角的闾山大法院学习道家法术。18岁时嫁到古田县临水村(今大桥镇)刘姓人家为妻。婚后在闽江上下游各地除妖镇邪、扶危解厄、保胎救产、送子护童,闻名遐迩。唐贞元六年(790),闽省大旱,她不顾身怀六甲,奋力祈雨抗旱。不久,果然天降甘霖,万众欢腾。然而,过度劳累的她,却因此受了风寒,动了胎气,难产而殁。此后,其"英灵著于八闽,施及于朔南",[⑤]人们感其恩德,在闽东、浙南、台湾乃至南洋等地陆续建起数以千计的临水宫加以祭拜。历

---

① 访谈对象:WSC,访谈人:刘琥,时间:2022年7月29日,地点:林公忠平侯王宫。
② 访谈对象:WMH,访谈人:刘琥,时间:2022年7月26日,地点:林公忠平侯王宫。
③ 访谈对象:WSC,访谈人:刘琥,时间:2022年7月29日,地点:林公忠平侯王宫。
④ 访谈对象:WSC,访谈人:刘琥,时间:2022年7月29日,地点:林公忠平侯王宫。
⑤ 林炳钊主编:《闽都女神陈靖姑》,福州市仓山区旅游事业局、福州龙潭角陈靖姑祈雨处编印,2004年,第89页。

代帝王也不断对她加封，其封号由"夫人""太后"一直上升到了"天仙圣母""顺天圣母"。①

图 6-2　桂林村临水宝殿　刘琥摄

桂林村的临水宝殿（奶娘宫）位于福源路，离穆阳溪只有 70 米，始建于明正德年间，清嘉庆十一年（1806）、民国十二年（1923）两次重修。奶娘宫内存放一方清嘉庆年间的断碑，碑文记录了村民买地收租捐给奶娘宫的情况。

本宫起自明正德，奉祀太后元君，延今三百余载……至乾隆辛丑春，董事十八人各捐钱一千，并内外题捐钱文，躬诣临水，捧通宝箓到宫奉祀，除动用外，钱文不敷。厥起董事内议照上中下另外补捐，清理数目，反余钱三千，在宫生息积贮。现今置有宫田二号，共租二十秤大，更附乾隆三十三年董事王允鉴万斤，亦照钦祥、钦后孝女，积置有尝田，金号租十二秤大，俱经粮割契税，并可为本宫世守，仍置本田，历年收租。董事内取钱三千二百文与醮首使用，免致一乡沿门题捐。兹将积置田并勒之贞珉，以垂永久，惟顾后之人增溢蒸尝，同济公务，共垂不朽云尔。计开宫田三号，俱本地方，今将董事姓名并补捐银数开后。

一田喊口，载租八秤，□□□一两正，王步月七钱正，王爱辰四

---

① 张天禄主编：《福州人名志》，福州：海潮摄影艺术出版社，2007 年，第 232 页。

钱正；

一田垄渚,中租二十秤大,王开极一两正,王殿锐六钱正,王鸿仁三钱天；

一田庄基,租十二秤大,王殿棣一两正,王启伟五钱正,王殿梓三钱天；

□米在王临水干,庠生王殿飓一两正,王兆金五钱正,王祚允三钱正；

奶首王亦照、林祈城八钱正,王殿理五钱正,王殿珍三钱正；

庠生林方秀七钱正,王殿卫五钱正,王兆镜三百文。

嘉庆十一年岁丙寅季春三月　日吉旦立

从碑文中可见,奶娘宫深得村民信赖,大量的土地和钱财捐献给临水宫,确保临水宫醮首每年有固定的收入用于做醮仪式。

2020年,村民集资90余万元将奶娘宫修缮一新。此次重修在《重建临水宫碑记》中有记载:

临水行祠,位本村南隅,坐北朝南,大明正德十四年始创,历代修缮,香火不断,历年正月十八日建醮。神名陈靖姑,安良除暴,扶危救难,乡人求嗣,祷之多应,一境以安。惟清末覆舟,神不能制,溺毙一十三人,实为痛心。识者云濑尾巨波掀船,乃妖龟锁镇水口。遂钉八卦图于行祠门前地面,复修石路如箭状,扣弦而指龟首,妖异遂灭。其后间或覆舟,人得无恙。民国以降,鲜有修缮,历经风雨侵蚀,墙圮梁坏。己亥年,信众佥谋重建以妥神灵,既而鸠工庀材,以新庙貌,凡正殿、廊庑、藻井等,俱仿旧式,惟门头依旧。衰朽之后,焕然改观。此役始于己亥年七月,毕于庚子年八月。

中华人民共和国二○二○年岁次庚子八月

全体信众同立[①]

新修后的临水宫殿为土木结构,占地面积约236.42平方米,坐北向南,通面阔10.91米,通进深21.67米。宝殿门口立两只石狮子,宫内部供奉着陈、林、李三位夫人的神像。传说陈靖姑与林九娘、李三娘义结金兰,并一起赴闾山学法,后来也一起得道成仙,因此三位同时受到村民的供奉。陈靖姑

---

① 桂林村临水宝殿的墙上嵌有《重建临水宫碑记》,上面记载着村民重建临水宝殿的事迹。

负责保佑村民生育，林、李夫人保佑小孩健康成长、免受瘟病。奶娘神像前有武星神像，武星手拿龙角和法器，据说武星"是求雨的，跟他许愿，如果武星应允村民的愿望，他就会去江中或者海上求雨"，[①]手上的龙角是将村民的祈祷传达给天庭的媒介，每逢干旱，村民就会向武星许愿。

奶娘宫是桂林村内保存较为完好的宫庙，是村民重要的信仰活动场所，每月初一、十五日香火不断，正月十三日前来拜神的村民更是络绎不绝。桂林村旧时以农耕为主，人们崇尚多子多福，故奶娘在村民心中具有崇高地位。奶娘的地位和功能在宫庙陈设中也有所体现。三位奶娘像端坐殿中，服饰华丽，形象兼具慈善与威严。神像旁边放着信徒送来的鞋子。村民如果求子，可以从神像前请一双鞋子回家，放到家里的箱底，以求奶娘保佑，在愿望实现之后，要买一双新鞋子前来还愿。奶娘神像上还挂有用香扎成的"弓箭"。据奶娘宫管理人 WAS 介绍，"有的小孩出生的时候，命中八字会带有'弓箭'，家长就会把先生请来这里，先生把'弓箭'挂上去，就可以去掉小孩八字里面的'弓箭'"。这里所说的"弓箭"是人们认为有的小孩命里有"关"，即在成年之前可能遇到劫难，需要向奶娘祈求保佑，以求帮小孩"度过"可能出现的劫难。

宫内两边共有 36 位婆神，每位都带着数量和形态各异的小孩。她们是协助奶娘夫人保佑妇女儿童、驱邪解疫的神灵，凡护婴佑童等一应琐事，陈夫人多交由 36 位婆神去办。村民想要生育小孩，就到婆神面前，如果看到心仪的孩子形象，就拿红线将自己和那个小孩形象连起来，然后许愿，以祈求婆神保佑自己得子。

奶娘宫的拱顶上绘制了陈靖姑的事迹，分别展示陈靖姑闾山学法、河边救人、宫中斩白蛇、海上祈雨的场景。神像两侧柱子书有对联，上联"法流东海三千界"，下联"恩济南海百万家"，反映了在村民心中奶娘法力无边、庇佑万民的形象。正殿外柱子上也有对联，上联"供圣喜生安乐子"，下联"奉神祈保寿男儿"，反映了奶娘主管生育、满足人们生子愿望的功能。

奶娘作为保佑人们生育和小孩成长的神灵，参与村民的许多人生礼仪，也受到村民的尊崇。为了保佑孩子的健康成长，拜奶娘神几乎是每个村民都会做的一件大事。桂林村村民认为奶娘会保佑小孩成长，因此有村民会给小孩名字的第二个字取"奶"字，以此表示将小孩托付给奶娘，让小孩获得

---

① 访谈对象：WAS，访谈人：刘琥，时间：2022 年 7 月 9 日，地点：WAS 家。

保佑。

村民往往向奶娘求子佑孩、保佑小孩学步、过"关煞",许多村民对于拜神过程仍记忆犹新。桂林村一妇女 ZCC 分享了自己拜奶娘神的经历。她说:

> 我大儿子在 16 岁的时候,我就去奶娘宫敬神,感谢奶娘的保佑,也祈求家人平安。到宫后先摆蛋酒,放两三碗双荷包鸭蛋、六盘菜、茶、酒、一只鸡,还要放五种水果。东西摆好后,点蜡烛、点香,先从中间的香炉开始拜,再拜左右的香炉,再拜外面的香炉,每个香炉都插上三支香,剩下的都插在大香炉,然后就烧元宝、放炮。做完这些之后,要跪在奶娘像前,跟奶娘说"感谢奶娘保佑小孩长大",还要告诉小孩的基本信息,如小孩的名字、家在哪里,以及保佑小孩以后读书顺利和家人今后平安的愿望。我不会说这些,就请法师替我跟奶娘说。他还写了一篇还愿文疏,嘴里念念有词,把文疏和元宝一起烧给奶娘。等法师说完之后我们就在庙里看一看,或者到周围逛逛,等香点到一半左右就可以离开,离开的时候要点个炮,告诉奶娘要离开了。[1]

因奶娘神掌管生育,小孩出生之前和出生之后都要跟奶娘许愿。她告诉笔者许愿的经过:

> 许愿求子是在我们结婚之后的第二年正月,流程和十六岁还愿一模一样。我们许愿时法师会写一个许愿文疏,和元宝一起烧。法师和奶娘说完话之后,会扔筊杯看奶娘是否答应,要扔三次,两次一正一反,一次两个都是正面,就算许愿成功。小孩满十二个月的时候,我去奶娘宫求过红色的鞋子,当时我小孩学走路了,求鞋子让奶娘保佑他学走路更快,求鞋子的日子一般是在那个月的初一或者十五日。去的时候买一双鞋放在宫里,然后把红色鞋子拿回来,用刀在鞋子中间的绳子上割一下,示意一下就好,表示切断牵着小孩走路的绳子,这样他学走路就快。求鞋子的时候也是先点蜡烛,摆茶、酒、蛋酒、六菜五果,摆好之后点香拜神,接着放炮,然后跟奶娘求鞋子,等香烧到一半,再放炮,告诉奶娘自己要离开了。也可以跟奶娘求小孩学说话,过程和这些都是一样的。[2]

---

① 访谈对象:ZCC,访谈人:刘琥,时间:2022 年 7 月 23 日,地点:ZCC 家。
② 访谈对象:ZCC,访谈人:刘琥,时间:2022 年 7 月 23 日,地点:ZCC 家。

ZCC 认为，她儿子命里带"弓箭"，即存在劫难，所以需要在奶娘的保佑下度过，于是在奶娘宫做了仪式。

　　我的小孩命里带"弓箭"，意思是命格带关，所以要去奶娘宫找法师作法，祈求奶娘保佑过关。找法师要给红包，作法过程和前面许愿的流程一样，保佑过关的话是由法师和奶娘说。法师做完之后，会用红纸做几个纸人，让我们回去挂在小孩睡觉的地方。在小孩长大之前，我们的衣服和小孩的要分开洗。找法师要定日子，都是十几个家长一起，法师会给这些小孩一个一个作完法，然后带着我们在附近的几个村走一下，父母等长辈们会抱着孩子跟着。法师帮我们作完法之后，就让我们去找命格大的人认我们的小孩作干儿子。命格大就是说命比较好的人，这些人都是大老板、当官的人或者教书的人，小孩去认干爹的时候，要给他干爹送一只猪蹄，干爹会给小孩取个名字，找普通人认干爹是没有用的，因为普通人命格不大。每年要给干爹送东西，一直送到十六岁，等小孩平安长大就不用送了，小孩的干爹也会送衣服和其他小孩用的东西给我们家。[1]

村民认为奶娘具有保佑小孩的神力，这既是一种客观需求，也是一种美好的寄托。在传统社会，宗族对子孙繁衍、人丁兴旺的追求，导致人们普遍对于掌管生育的神灵怀有更强烈的敬畏，也是在医疗条件有限的情况下，村民对于小孩健康成长的期盼。

（三）天后宫

天后宫供奉天后妈祖。妈祖，原名林默，诞于宋太祖建隆元年（960）农历三月二十三日，宋太宗雍熙四年（987）九月初九日升天。林默历宋、元、明、清四个朝代 36 次册封，封号众多。妈祖信仰流行于中国沿海地区，是沿海居民的重要保护神，每年农历三月二十三日为妈祖诞辰日，村民都要举行祭祀庆典。

桂林村位于穆水之滨，水运发达，古时村民都有前往官井洋讨海（捕黄瓜鱼）的习俗。桂林村附近的三个渡口是村民务农、经商、出村办事的必经之地，出于行船安全的需要，村民需要妈祖神灵的护佑。来天后宫拜神的信众多是求妈祖保佑生意、家庭平安，以及出门在外的行驶安全。妈祖本为保

---

[1]　访谈对象：ZCC，访谈人：刘琥，时间：2022 年 7 月 23 日，地点：ZCC 家。

佑海上航行安全的神灵,而出海的人也有许多是商人,因此妈祖也被人们赋予了保佑生意兴隆的功能。随着时代的发展,妈祖的护佑范围从航海扩展到包括开车行船等出行安全。

桂林天后宫位于秀溪自然村寨边岗尾小穆溪古桥渡边,坐东北朝西南,始建年代不详,清道光十七年(1837)有过修缮,民国十一年(1922)因洪水而毁,20世纪90年代重修。

图6-3　天后宫正门和内部　刘琥摄

天后宫外面设有大香炉、插蜡烛的架子和烧元宝的炉子。天后宫正门上房檐下嵌着"中流砥柱"四个大字,在内侧则嵌着"海上福星"字样,大门左右分别立着秦叔宝和尉迟恭像。因为有专人管理天后宫,宫内常备有香、元宝、蜡烛,也有供桌、跪垫、神像等敬神用的物品。妈祖的神像位于中间,手执如意,身着华服,呈端庄慈爱的天后形象,左右各有两位侍从,神像上方挂着一面金黄色的锦旗,上书"天上圣母恩泽四海",以示其保佑万民的仁慈。妈祖像的左边是文昌帝君,身着文官服饰端坐,右手捧如意,此形象意在体现其保佑村民读书顺利、考试通过的功能。妈祖像的右边是土地公和土地婆,他们形象亲切和蔼,和普通人相似,体现了在村民心目中,土地和人们关系密切,土地公手拿元宝,象征着财富来源于土地的观念,因此土地神在人们心目中能保佑人们发财致富。四位神像的设置分别代表了村民祈求平安、事业和财运的愿望。

天后宫内左右两边墙上挂满了"有求必应"的锦旗,这些锦旗表达了村民对妈祖显灵的感激之情,也有数十面锦旗是送给文昌帝君的。宫内还放着一顶轿子,轿子里安放着妈祖的木制神像,"这是神仙的软身,可以动,是游神的时候用来穿衣服的，大的神像叫神的硬身，小的叫神的软身"。① 迎请妈祖香火的八角亭放在天后宫第二层的仓库，八角亭有两层屋檐，共八个角，里面是妈祖神位。八角亭形似小型神龛，里面并未供奉神像，而是设有一个香炉，用于请妈祖香火时盛放木炭或桐油渣。② 八角亭里面贴着一张红纸，写着"有求必应"，左边书"巡海将军敕封扶国天仙圣母妈祖娘娘神"，右边书"定浪童郎""金莲宝座"。随从妈祖的两位神仙也协助妈祖保佑海上平安，故房檐上的"中流砥柱"和"海上福星"都与航海有关。

每年前来天后宫请愿、还愿的人络绎不绝，不仅有桂林村村民，还有一些在福安市、上海市、江苏省等地务工经商的信众。他们将写有"祈求保佑、财丁两旺、生意兴隆"的蜡烛和感谢神仙显灵的锦旗供在天后宫，表达对神灵保佑的祈愿和感激之情，以彰显天后宫神灵的灵验。

天后宫的请愿、还愿仪式和其他宫大致相同，宫中法师曾在道观受过训练，其主持的仪式更加规范。他介绍了天后宫的仪式：

> 在许愿之前要先摆蜡烛、果、酒等，摆好之后点香，点香是从里往外，拜过各个香炉之后，将香插在大香炉里。等点完一炷香之后，法师会写请愿文疏，让许愿者手拿三炷香，跪在供桌前，然后法师会读文疏，帮许愿者将愿望传达给神灵。文疏中列出多段愿望，每段分别涉及生意、家庭、在外安全等，法师每读完一段愿望都要抛掷筊杯，判断神仙是否应允，法师读完愿望之后将文书包好，作为文疏的信封，封面会根据许愿者的许愿对象写上相应神仙的名字，封面上还有法师的法名，并盖着三个太上老君印。随后法师会在装好的文疏下面放一张元宝纸，一起烧掉。在文疏烧完后，法师会说，神仙从哪里来就回哪里去，将神仙请走。还愿的时候需要写一张还愿文疏，待法师读完之后将文疏直接和元宝一起烧掉，不需要问杯。还愿要用三牲福礼：豆干、肉、蛋、鱼等，如果还愿的人吃素，那就用菜，许愿许下的是菜就还菜，许下的是三牲福礼就还三牲福礼。③

许愿文疏和还愿文疏的功能不同，因此格式和内容也不同。许愿文疏用于请求保佑，上面写着"神功有感呼而必应，三力无边叩之则灵，今据为福

---

① 访谈对象：LFD，访谈人：刘琥，时间：2022 年 7 月 20 日，地点：天后宫。
② 访谈对象：WSX，访谈人：刘琥，时间：2022 年 7 月 5 日，地点：桂林村王氏祠堂。
③ 访谈对象：LFD，访谈人：刘琥，时间：2022 年 7 月 20 日，地点：天后宫。

图 6-4　天后宫许愿文疏　刘琥摄

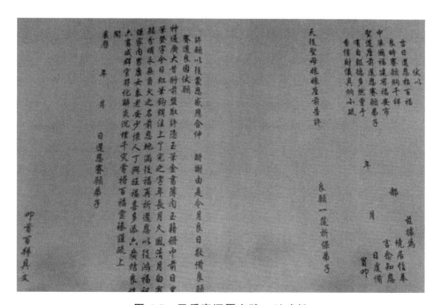

图 6-5　天后宫还愿文疏　刘琥摄

建省福安市某都某境居住,奉圣道座前急告恳求保安弟子"等句子。这些内容旨在向神仙传达许愿者的愿望，同时将许愿者的情况告知神仙，以求神仙保佑。还愿文疏用于许愿之后的还愿仪式，上面写着"吉日还恩招百福，良时赛愿纳千祥。兹据为福建省福安市某都某境居住，奉圣道座前还恩赛愿弟子，言念知恩有自，报德多然。曾于某年某月某日，虔备香信财仪，具纳小疏"等，向神仙表达还愿者对神仙保佑的感谢之情和前来"还恩"的目的，并提供了还愿者的具体信息，让神灵知晓还愿者是上次前来许愿的信众。

许愿和还愿有一整套仪式，无论神仙是否保佑人们达成愿望，只要许过愿，就必须还愿。以文昌帝君为例，"许考试的愿望，在考完之后就要还愿，不管有没有考上都要还，和求人办事一样，不管对方有没有办成，都要表示感谢，这就像人情世故"。[①]

正月去湄洲岛请妈祖香火之前，要做一个道场。如有三四个法师在场，有一个法师会负责问杯。村民依次走上前来问杯，若筊杯显示九圣一阳，则意味着该村民被妈祖选中，选中之人不分男女，都要挑着"八角亭"去请香火。请妈祖香火回来时候也要做道场。法师会先摆好菜、蜡烛、茶酒等，然后点香，点燃的香烟雾飘到天上，预示着上天感应。随后法师会根据经文念念有词，因为妈祖此时可能在其他地方，所以需要推算她所在的位置，根据她所在的位置念诵经文将她迎请回来，然后点元宝和文书，将愿传达给她。随后法师进行问杯，如果问杯结果是三圣一阳，那就说明神灵降临了，然后点燃鞭炮。道场的三四个法师需唱经文，每个人各司其职，做完之后休息。

村民 WYX 和 WSQ 是一对夫妻，他们住在天后宫旁边，信仰妈祖、文昌帝君，也非常重视这两位神灵相关的活动。这对夫妇讲述了他们对妈祖保佑的认识。WSQ 说："许愿的时候要请妈祖保佑家里人平安，这一年如果好了，就会用什么祭拜她。不管结果好不好都要拜，感谢一下。如果不是自己想要的结果，那就是自己运气不好，不怪妈祖。妈祖她要保佑那么多人，有时候管不过来，难免会漏掉。"[②]WYX 经常向主管考试的文昌帝君许愿，求神灵保佑村里学生考试顺利。她说："这边流传着一个传说，以前有个人很笨，他在考试之前向文昌帝君许愿，后面就考上了进士，大家都说是他家做好事，得到了神仙的保佑。以前有个学生，是我从小带到大的，他爸妈一个在内蒙古工作，一个在新疆工作，就把他寄养到我这里。每次考试之前我

---

① 访谈对象：WMH，访谈人：刘琥，时间：2022 年 7 月 20 日，地点：天后宫。
② 访谈对象：WSQ，访谈人：刘琥，时间：2022 年 7 月 28 日，地点：WSQ 家。

都向文昌帝君许愿,所以他每次考试都是 500 多分。今年快高考了,因为这个时期很关键,责任重大,我也不敢承担这个责任,所以让他妈妈过来带他读书,我还嘱托他妈妈回去一定要拿香和蜡烛去跟文昌帝君许愿,但是他妈妈没去,这次高考才考 470 多分。"①

天后宫的妈祖从海边来到这里,她的职能也从保佑航海安全到保佑出行、行车安全,甚至可以保佑生意兴隆、考学顺利,显见神灵职能随着人们的需求而不断扩展延伸。

(四)齐天大圣宫

齐天大圣宫位于桂林大桥下方,坐东北朝西南,宫外是桂林老渡口。大圣宫建造于 20 世纪 90 年代初,在修建前曾流传着一个故事。1987 年,桂林村修建桂林大桥,"在修桥时一根木梁发生异响,村民害怕出事,当夜男男女女在工地跪求神仙保佑。后来就从康厝牛石坂请了大圣过来,祈求齐天大圣神威护佑平安"。② 后来大桥顺利竣工,无一人伤亡,村民都认为是大圣显灵的缘故,广大信众遂捐资献财,建造了大圣宫来供奉齐天大圣。正因为这个故事发生的时间离现在很近,且很多村民都参与了大桥修建,所以大圣宫的香火十分旺盛。

大圣宫正面有一面墙作为正殿的屏障,人们认为宫庙的大门正对的地方,风水会受到影响,故建此墙来遮挡。墙上写着"蟠桃果熟三千岁,大地人歌万户春"。"蟠桃"暗示本宫是齐天大圣所在的宫殿,寓意源于齐天大圣孙悟空上天

图 6-6　齐天大圣宫　刘琥摄

---

① 访谈对象:WYX,访谈人:刘琥,时间:2022 年 7 月 28 日,地点:WYX 家。
② 访谈对象:WCS,访谈人:刘琥,时间:2022 年 7 月 25 日,地点:桂林村王氏祠堂。

摘取蟠桃的故事。正殿放着一个大香炉和两个小香炉，以及一个用来烧元宝的大炉子。正殿里面设有供桌、供台、功德箱、香炉、铁架、鼓等。正殿内左右的墙上都嵌着记录村民捐款的石碑。齐天大圣的塑像居中，身着朝服，呈端坐状，其正前方有一尊小的拿金箍棒远眺的大圣像，其左右两边是身穿盔甲、手拿金箍棒的大圣像，分别呈现了大圣作为天庭所封的齐天大圣、作为镇守一方的美猴王和作为降妖除魔的孙悟空时的不同姿态。三种形象来源于大圣神话传说的不同事迹。真武大帝的塑像设在大圣左边，其左手拿剑、右手捏诀，披头散发呈端坐状。真武大帝是道教的神仙，其形象源于其在道教中的传说，也体现了荡除妖魔邪祟的职能。文昌帝君的塑像在大圣右边，身着朝服，手拿书卷和毛笔，呈现端坐状，体现了其主管读书考试的职能。大圣神像前写着一副对联，上联"敢上天庭巧摘仙桃祈永寿"，下联"常开火眼高擎金棒保升安"，柱子上挂着还愿用的锦旗，有的送给齐天大圣，有的送给文昌帝君。

大圣在村民心中能够驱除邪祟、保佑平安，也能保佑读书和考试。驱邪的功能在宫庙设置中以对联"常开火眼高擎金棒保升安"和作降妖除魔状的大圣形象体现出来。大圣有历经九九八十一难降妖除魔的事迹，真武大帝具有驱除邪魔的形象，村民遇到疾病会认为是邪气作祟，而大圣和真武大帝都是擅长驱邪的神仙，因此会到本宫请求大圣和真武大帝驱邪。每年正月游神大圣第一个出场，这是因村民相信大圣能够驱邪，"他相当于开道的武将"。[1] 每个神仙都有保佑平安的功能，大圣的保佑功能尤其受到村民推崇，这和其曾保佑村民成功修建桂林大桥有很大关系，也和大圣在村民心中活泼、亲民的形象有关。许多村民更愿意向大圣许愿，不仅因为大圣神通广大，也因为"他比较好说话"。[2]

保佑读书和考试顺利通常是文昌帝君的职能，大圣宫的文昌帝君主管功名，因此要参加考试的人会到文昌帝君神像前许愿。许愿之人要告诉文昌帝君自己考试的信息，并将信息写在红纸上呈放于神像前面。笔者调查时，文昌帝君像的前面放着数十张写有考生信息的红纸，请求神灵保佑，以求在中高考、公务员考试、技术等级考试中获得佳绩。红纸上还会详细写着考生的名字、考场号、座位号、考试时间、考试科目等，可见信众对其笃信程

---

① 访谈对象：WXX，访谈人：刘琥，时间：2022 年 7 月 24 日，地点：桂林村王氏祠堂。
② 访谈对象：WXW，访谈人：刘琥，时间：2022 年 7 月 25 日，地点：WXW 家。

度。和天后宫一样，大圣宫也有一位法师负责宫内的仪式和其他事务的打理。

做仪式时，法师需要帮许愿的人写许愿文疏。法师先在文疏上写"玉封齐天大圣王师傅本宫土主地头师公诸位"。如果求文昌帝君保佑，则写"敕封文昌帝君本宫土主地头师公诸位"；如果求真武大帝保佑，则写"玉封真武大帝本宫土主地头师公诸位"。每个宫的文疏格式都是相同的。文疏写好之后，开始摆敬神用的物品以向神仙许愿。信众要依次摆放好五果、菜品和蜡烛等，然后将元宝和香一起拿着向神仙拜三下，点燃香之后开始许愿。信众许愿时有两种手势，一种是双手拿香，另一种是用道教双手抱拳的行礼手势，手上不需要拿香。法师在信众许愿时，要将写好的文疏和元宝纸一起点燃，以将文疏的内容、许愿者的详细信息和许愿的具体内容上报天神，然后帮信众问神仙的意思。信众的每一个愿望都需要传达给神仙，因此也都需要进行问杯，问杯的结果显示"三圣一阳"就说明神灵应允。法师帮信众传达愿望之后，信众就要拿着叠放好的元宝、写着个人信息的红纸和三支香去院子里的大香炉烧，在一炷香点完之后作法仪式就算完成。信众许愿之后无论结果如何，都要还愿，如果保佑的事情还没有做完，则在还愿之后再祈求保佑。

在作法时，法师需要将信众的信息和许愿内容传达给神仙，因此他用本子将这些信息进行记录，包括仪式时间、许愿者的家庭住址、愿望、保佑的对象等信息。笔者访谈当天正好是农历七月初一日，有许多信众前来祈求保佑，故得以观看法师所记的当天一位许愿者的信息，他记录的内容和格式如下：

　　农历二〇二二年七月初一日

　　××省××市××区××路××楼×××

　　夏××妻林××合家添丁

　　祈保生意兴隆通四方八达财源广进官运亨通

　　航空船车往运来往顺风平安但保佑合家儿子读书

　　开巧心通开心功书一笔成章（名牌）大学录取光荣成就

　　夏×中考能顺利入读海南省（名牌）一级学校

　　夏×升学顺利，三年后夏天夏×

　　金榜题名！

经过和法师交谈，笔者向法师了解了作法时所用的口诀。法师以请求大圣保佑开工厂和开车为例，讲解了许愿仪式中信众要说的句子："玉封大圣师傅、真武大帝、文昌帝君、本村土主，我家在某地（具体到楼栋和门牌号），现在来到此地，请你保佑我工作、生意、家人平安。我在哪里开了厂房，做什么产品，今后厂里要安全，不要欠钱，车辆运输安全，工人团结。"如果是保佑开车，"就报上开车的人名字，什么车，车牌号，然后跟大圣说，'请你保佑我们的车，保佑我们全部到福州，我们从桂林村开车到福州'。许愿之后要报上相应的酬谢，要说'你保佑我开厂顺利、开车顺利，今后我一定拿元宝和菜、果来感谢你'"。①

法师认为，不同神仙的封号有区别，带有"玉封"二字的封号为玉帝所赐封，有此封号的神仙地位最高；带有"敕封"二字的封号为皇帝所封，地位比玉封稍微低一些；带有"钦封"的封号则为民间所封，地位相比于前两者稍低。

齐天大圣虽然是外来的神仙，但他在村落神仙中人气最高。这和他的个性、能力、地位都有关系，许多村民都愿意去求他保佑。笔者访谈一位61岁女性信徒LXX，她说："我平时去大圣宫比较多，初一和十五日就去，每年正月也要去，就到大圣那里烧烧香，也会许愿，会找法师写篇文疏，烧给大圣，年底还愿的时候也会写一篇。平时不会写文疏，就自己烧香，自己跟大圣说说话，跟他许愿。我每年开始和结尾要给大圣写个信，这样正式一点。每个月去烧香，跟大圣说说话，让他知道自己的愿望，这样就可以了。我觉得大圣好说话，所以平时拜大圣比较多。"她还解释了向大圣许愿的目的和经历，她说："我和大圣许愿是求家人平安。我老公生病了，现在他在医院里面住院，整天躺在那里，大圣有保佑我们一家人，我的三个女儿都被我养大了。"②

大圣是最晚被桂林村村民请来的神，但由于桂林村村民亲身感受到了大圣的庇佑，使得大圣的影响力与日俱增。

（五）黄三相公宫

黄三相公即黄槐，出生在寿宁，宋政和二年（1112）中进士。宣和二年（1120），黄槐任徽州知州，为了救灾开仓放粮救济饥民，违背朝廷旨意，遂挂

---

① 访谈对象：ZXX，访谈人：刘琥，时间：2022 年 7 月 29 日，地点：大圣宫。
② 访谈对象：LXX，访谈人：刘琥，时间：2022 年 7 月 26 日，地点：LXX 家。

印弃官遁隐寿宁托溪,此后为百姓做了许多好事。有诗颂扬:"徽州挂印犯天颜,赈灾放粮济众难。王眼无珠分黑白,民心有镜别忠奸。"[1]寿宁地处偏僻,山深林密,豺狼横行,虎豹肆虐,村民常受袭扰,所种庄稼所养禽畜常受山猪、野猴的糟蹋破坏。为保一方,黄槐组织狩猎队除害。

图6-7　黄三相公宫　刘琥摄

他逝后葬于托溪圈石村七星岩下,安葬那天即农历九月初九日,送葬百姓目睹其在岩山升天成仙。宋元明清以来,黄三公信俗不断传播,村民把他作为六畜的保护神、狩猎之神等,每年农历正月二十一日建醮。

黄三相公信仰始自宋代,历史悠久,后该信仰从寿宁流传到桂林村。因黄三相公有开仓放粮救活百姓的事迹,村民遂奉其为主管食物的神灵。从事种植业、养殖业的村民都有拜黄三相公的习惯。

黄三相公宫位于桂林下城门外,因遭火灾,2020年重建。宫外有一个石质香炉,宫内有供桌和放香炉的桌子,上面有茶、酒、水果、纸钱、香炉等。宫里安放着黄三师公和王三师公,左右两侧还立着两个武将。神像右边是一个橱柜,里面放着拜神所需要的物品,还有一座迎请神灵香火时用的八角亭。宫里的墙上画着他从读书中进士再到开仓放粮、弃官遁隐、山中狩猎、得道成仙的事迹,画像左边写着三个名字,分别是"黄山公、王三相公、黄三相公"。对于这三种不同的称呼,村民解释说:"三种不同的叫法只是为了在不同的地方避嫌,在桂林就叫'王三相公',在姓黄的地方就叫'黄三相

---

① 政协寿宁县委员会编:《寿宁文史资料》第11辑,2000年,第148页。

公'"。①

旧时桂林村以农耕为主，村民种植粮食、饲养牲畜，为了祈求农作物和牲畜顺利生长，村民会向黄三相公请求保佑，由此黄三相公香火旺盛。向黄三相公许愿的仪式根据具体情况有不同做法：如果祈祷粮食生产，村民到宫里向黄三相公上香，并将香插到田边，以求得黄三相公对这片田地的保佑，让粮食长势好，实现丰收；如祈祷牲畜生长，村民就将竹枝拿到宫里，在黄三相公面前拜过之后，将竹枝插到饲养牲畜的场所，村民认为这样能保佑牲畜的健康成长。村民在牲畜生病或者生产不顺时，会到黄三相公面前许愿，祈祷牲畜康复。有村民向笔者讲述了拜神的经历："我们家里的猪生病的时候，就会去求黄三相公，让他保佑猪病情好转。我们会许愿，如果猪病情好转，在猪出栏的时候，我们就会将一块猪肉拿给他吃。等到还愿的时候，我们就会把猪肉送来。"②

黄三相公是农作物、牲畜的保护神，在传统农业社会，农作物和牲畜就是村民的财产，有了专门保护神，符合村民的需求。而今，虽然粮食种植和牲畜养殖都有所减少，但五谷丰登、鸡鸭成群，仍然是民众的期盼。

（六）华光宝殿

华光宝殿，俗称五显宫，在桂林村华光路，坐北朝南，始建于明万历庚戌年（1610），清雍正壬子年（1732）重新修缮，乾隆二十五年（1760）再次修缮，民国壬戌年（1922）因遇洪水而毁。1986 年，村民重建华光宝殿，每年正月十六建醮。

五显大帝，也称华光大帝，是中国民间传说和道教中的神仙。五显大帝之天眼为火之睛、火之星、火之阳，是火神的象征，也是道教护法四圣之一。华光大帝在宋太祖年间，功成行满后，被玉皇大帝加封华光大帝为"玉封佛中上善五显头官大帝"，明朝前期又被封为"灵官大帝"，永镇中界，护国佑民，显化救世，有求必应，感显应验，永受祭享。五显大帝本是佛殿灯芯，因听经日久，得佛祖点化，成为神灵。因五显大帝最早是佛教神灵，后投胎为人，又再次被天庭封为"五显大帝"，故村民将其称为"神头佛尾"，意为"在神

---

① 访谈对象：WXX，访谈人：刘琥，时间：2022 年 7 月 20 日，地点：天后宫。
② 访谈对象：SBS，访谈人：刘琥，时间：2022 年 7 月 26 日，地点：SBS 家。

仙里面他是头，在佛里面他是尾"。① 和其他地方拜五显大帝以求财为主不同，桂林村村民认为五显大帝主要掌管人的事业，拜五显大帝主要是为了祈求他保佑读书和升官。

华光宝殿门口牌匾写着"五显大帝"，门边贴有一副对联，上书"三眼偏

图 6-8　华光宝殿内部　刘琥摄

观逢天下，一鞭永护佑万民"，此联将五显大帝的形象和护佑万民的神力直观展现出来。正殿放着供桌、烛台等，最里面安放着五显大帝神像，其后有五尊神像，象征着五显大帝的五次转世。五显大帝神像左边放着千里眼和符官神像，右边放着万里耳和判官神像，以示几位神仙共同辅助五显大帝之意。屋顶的横梁写着本宫重建的时间"壹玖捌陆丙寅年柒月贰拾贰日卯时重建吉"。由于旁边的虎马将军宫和福德正神宫正在重建，因此两个宫神仙的神位被暂时安置在华光宝殿。

（七）虎马将军宫

虎马将军信仰也是闽东地区传承已久的民间信仰。虎马将军是保护妇女生育平安的神灵，也称"护产将军"。虎将军名周虎，马将军叫马孔，均是福建人，两人转三世都因其妻生育而亡，尔后拔剑自刎，随之而去，后变成神。又有一种说法认为虎将军本是虎伽罗，马将军本是马伽罗，两神为临水夫人的配祀神，由于历史的演化，在一些地方演变成专祀虎马二神，并称虎马将军。② 虎马将军宫位于本村东城门，坐东朝西，与土地祠相邻。该宫始

---

①　访谈对象：WXX，访谈人：刘琥，时间：2022 年 7 月 15 日，地点：下城门。
②　政协寿宁县委员会编：《廊桥流韵：寿宁廊桥文史资料大观》，福州：海潮摄影艺术出版社，2008 年，第 167 页。

建于何年不详,后因水灾而毁,20世纪90年代重建,每年农历正月二十日建醮。

本宫因年代陈旧,已于2022年拆除重建,原建筑不存在,宫内神灵被请到华光宝殿安置。王氏祠堂从村民中选举代表,负责宫庙的修缮工作,主要职责是雇佣土木工人、组织村民捐

图6-9　虎马将军宫和土地祠　王茂华摄

款、购买建筑材料、迎请法师等。村民视虎马将军为保佑妇女生产安全的神,虎马将军和奶娘都是和生育相关的神灵,但他们分工不同。奶娘主要保佑妇女怀孕和小孩的健康成长,虎马将军则保佑妇女产子顺利。因此村民在家中妇女临近生产时,会到虎马将军宫中许愿,请求保佑,故虎马将军在村民心中具有很高的地位。

在走访中得知,一位村民家中妇女生产时,去过虎马将军宫许愿,她讲述了自己拜虎马将军的经历。

我儿媳妇生产时肚子痛,当时送去医院了,我跟虎马将军许过愿。我带着香、蜡烛、元宝、肉过去,先摆放东西,接着点香,再拿肉和元宝去拜。我和神仙说,我的儿媳妇是谁,住在哪里,什么时候生产,求神保佑母子平安。孩子满周岁的时候我去还愿。因为虎马将军的保佑,我儿媳妇顺利生产,孙女都已经十七岁了,现在福安一中读书。后来虎马将军宫重修时,我也捐了三百元。①

① 访谈对象:SFN,访谈人:刘琥,时间:2022年7月26日,地点:SFN家。

虎马将军崇拜在不同时代有不同特点,这与村民的现实生活紧密相连。以前每家每户都会拜虎马将军,因为"卫生条件差,桂林村只有一个接生婆,接生的时候是拿烧过的竹片切割脐带,妇女很容易落下疾病,小孩也容易夭折"。由于村民难以获取足够的医疗卫生保障,因此虎马将军就成为他们寻求帮助的对象。"正是因为有人拜,他们才能存在",①可见虎马将军信仰之盛与村民的生育、医疗保障有密切关系。随着医疗卫生条件的改善,村中妇女生产可以得到较好的保障,于是虎马将军成为人们心里的寄托。

（八）福德正神宫

福德正神宫,俗称土地祠。福德正神即民间常说的"土地神",是掌管土地的神。村民离不开土地,土地上产出的一切都被视为土地神的恩赐,因此福德正神被尊为"土主",其神位上写着"当境土主里域福德正神位",配有招财童子和进宝童子,以示福德正神能保佑人们发财。土地祠与虎马将军宫相邻,该宫建于20世纪90年代初。因土地祠建筑老旧,于是拆除重建,福德正神的神位也被请到华光宝殿安放。

桂林村具有浓厚的农耕传统,因此村民对于掌管土地的福德正神尤为推崇,赋予福德正神保佑发财的功能。村民一生离不开土地,在人过世之后也讲究入土为安,因此村民在进行丧葬仪式时,会把逝者的名字报给福德正神,每年清明节扫墓时,也会先拜福德正神。

土地祠于每年农历二月初二日建醮,迎请福德正神下界赐福,以祈求这一年八方来财、财运亨通。建醮这天,村民会在土地祠举办"土地福",操办"发财宴席"。前来的村民会按家里人口数量捐"丁钱",即家里每个人都会捐一定数额的香火钱,以祈求神灵保佑家中增财添丁。

（九）连谢法祖宫

连谢法祖宫位于桂林村南面,临水宫右边。据传说,连师公系闾山派传人,因其与临水夫人都在闾山修道成仙,故将此宫建在临水宫旁,相辅相成。本宫设有香炉、烛台、供桌、长凳等设施,殿内分别安放有连师公和谢师公的神像。宫中还放置着一些小的财神像。一些村民日常无法祭拜时,就将家中财神像供到本宫,以接受大家的香火。

---

① 访谈对象:WCQ,访谈人:刘琥,时间:2022年7月24日,地点:桂林村王氏祠堂。

连谢法祖在村中被认为是主管妖邪的神灵。现今,村民安居乐业,需要驱邪仪式的情况较少,故大家平时不常来此,这也导致本宫大门紧闭,只有每月初一、十五日才打开,其香火也就不如其他宫庙。

图 6-10　连谢法祖宫　刘琥摄

（十）谢元帅宫

谢元帅宫,俗称元帅公宫。谢元帅是一位火神,曾被尊奉为桂林村的保护神。元帅公宫主要供奉谢元帅,配祀温元帅、康元帅。谢元帅掌管火,有防止火灾的职能,同时火也具有驱邪的作用,能够消除邪祟之物。桂林村旧时以谢氏为主,谢氏尊谢元帅

图 6-11　谢元帅宫　刘琥摄

为本村的守护神,每年正月二十三日建醮设祭。后谢氏迁往他处,卓氏、王氏先后定居于此,元帅公的信仰仍延续至今,成为村民每年正月必须祭拜的对象。也因谢氏祖师乃桂林坂之始居地主,故每年中元节（七月十五日）祭祖前,祠堂主事族老都要摆设三牲果品祭奠谢氏祖师。

谢元帅宫在螺峰山下王氏祠堂旁,坐西南朝东北,门口贴着对联,上书"东来紫气西来福,谢师显圣万户恭"。进入宫门首先来到前院,右拐则为正

殿,正殿内有供桌、香炉、烛台、长凳、旗子、礼器等用于仪式的物品。正殿的大门上方写着"风火院",但"火"字为倒着写的红字,寓意着"火倒台了"。正殿主祀谢元帅,配祀的温元帅神像为手拿圆圈法器的黑脸状,黑脸的形象来源于温琼投井救人的事迹,配祀康元帅的神像白脸长须。正殿左侧一楼为杂物室,二楼为卧室。卧室内有桌子、床、香炉、扇子、宝刀法器、笔墨纸砚等。

村民认为长久以来本村受谢元帅的保佑,于是每年给予祭拜。正月二十三日谢元帅宫中做醮,故在此进行驱邪仪式,祈求神灵将村庄打扫干净,以开始新一年的生活。

桂林村有如此多的地方神灵,除了村民将其与世俗社会的分工相对应外,还与天主教的传播有关。清中期,桂林村已经形成了较为完善的神庙系统,有效抵御了天主教在桂林的传播,桂林王氏也因此成为穆阳地方民间宗教信仰色彩最浓厚的"佛教"宗族。[①] 至今,这些宫庙仍然是村民日常信仰的重要场所。

二、禅寺佛堂

在桂林村,以寺庙为活动场所的佛教和村民自称的"佛教"有所不同。村民日常较少到寺庙拜佛,只有恰逢佛教节日时才会聚集到寺庙,以求佛教神灵保佑。桂林村有五座佛寺,分别是净光寺、龙鸣庵、普济寺、万佛寺、新枫禅寺,还有两个念佛堂,村民主要是在上述场所参与信仰活动。因普济寺未能进入考察,其他寺庙介绍如下。

(一)净光寺

净光寺位于桂林森林公园内。根据寺门外《重修净光寺庙碑记》记载,净光寺始建于民国二十三年(1934),原名七姐妹阁,因桂林王氏清修女吕资、嫩妹两姐妹于此结庐奉佛,故得此名。2006 年,戒斌法师募资重修净光寺,重修范围包括大雄宝殿、厨房、僧舍和佛堂。大雄宝殿供着释迦牟尼佛,法师们的日常修行都在此处。和大雄宝殿相连的是办公室,作为法师们处理事务和吃饭的场所,里面供着弥勒佛。自办公室沿台阶往上,是厨房和佛

---

① 张先清:《官府、宗族与天主教——17—19 世纪福安乡村教会的历史叙事》,北京:中华书局,2009 年,第 300 页。

堂。佛堂是寺庙内最早的建筑，设有观音菩萨像。寺里常播放佛教音乐，平日信众和游客较少。

（二）龙鸣庵

龙鸣庵，也叫水尾庵，初建于明朝万历二十七年（1599），是村中较早的宗教场所。龙鸣庵外立有一块乾隆五十一年的（1786）碑，碑文载"其山名为天龙，因额之曰'龙鸣'；其势关锁水尾，又称之曰'水尾庵'"。康熙丙申年（1716），庵遭遇火灾，后重建。乾隆五十一年（1786）复重建，桂林王氏各房积极捐款，庵外碑文记载了捐款二两以上者的姓名。目前主持龙鸣庵的女尼俗名菊珠，法名定成。

（三）新枫禅寺

新枫寺位于螺峰山下，始建于何年不可考。据庙中碑记，其在康熙年间曾重修。1976年，释悟平任主持，其过世后由其妹学平主持宝刹至今。学平有二弟子释慧平和释慧雄，目前皆在寺中清修。新枫寺的建筑和设施较为完备，第一层有药师佛堂、大雄宝殿、花园和用于接待信众的食堂，沿台阶上至第二层，有露天的地藏王菩萨立像、观音阁和僧舍。

（四）万佛寺

万佛寺在桂林村和康厝交界的山上。寺内有大雄宝殿、弥勒佛堂、地藏王菩萨殿等建筑，另置一花园。进入寺庙，首先映入眼帘的是佛堂，信众安放家人灵牌，里面供奉着地藏王菩萨。院子正中供奉着弥勒佛。大雄宝殿在寺庙最里面，整体建筑分两层，下层供奉释迦牟尼佛，上层供奉西方三圣，两层的殿内都有成千上万小型佛像被供在墙上和殿内的佛塔上，因而得名万佛寺。

（五）念佛堂

桂林的念佛堂有两座，一在秀溪天后宫旁边，一在齐天大圣宫旁边。秀溪念佛堂由富商王勤寿之妹修建，王勤寿曾捐资修建天后宫。该念佛堂聘请专人负责日常管理。秀溪念佛堂内陈设简单，建筑由佛堂、厨房、食堂和办公室组成。宗教活动主要在佛堂进行，里面供奉了西方三圣像，还有药师佛、韦驮菩萨、观音菩萨、地藏王菩萨、伽蓝菩萨的佛像。据念佛堂师父介绍："这座佛堂是龙兴寺的分院,龙兴寺的师父考虑到很多居士年龄都比较大,他们去龙兴寺路途遥远,要走十几公里。为了顺应在家居士的善愿,在这里设置了唱佛堂。"[①]平日大门紧闭,村民较少到念佛堂参加宗教活动。

齐天大圣宫旁的念佛堂则由桂林村女居士集资租地修建,规模小,没有大型的活动。

需要注意的是,这些寺庙的法师和村民对佛教的认识有所不同。一位法师认为,"佛教是抑恶扬善、普度众生的,可以解决人的生死困惑。佛法看得很远,可以给人的未来积累善因。成佛是要不断积累的,只有种善因才会得善果"。[②] 而村民前往佛寺的目的也多是为了获得保佑,而非进行修行。在他们心中,佛教的神灵和其他神仙无异,都是可以许愿的对象。每到农历二月十九日、六月十九日、九月十九日观音庆诞日,许多村民都会前往寺庙拜佛,进行许愿和祈福活动。由于有拜神的习惯,村民常常将元宝和文疏带到寺庙,在香炉处焚烧,亦有村民会进行"问杯",这都是村民将宗教信仰世俗化的具体表现。

三、道教宫观

在桂林村村民看来,道教信众信奉的是太上老君、北极紫薇大帝、南极长生大帝,信仰村内其他神灵的村民不属于道教信徒。道教的活动场所主要是清泉洞和马仙庙,因马仙庙尚在修建,且在山上,交通不便,前往拜神的村民较少,在村民日常生活中影响也较小。村中的道教信众主要前往清泉洞进行宗教活动。

(一)清泉洞

清泉洞位于桂林村东南方凤翔山侧峰,是著名的旅游景区,因夏天洞内凉爽,也称之为"清暑洞"。清泉洞的修建历史悠久。《开闽桂林太原王氏宗谱》记载:"越宫前渡,东南行半里许,至凤翔山。洞水潺湲,潴为十数潭。缘潭取径而上,屈曲幽奇。至洞口,有石壁峭立,若屏风状,侧身而入,洞明亮,可容百余人。旁有小穴,穿穴过,又一洞天,差小高可远望,四周山色皆出其下。洞后流出清水,由洞中潆洄而出,味清洌,深广仅尺余,虽盛暑不竭。夏

---

① 访谈对象:YC,访谈人:刘琥,时间:2022 年 7 月 6 日,地点:桂林秀溪。
② 访谈对象:YG,访谈人:刘琥,时间:2022 年 7 月 6 日,地点:桂林秀溪。

月好事者携酒登临，觉满座惨澹，暑气顿消。洞口外，左边有石，大数十围，高二丈余，扪萝可登。石顶平坦，坐卧容十余人，更旷远无所障碍。目送浮云，耳听泉声，翩翩羽化矣。"

据道观主管人 KLD 说，清泉洞占地 50 亩，有着 1560 多年历史，公元 453 年，白莲夫人在此隐居修行，这就是清泉洞的由来。[①] 清光绪十三年（1887），桂林村秀才王贡南提倡开辟清泉洞，王氏家族也乐成此事。洞里留存一石制神座，上刻有"清光绪十三年闰四月吉日桂林坂王氏董事同鼎建"字样。民国二十五年（1936），王碧仙与王红志共同集资重修清泉洞大门及围墙。1985 年，清泉洞扩建，新建了南极阁、土主堂、白云院。2010 年，林惠燕道长梦见清泉洞神灵召唤，千里迢迢来到此地。在 KLD 牵头下，林惠燕道长在广东信众间先后筹集资金三千多万元，对清泉洞进行了翻新和扩建，拓宽了山脚到清泉洞的公路，并重建了观音阁、文昌阁、南极阁，新添道教修行活动场所两座。洞外有凉亭、香炉、石马等物。沿山路往上，路边设有土地神位。山顶处有宫殿，供奉太上老君、南极长生大帝、北极太皇大帝。清泉洞原址有泉水流淌，相传白莲夫人在此得道成仙，故村民认为此泉有仙人灵气，喜欢来此取水。

清泉洞有常住人员 8 个，属于全真派，因为人数不多，所以师父们平时都以诵经为主。据 KLD 介绍，二月十五日、二月十九日、六月十九日和九月十九日是道观的重要节日。二月十五日是拜太上老君的日子，来的信众有几百个，主要活动是烧香，拜太上老君和观音。信众的日常活动以早上来烧香为主，也有人会带着元宝和文疏来。在清泉洞的师父将文疏写好后，信众会自行在香炉焚烧，也有信众向神灵许愿，会自己进行"问杯"仪式。[②] 信众大都以求神灵保佑家庭平安为目的，考试前也有人专门来拜文昌帝，也有人前来拜土地神。

村民来清泉洞主要是拜观音。每年农历二月十九日、六月十九日、九月十九日都是观音的庆诞日，信众来此求观音保佑，焚烧香包。香包是用黄纸包着的经文，外面贴着红纸，红纸上写有村民的名字、家庭住址和要拜的神。香包最外层往往写着"观音菩萨"，或"韦驮菩萨"，或"满天诸佛"，表示该香包对应的神灵。在拜神时，村民会将香包连同元宝纸和香一起焚烧。村民

---

① 访谈对象：KLD，访谈人：刘琥，时间：2022 年 7 月 27 日，地点：清泉洞。
② 访谈对象：KLD，访谈人：刘琥，时间：2022 年 7 月 27 日，地点：清泉洞。

认为,烧香的烟能够沟通神灵,元宝纸象征着村民奉献给神的财物,香包所写的神灵名字表示村民所拜的对象,村民的名字和住址则向神灵提供被保佑者的基本信息。

图 6-12　清泉洞开光仪式现场　黄祥深摄

2022 年农历六月十九日,清泉洞观音殿和观音像建成,举行开光仪式。洞中师父一齐念咒语,用木鱼、锣、磬作为法器。为了避免开光仪式时信众大量聚集,清泉洞管委会决定提前一天举行。笔者参与了开光过程,据观察记述如下:

农历六月十七日晚上九点半,笔者和祠堂理事会人员一起上山。虽是晚上,但洞外灯光如昼,广场悬挂五颜六色的彩旗,停车场停满来自广东和福建各地的车辆。大殿里十分繁忙,信众不时来回走动布置仪式会场。主殿上菩萨蒙着红布,殿内供桌摆满供品。供桌上的米糕用芝麻做成"佛光普照"的字样,还有一排糕点上写着"国泰民安、慈光普照、风调雨顺"。供桌之后是为特定信众预留的位置,三排桌子共 32 位,每个位置前放有姓名签,这些信众为重修大殿做出了较大的经济贡献。由于笔者不是信众,也未穿海青服,故只能在殿外站立。大殿左手边是男信徒的站立区域,右边是女信徒的。开光当天,殿内信徒有百余人,多数是老年人,殿外则有年轻人,还有一些中小学生。

开光之前众人来到大殿屋檐下将牌匾上的红布揭下,露出牌匾上的"慈航殿"三字。随后众人揭下佛像前的红布,一尊金光闪闪的观音菩萨像露出真容。道长拿着毛巾向天上做擦拭的动作,再用毛笔往天上做写字动作,分别寓意擦除灰尘、画龙点睛。一系列动作结束后，道长致辞。致辞后，全场念《千手千眼大悲忏法》，信众们诵读得很整齐，部分信众能够背诵，这是长期念经的结果。持续一个小时后，再唱另一部经，又持续半小时，经文念毕，开光仪式结束。

开光前，部分信众会将笔、钥匙、锁等放在供桌上，意为一同开光。这些物品是信众为了保佑家人考学、经商等顺利而放置的。仪式虽然结束，但仍有部分信众跪在神像前小声向神灵祷告，祈求神灵保佑。

（二）马仙庙

马仙，又称马氏天仙、马元君等，是地方神灵。马仙庙位于桂林村仙岩洞，村民认为马仙可以保佑学生读书、高考顺利，保佑生意兴隆、身体健康。相传桂林村谢师公为了打败作祟的山鬼，请来马仙相助。打败山鬼后，为马仙建庙，将其供奉在山上。后因马仙庙位置偏僻，村民拜神不便，香火不旺，遂决定重建。马仙庙的重建有一传说。据村民说，他和另一位村民一起找马仙庙旧址时，通过作法仪式得知自己被马仙选中，负责修缮宫庙。后来在山上遇到一个穿着古代衣服的孩童，请人作法问神后，得知孩童为马仙座下童子，他认为这是马仙派童子向他显灵，遂更加笃信，全心修缮马仙庙。村民认为修庙是"做好事"，和修路、种树一样，修路能让人通行，种树能为子孙后代造福，修庙能让村民有精神寄托，这些都是有利于大家的善行，平时他也会参与修路、种树，认为这是行善积德的行为。[①]

马仙庙的许愿流程和村中宫庙相似，和其他宫庙不同的是，马仙可以回答人们的问题。村民能通过法师操作的仪式和马仙沟通，从而得以答疑解惑。法师作法时，先要在桌子上铺一层大米。两个法师各拿一个"V"形的棍子两头，另有一个法师将村民的问题传给马仙。随后，拿着棍子的法师会根据马仙的回答，用棍子写下相应的答案。传达问题的法师会将答案记录在纸上，从而实现人神对话。

四、天主教堂

在桂林村，天主教对村民的影响小于其他宗教，村内并没有天主教的宗教场所，离桂林村最近的天主教堂是穆阳的罗洒修院。罗洒修院有两位神

---

① 访谈对象：WZL，访谈人：刘琥，时间：2022 年 7 月 26 日，地点：WZL 家。

父,一位姓L,一位姓M,前者是修院的主要负责人。桂林村有十余户人家信仰天主教。

清代天主教传入福安西部时,穆阳地区出现了混乱,村民抵制天主教的传入,还爆发了震惊中外的"穆阳教案"。桂林王氏宗族立下族规,不准宗族成员加入天主教。随着穆阳与桂林两地村民交流愈加频繁,天主教信仰也被带到桂林村。

在村民日常生活中,教会帮村民祈福,信徒的人生礼仪可以在教堂举行。信众结婚时,可以在教堂举行婚礼。信徒过世时,信众须前来协助葬礼仪式,并进行告解,神父去主持葬礼。天主教会的福佑和其"布道"的理念有关系。一方面,教会人员认为,福佑村民是在传播教义,让更多人信仰上帝;另一方面,通过对村民的福佑,也能吸引更多人加入天主教。信徒的子女在出生之后通常也会加入天主教。

五、其他崇拜

在村民日常生活中还有一些其他信仰,涉及村民衣食住行的方方面面。这些信仰具有很强的世俗性,体现了村民日常生活中的需求,寓意着村民对家人平安、福禄双全、工作顺利的美好期盼。生活中的信仰主要表现为行业神灵信仰、石敢当崇拜、灶神崇拜等。

(一)鲁班神

鲁班神是木工行业神。桂林村村民在土木建筑过程中,会请鲁班神保佑。上文提及的虎马将军宫重建时,在安置房梁时,木工要举行祭拜鲁班仪式。在举行仪式前,包工头会在村里发出公告,告诉村民什么时辰举行仪式。此次仪式在卯时举行,笔者凌晨5点到现场,木工已经把供品布置好了,桌上中间放着鲁班神、斧头和墨斗,供桌旁有斗灯,斗灯内放着针线、鲁班穿的鞋子。木工说斗灯是鲁班妻子用的和做的东西。[①] 在工地大门安放一棵连根移来的毛竹,上挂有符门,这是鲁班的銮驾。在仪式之前,工程负责人给参加仪式的木工酬金(即红包)。随后木工上房顶,把写有"紫微銮驾"的红纸贴在主梁下方的横梁,而后放鞭炮,仪式正式开始。木工把先前

---

① 访谈对象:WMG,访谈人:黄祥深、周敏,时间:2022 年 7 月 24 日,地点:虎马将军宫。

放在房顶的梁木安放好，安梁仪式就结束了。此时，木工在供桌前烧黄纸，并用茭杯来询问鲁班神是否可以完成。如果得到吉兆，就把用红布包裹的瓦放在梁上，意味着可以盖瓦。此时木工再放鞭炮、花炮，整个仪式过程结束。

图 6-13　祭拜鲁班神和上梁　黄祥深摄

楼梯护栏加工作坊的负责人 CSF 说，他也信仰鲁班神，自己一般不去寺庙里上香，但家人会去宫庙。[①] 可见鲁班神作为行业神深得木工师傅的信仰，而其他村民则较少关注。

（二）灶神

灶神又称灶王爷，村民家中灶间都设有"灶王爷"神位。村民认为，灶神负责管理各家的灶火，灶是家庭的代表，因此主管灶火的神灵能够主管家庭的祸福，保佑家庭平安。新娘嫁入家中后，要到厨房拜灶神，象征着新娘已经成为家中一员，请求灶神保佑。此后，新娘要象征性地开始煮饭，操持家务（具体仪式过程在第七章叙述）。灶王龛设在灶房的北面或东面，中间供上灶王爷的神像，有的人家没有灶王龛，则直接将神像贴在墙上，或用红纸写上灶王爷名字，以此进行供奉。部分村民家中在供奉灶王的同时，也供奉灶王婆。

（三）石敢当

在桂林村，许多村民在自建房楼下都会嵌入一块碑刻，上面写着"泰山石敢当"。石敢当的作用在元代陶宗仪《南村辍耕录》中有记载,"今人家正门适当巷陌桥道之冲,则立一小石将军,或植一小石碑,镌其上曰'石敢当',以厌禳之"。[1] 村民相信,道路正对着房屋的时候,房屋会受到煞气的冲撞,对于自己家里的生活会带来负面影响,而石敢当则有避煞的功能,因此村民会在房屋正对道路的位置设一块石敢当的石碑,以此阻挡房屋周围的"煞气"。[2]

第二节　村民眼中的神灵

一、神灵的威力

笔者在了解桂林村村民信仰时,起初有一个困惑,为什么一个村庄需要这么多神灵?在多方了解下,笔者逐渐了解到村民心里的信仰体系。村民认为,神灵和人一样,各有自己负责的事务,各有重点。村民往往会以政府的行政体系来解释、描述他们心中的神灵结构。

在桂林村的神灵体系中,林公在村民心中地位最高,是掌管整个闽东地区的守护神。在和其他神灵进行比较时,村民会把他比作行政体系中的"一把手",认为有什么事情都可以找他帮忙解决,其他神灵则有专门职能。奶娘主要保佑生育和小孩成长,虎马将军保佑顺产,妈祖保佑航行,连谢法祖掌管妖邪,黄三相公保佑六畜养殖,福德正神保佑财运,五显帝保佑官运和升学,谢元帅和康、温元帅共同保佑村庄无灾难,他们各司其职,一起辅佐林公大王守护村庄。在村民心中,每位神灵都有着相应的职能,从不同层面庇佑着村庄和村民,共同构成类似于政府行政体系的信仰结构。

"管"是村民表述神灵和自己关系的常用词汇,即神灵会在某一方面管着自己做事的运气,也可能直接对自己的命运施加影响。如村民说"奶娘管小孩到十六岁,十六岁以后就归其他神仙管了"。[3] 在村民看来,自己的生活和实践离不开神灵的"管",就像实际生活中那样,村民在生活的很多方面都受着政府的管理,神灵也有管理村民的权力,能够影响村民的生活,神灵

---

① 陶宗仪:《陶宗仪集》卷 17,徐永明、杨光辉整理,杭州:浙江人民出版社,2005 年,第295 页。
② 访谈对象:WAS,访谈人:刘琥,时间:2022 年 7 月 9 日,地点:WAS 家。
③ 访谈对象:ZCC,访谈人:刘琥,时间:2022 年 7 月 23 日,地点:ZCC 家。

的权威地位和政府官员高度相似，因此各位神灵组成类似于政府各职能部门的结构。

神灵的权能来自其自身的能力及天庭或朝廷的赋予。在村民看来，神灵之所以能影响人们的生活，一方面是因为其具备相应的能力，可以通过自己的能力给人世间施加影响；另一方面是因为其被任命掌管某一领域，因此具有相应的权力，能作为神界的代表处理相应的事情。村民对神灵能力的认识往往源于传说故事。传说故事中神灵掌握的能力是其神力的主要来源，神灵所行事迹也往往作为其能力的体现，成为村民赋予神灵能力的依据。以临水宝殿的神灵陈靖姑为例：陈靖姑的神力来源于其在闾山修行的法术，而保佑生育的传说事迹又成为其护胎功能的来源依据。临水宝殿《重建临水宫碑记》记载"乡人求嗣，祷之多应"，这也在一定程度上说明，陈靖姑之所以被桂林村村民认为能保佑生育，和她多次显灵回应村民的许愿有关。

神灵的威力还源自天庭或者朝廷的敕封。神灵的神位上往往都会写有"敕封"或者"玉封"等字样。如林公的神位上写着"敕封忠平侯王"，妈祖的神位写着"敕封扶国天仙圣母妈祖娘神"，齐天大圣的神位上写着"玉封齐天大圣王师傅"。这是人们借天庭或朝廷的任命赋予神灵掌管相应领域的职能。在村民心里，"玉封"的神灵比"敕封"地位高一些，因为天庭权威性比朝廷高，所以天庭所封的神灵能力也会比朝廷所封的大一些。

村民和神灵的沟通方式也体现了神灵在村民心中的权威形象。村民和神灵的沟通方式主要是许愿和还愿。许愿有一套详细的流程，村民在去许愿之前，要整理好自己的形象，做好自己的清洁，给神灵留下好的印象。同时还要准备好给神灵的茶和酒，许愿时要在供桌上献上三杯茶和三杯酒，以示对神灵的尊敬。在点完香和蜡烛之后，将茶和酒供上，同时还要拿着纸叠的元宝在神像面前行拜礼，然后放到门口的大香炉里焚化，作为给神灵的财宝。许愿并不仅仅是向神灵表达自己的愿望，村民在许愿时也是和神灵交流沟通。在年末或者愿望实现之后，村民会到宫庙进行还愿仪式，村民认为，不管许愿结果如何，都要向神灵还愿，这是对神灵的尊重和诚实。内心的真诚和行为上的尊敬是面对神灵时的基本规矩，"你要是连神明都敢欺骗，还有什么做不出来的？"①在平时的行为上，也要对神灵表现出尊敬。在前往宫庙之前，要先看自己最近运气如何，如果运气不好，在进入宫庙拜神

---

① 访谈对象：WMH，访谈人：刘琥，时间：2022 年 7 月 20 日，地点：天后宫。

之前,要拿叠元宝的纸,点燃之后绕着头和手各三圈,以清除晦气。村民认为,神灵在和人的交往中,最忌讳沾染人身上的晦气。因此,村民在去见神灵之前,会做好自身"清洁"。

在村民的观念中,桂林村的神灵保护村落、福佑村民,神灵作为桂林村的守护神而存在,因为"神会保佑我们",[①]所以也会在村民许愿时赐下福运。

村民认为,神灵是由有福佑人们能力的人变成的。福佑能力范围较大的,被认为是神;福佑能力范围较小的,被认为是仙。无论是哪个神灵,都具有福佑人们的能力。村民在塑造神灵形象时,会有意地增加神灵福佑功能的元素,而"显灵"就是一个判断神灵福佑功能的标准。无论是流传关于神灵的传说还是建筑神灵的宫庙时,会将象征着"有求必应"内涵的符号加入其中,因此在传说故事中有很多神仙显灵的事例。"有求必应"字样的锦旗,是村民按自己对神灵的认识来认可神的一种体现。因为在村民的认识中,神灵具有福佑功能,因此他们的福佑功能也会被不断表述,村民会将他们的事迹、功能、显灵的例子等以文字、语言、物品陈列等方式表示出来,从而巩固他们观念中"神灵会福佑人们"的认识。

村民将这种认识和他们的生产实践相互结合,这为村民在面对困境和风险时提供了心理安慰,帮助他们消除负面情绪,安心从事生产。神灵的心理安抚功能也是村民有意无意将神灵塑造成能够保佑民众的形象的重要因素。许多村民在被问到对神灵看法时,不管是否相信神灵存在,都会承认神灵具有提供心理安慰的作用,这也是村民积极拜神的原因。

桂林村的神灵场所分布和之前的区域划分有关联。桂林村之前以"境"为单位划分区域,每个"境"都会有一个神灵。村民认为,神灵最大的福佑是保佑村庄安宁。保护村庄的方式是防止村庄中灾害发生,让大家得以在安定的环境下生活。村民认为,集体向神灵祈福可以得到神灵的庇护。

二、神灵的召感

村民认为,神灵给他们保佑虽然看不见也摸不着,但是真实存在。如奶娘陈靖姑,她平时并不会直接显灵,但是会让小孩远离病痛和灾难,保护小孩平安成长。村民通过和神灵沟通传达自己的愿望,神灵还会满足人们的

---

① 访谈对象:SXX,访谈人:刘琥,时间:2022 年 7 月 19 日,地点:SXX 家。

愿望。村民在祈愿时，如果能详细描述自己的愿望所涉及的人物、时间和地点，那么神灵便有可能帮自己实现这个愿望。如文昌帝君是保佑考试的神灵，在中高考前，许多考生或者他们的家长会去文昌帝君的神像面前许愿，告诉神仙自己的情况和愿望，并将写着自己姓名、学校、考场号、座位号和考试科目等信息的红纸放在文昌帝君神像面前，以确保神灵能准确地在那场考试中保佑自己。

村民认为，个人日常行为的好坏会被神灵感知，神灵会根据个人的行为而产生不同的影响，因此人身上也会存在福报和恶报，福报和恶报不仅会在自己身上体现，也会影响自己的后代。村民相信"人如果做了好事，他就会给子孙积德"，[①]这促使村民把日常行为的善恶和今后的福运联系起来。在日常生活中，村民会通过上香、捐资修庙等方式积累善行，积累福运，让自己和家人获得福报。所以，村民每年投入信仰的消费也不少。据村民说：

> 我们家人较多，大年初一日放鞭炮需花 320 元，分别是早晨 160元，晚上 160 元。初一、初三、初五日都是这个数，还有正月十五日，这四天加上其他一些鞭炮，就要花费将近 1500 元。一年金元宝大概需要花费 500 元。春节买蜡烛要 200 元，一年买香要 30 元。村里的人平时一般花 200 元，春节就要再加 100 元。如果游神的话，还要再加 100元。花销最少的一年也要 500 元左右。[②]

在村民的潜意识中也能反映神灵观念对他们行为的约束和引导。村民认为，神灵都具有保佑能力，所以"不管佛教、道教，只要劝人向善的就是好的"。[③] 村民对宗教的认识与宗教的功能紧密相关，不同的宗教教义和神灵差异并不是村民区分神灵的主要标准，村民对宗教的认识更注重其实际意义。

在神灵观念影响下，村民非常注重"多做好事"的具体实践。对村民来说，"好事"有很多种，一般的"好事"是在日常生活中保持善意，大的"好事"则是做对大家都有益的事情。村民平时与人为善，与他人保持友好的关系，在遇到求助的时候予以帮助，这些都属于善行。而在一些特定的场合，村民会积极做"大的好事"，如参加正月的游神仪式。许愿的人不能只请求神仙

----

① 访谈对象：MBY，访谈人：刘琥，时间：2022 年 7 月 22 日，地点：MBY 家。
② 访谈对象：WSX，访谈人：黄祥深，时间：2022 年 7 月 27 日，地点：桂林村王氏祠堂。
③ 访谈对象：WZJ，访谈人：刘琥，时间：2022 年 7 月 26 日，地点：WZJ 家。

保佑自己，也要请求神仙给所有人赐福，不能说"菩萨你一定要保佑我一个人"或者"菩萨你只保佑我们家平安"，而是要说"菩萨，你一定要保佑全国平安，保佑所有人平安"。① 村民认为，祈福能够带来好运，但是不能只给自己祈福，这是只利于自己的自私行为，只有为大家祈福才是在行善事，为

图 6-14　春节时齐天大圣宫中的蜡烛　王茂华摄

大家祈求好运也是在给自己积累福报。

　　除了自发地做好事以外，村民还在宗教和信仰的场域中将福佑他人的实践固定下来，形成约定俗成的习惯。这也意味着信仰和宗教活动不断被重复，从而逐渐制度化。捐款是村民信仰和实践的重要方式，通过捐款将自己的生存资源传递给受助者，此时金钱作为香火和丁钱，兼具社会保险的功能。每年正月，村民前往宫里拜神，并将寓意保佑的丁钱捐给筹备仪式的法师，法师会将村民的信息写在文疏上，在举行仪式时将村民的信息上报给神灵，帮他们祈福。法师收的丁钱由村民代表统一管理，这些钱除了用于宗教活动和宗教场所的修缮外，还会用于帮助生活陷入困难的村民。村民每年是否前往寺庙捐丁钱主要看个人意愿，只有林公忠平侯王宫和奶娘宫的丁钱是每个人都要捐。这是因为林公是保卫村庄安宁的守护神，奶娘是保佑村民生育的守护神，他们是村里地位最高的两位神灵，在村民眼中，两者共同保佑着村落安宁，让人们能够繁衍生息、人丁兴旺，所以村民必须参与他们的仪式活动。

---

① 访谈对象：WSC，访谈人：黄祥深，时间：2022 年 7 月 14 日，地点：WSC 家。

第三节　村民信仰的特点

一、立足当下生活的信仰

村民对神灵的崇拜立足于自己的生活，从自身需要出发，希望通过向神灵许愿获得好运，让自己生活更加美好，村民因信仰所产生的行为脱离不了日常生活。

村民的信仰具有明显的实用主义色彩，崇拜神灵是为了更好地生活，而非为了修行，追求超脱。村民不仅在村内的宫庙中会进行祈福和许愿仪式，在佛教寺庙也会如此。村民相信如此能获得更多神灵的保佑，让自己和家人的生活更加美好。这种追求的本质不是对于宗教教义的追求或对神灵的崇拜，而是一种借助神灵的法力满足自己世俗需要的尝试。无论是村里宫庙内悬挂的"威灵显赫""恩泽万民"的长联，还是寺庙中用于许愿的筊杯和焚烧元宝的香炉，都承载着村民希望神灵保佑自己美好世俗生活的愿望。村民拜神并不会因宗教流派的不同而变化，而是立足于自身需要，按照自己的观念寻找和神相处的方式，从而得到神灵庇佑。

在桂林村，神灵的香火兴旺与是否能满足村民的需要存在密切关系，以神灵崇拜为核心的信仰正是村民社会生活的投影。有显灵传闻的大圣因其形象亲切被认为容易满足信众愿望，在桂林村人气很高，文昌帝君被认为能保佑小孩读书，因而也对文昌帝君非常推崇。在医疗条件不发达时，负责保佑妇女顺产的虎马将军也受到村民尊崇，"每家每户都会拜虎马将军"。[①] 随着医疗条件的改善，村民的需求被医疗服务满足，虎马将军香火遂不如前，黄三相公亦是如此。旧时桂林村以农耕为主，村民大都从事粮食种植和家畜养殖，希望神灵保佑他们的生产，遂对于负责保佑农业生产的黄三相公极为重视。后来村中年轻人大都外出工作，老人也以种茶为主，以家庭为单位的粮食种植和家畜养殖越来越少，村民亦不再如往常那般需要黄三相公的保佑，他的香火也就不如从前旺盛。

神灵是村民崇拜的对象，也是村民需求的反映。从桂林村不同神灵的受欢迎程度和香火变化来看，拜神是请求神灵保佑的仪式，也是村民对自己

---

① 访谈对象：WCQ，访谈人：刘琥，时间：2022 年 7 月 24 日，地点：桂林王氏宗祠。

需求进行表达的方式。从桂林村神灵各司其职的信仰结构来看,神灵组成的功能体系正好涵盖了村民日常生活的需要,成为村民祈盼社会生活的投影。村民常以政府部门比喻桂林村的神灵结构,正是因为政府部门参与了村民生活的方方面面。由此可见,村民对神灵的认识反映了他们对良好生存空间、社会环境、美满家庭、生产顺利、无灾无病等美好生活的追求。

村民对神灵的崇拜是为了更好地进行生产和生活的实践,希望增加好的运气,而不将其视为实现异想天开愿望的手段。村民热衷于拜神,但是并不过多迷信神灵保佑。他们相信神灵会保佑自己,但是并不认为神灵能实现自己不切实际的幻想。村民认为愿望实现需要自己付诸行动,神灵的保佑能在自己行动中增加好运。故村民向神灵许愿时往往会将自己要做的事情说得非常具体,即村民的拜神目的十分明确,也表明村民意识到自身的行动才是决定性的因素,而非漫无目的地向神灵索求恩赐。如果村民在实践中没有达到愿望,他们也会对神灵表示感谢,不会怪罪神灵无视他们的请求。他们认为神灵"要保佑那么多人,管不到我们也正常"。[①] 村民从神灵身上获取精神寄托,却并不依赖神灵的保佑。对于寄希望于神灵保佑以求得意外之财的做法,村民普遍持抵制态度。如他们会对向神灵许愿以求在赌博中发财的人敬而远之,认为这些人品性不好。许多村民会称拜神活动为迷信,但每家每户都会有拜神的习惯,他们在接受科学观念的同时,也认可神灵能够在心理层面福佑他们。村民流传的"迷信迷信,半迷半信"正是对神灵崇拜观念的最好解释。

二、兼容并包和谐共存

村民的信仰,从本质上说是来源于自身生活的需要。因此,村民对不同的信仰多采取包容的态度。在共同追求美好生活的共识下,村民对神灵信仰差异并不太在意。村民认为,"能够教人做好事,不做坏事"就是好的宗教。[②]

村民在一个村落共同生活,彼此和睦相处,对美好生活的向往则是共识。所以,秉承与人为善的行为准则,很少因彼此信仰的差异而产生冲突。对于不同信仰的村民,彼此间仍保持友好的交往方式。村民之间已经形成

① 访谈对象:WSQ,访谈人:刘琥,时间:2022 年 7 月 26 日,地点:WSQ 家。
② 访谈对象:WZJ,访谈人:刘琥,时间:2022 年 7 月 26 日,地点:WZJ 家。

友好共存的社会关系，建立在其上的信仰既是社会生活的反映，也服务于村民共建美好社会的需要。正是因为村民对于信仰的认识主要关注其实用价值，不同的信仰也得以在桂林村存在，让桂林村的信仰呈现多元化的特点。

村民以想象力和神话传说建立起信仰空间，在共同寻求神灵保佑的实践中，神灵有了不同功能，人和神之间的关系实现由社会共存到信仰共存的发展。村民认为神灵能满足所有人的正常需求，不会偏袒，所以村民在祈求神灵保佑时，不能只求自己平安多福，也要请求神灵保佑整个世界平安，要"让大家都过得更好"。[①] 正如村民所言"那些只想着自己的人是自私的，人不能只希望自己过得好，也要为他人请求保佑，希望大家都过得好"。[②] 这正是村民将现实生活中的共存关系延续到信仰活动的体现。正是因为村民能够立足现实，形成共同追求美好生活的共识，人与不同的神才能共生。

得天独厚的地理位置和悠久的历史让桂林村积累了深厚的文化底蕴，信仰是桂林村最具有鲜明特点的文化。村民的信仰并非出于盲目的迷信，而是出于对美好生活的追求。由于信仰已经成为桂林村社会文化的重要组成部分，村民们围绕这些信仰周而复始地举行不同形式的仪式。他们对神灵的崇拜立足于自己的生活，在向神灵许愿的同时，自身也积极工作和付出，以求让生活变得更好，而不是对神灵抱有过度幻想。随着社会经济发展，有些神灵的功能被边缘化，有些神灵仍然为大众所追捧，但村民对神灵的崇拜基于世俗观念则是不变的。信仰的社会功能正慢慢被效率更高、质量更好的现代技术和社会保障体系所取代。神灵的职能也日益被淡化，信仰更多的是以文化和习俗的形式存在于村民生活中。

---

① 访谈对象：WSC，访谈人：刘琥，时间：2022 年 7 月 29 日，地点：林公宫。
② 访谈对象：WSH，访谈人：刘琥，时间：2022 年 7 月 8 日，地点：WSH 家。

第七章

风俗习惯

　　风俗习惯是村落文化的重要组成部分。桂林村深受传统文化的影响，至今仍保留着浓厚的传统风俗。这些风俗习惯是笔者了解桂林村村民文化生活的重要内容。随着时代的发展和社会变革，桂林村风俗习惯也不可避免地会受到冲击。一方面因人口流动和观念变化，一些传统仪式发生变迁，村民对传统风俗的重视程度被削弱；另一方面，村民又将现代新元素融入风俗文化中，从而形成新的乡村文化。

第一节　新旧交织的婚俗礼节

　　婚礼是人生的重要礼仪，受到当事者、家人和亲朋好友的重视。所以，村民对于婚礼的准备和举办往往需要花费大量的时间、金钱和精力。随着不同婚礼文化的交融，村民的婚礼也在传统的婚礼基础上逐渐融入了现代元素，由此逐渐演化出一批专门操办这种婚礼的人士。与传统婚礼主持人不同，这些人士融合了多种角色。

一、融合新元素的婚仪前准备

　　婚俗是人类文化生活中的重要组成部分，随着时代的变迁不断变化。婚礼的举办过程能直观地反映当地民众的物质文明和精神文明程度。桂林村的婚俗文化保留了当地独有的特色，随着时代的发展，婚俗礼仪日益化繁趋简，同时不断加入新元素，成为具有时代特色的婚礼。

　　（一）择媒说亲

　　桂林村村民受传统文化影响较深，婚礼仪式主要是遵循传统程序进行。说媒揭开了新人婚姻大戏的序幕，是双方关系锁定、感情加深甚至婚姻是否圆满的重要环节。说媒一事一般是由当地有名望的男性或女性担任,男性媒人在当地也称作"媒公"或"媒人公",女性媒人称作"媒人婆",不过"媒公"已经越来越少了。如果男女双方家庭互相知道对方的基本情况,媒人就可以直截了当询问对方意见,不需要过多介绍双方情况。如果是通过媒人牵线认识的,媒人要向双方家人说明家庭及个人的基本情况。委托媒人说亲成功后,主人家至少要给媒人一个猪蹄膀。20世纪90年代,桂林村的大部分青年男女通过相亲认识并结婚,现在大部分年轻人都是通过自由相识相爱。笔者调查,通过自由恋爱结婚的比例较大。有的还会在结婚前就住进男方家,育有子女后再补办婚礼。这些往常少见的现象,如今比比皆是。

当地也有一些年龄较大或者其他原因没有找到对象的人,会委托媒人帮自己牵线搭桥。媒人有可能是自家的亲戚,也可能是婚介所的红娘。说媒成功后,男方家要给媒人8000元左右的红包。如今,说媒的形式多种多样,主要是根据两家的需求进行选择。有时候为了说媒成功,媒人会有夸张的成分。当地有一个关于说媒的故事:以前有户人家,男方是医生,长相仪表堂堂,家庭条件不错。因媒婆未了解清楚男方情况,而只看到长相,拜堂时才知道是双腿残疾的人。最后女方只能认命,与男方结婚。[①] 这也反映出,媒人在提供信息时必须谨慎、准确,以免误导当事人。

(二)定亲纳聘

旧时桂林村的订婚仪式较为繁杂。一般而言,订婚仪式有小订和大订两个环节。如果男女双方较为满意,为了表示诚意并初步确定关系,就先进行一个小的订婚仪式。男女双方要把自己的生辰八字拿给媒人,由男方拿着女方的生辰八字给择日师傅进行合婚,主要是看双方出生的属相是否合适,这个过程叫"合八字"。如果合适,男方会提供一条项链或手链作为订婚礼物,一般为金银首饰,双方再吃一顿饭。小订的时候,一般由男方家长辈,或者媒人前往女方家进行协商。小订后,如果不满意,或者其他原因,可以取消订婚,小订的礼品根据男方家的意愿决定是否退还。

小订之后,通过男女双方家长协商,由男方家长再次找择日师傅选定正式订婚日子,是为"大订"。一般由男方去女方家里商量,或由媒人传达,媒人居中穿针引线。至于双方订婚、彩礼和陪嫁的事,可以根据家庭能力进行

---

① 访谈对象:LY,访谈人:陈睿琦,时间:2022年7月9日,地点:百岁街。

协商,甚至"讨价还价"。双方商量好后,一般由男方家提供饼和猪肉,按照女方要求,将日子饼、猪肉、彩礼装好。日子饼,又叫订婚饼,饼子的形状通常为长方形或圆形。新郎家按照选定的时辰出发到新娘家,女方回礼的时候把提前准备好的订婚饼和肉等物品都装在男方家拿来的盒子里,男方家送多少,女方家还多少。女方家一般提供状元糕,上面印有状元郎的形象,寓意着将来生的孩子会中状元。饼是圆形、扁状,做得很薄,像放大的银圆。订婚时最少要送两块饼给女方长辈,以前有可能是六个、八个等,主要看长辈有几位,就要给几块。其他小饼给亲戚朋友吃,送的数量是双数,一般会采用吉利的数字。订婚期间赠送女方钱财或者金银首饰,正式结婚时可以抵消一部分彩礼。

图 7-1　旧式嫁妆箱　陈睿琦摄

　　一切事项准备妥当后,男方父母或者媒人再拿双方的生辰八字选择结婚的日子与时辰,确定新娘进门的吉时。根据择日馆的师傅介绍,按照地方风俗,长辈会合男女双方的八字,但是现在婚俗趋向简单化,不会提前合八字,而是在结婚时看一下。如果八字不合,也不好直接说,而是用一些好话讨个好彩头。[①] 结婚选日子时也有忌讳,正月元宵未结束前,女子一般不外嫁,因为财不外流。结婚选择的吉日吉时比订婚时更为重视,因此时间间隔可能是一个月、几个月,甚至是几年,直至选到婚礼所需的吉日为止。由于社会发展,很多年轻人忙于工作,没有条件挑选其他日子,这种情况一般会选择国庆等假期较长的时间。因为日子的选择可以灵活变通,所以婚期主

---

　　① 访谈对象:LY,访谈人:陈睿琦,时间:2022 年 7 月 9 日,地点:百岁街。

要还是由当事人自己决定。在选择吉日期间,男女双方开始筹备婚礼的东西,如衣服、柜子、被子等,现在不需要准备抬嫁妆的桌子,一般会用红色行李箱来装嫁妆。

(三)成婚准备

改革开放后,当地的婚礼习俗在不断简化的同时,也慢慢地恢复了部分传统习俗。受到西方文化的影响,桂林村的传统婚俗在服装、仪式等方面也融合了西方文化元素。

在婚礼举办之前,要提前通知家中亲友,并邀请喜娘来引导婚礼。当地对于喜娘普遍叫法是"老嫂",是专门伺候新娘子,给新娘穿戴传统的凤冠霞帔,引导新娘完成婚礼仪式的人。

旧时,婚礼持续三天两晚,新娘进门一般是在黄昏时分。参加婚礼的宾客有可能会留宿,若主人家房间不够,邻居也会借出自家的床铺和场地。主人家宴请宾客需要三请酒,也就是说男方家人请周边的亲戚朋友来参加婚礼宴席,需要经过三请。三请的时间没有讲究,第一次和第二次去对方家里请,对方会推脱说不去,直到第三次去请才答应下来,属于客套性礼节。如果对方不能出席,会让晚辈代替自己参加宴席,但不能让长辈和同一辈分的人代替。如果三请之后对方家里没有一位成员参与,意味着两家关系破裂。据村民回忆,30 年前这种风俗仍有遗存。①

结婚前双方家门口要贴喜联,家中准备好婚礼用品。喜房由比较亲近的人布置,贴好"喜"字、挂上红色气球等装饰,迎接新娘的到来。女方需要提前准备陪嫁物品,必须是全新的,旧时陪嫁物品是请工匠打造,现在更多的是直接购买。尤其是新娘、新郎的衣服,一般是定做的。20 世纪 80 年代,新郎和新娘还会互戴胸花,服饰从传统样式转换成西式,而秀禾服则是近几年才开始流行。秀禾服也叫中式婚礼礼服,古代称为吉服。通常一套完整的秀禾服由里到外共分为五层,象征着五福临门,主要以绣龙凤、鸳鸯、花草等吉祥图案为主,含有百年好合、吉祥富贵等美好的寓意。现在村民举行传统婚礼,新郎一般只准备一套西装,新娘会准备一套出嫁时穿的秀禾服,一套红色的敬酒服。

陪嫁品可以在前一天或者婚礼当天送到男方家,但是两个嫁妆箱必须

---

① 访谈对象:MSM,访谈人:陈睿琦,时间:2022 年 7 月 5 日,地点:百岁街。

在婚礼当天送到男方家。箱中除了钱财与进厨房仪式需要用到的围裙和裹婴儿的布之外，还有红袄（龙凤装），以及三小两大共五个红袋。红袋里装着寓意开花结果、繁衍子嗣的桂圆、红枣、花生、瓜子之类的东西，五个红袋寓意五代同堂，含有一代更比一代好的美好祝愿。有的人家还会在红袋里放入柚子或者南瓜，柚子籽多肉满，为子嗣繁茂之意。裹婴儿的布，当地人称为"灶下裙"，是给头胎准备的。"灶下裙"由手工制作完成，并且一直留存，有代代相传之意。新娘母亲会为新娘准备"肚兜包"，贴身绑在新娘腰间，内里装有糖果、金银及寓意开花散叶的众多食物。糖果是祝愿夫妻二人之间甜甜蜜蜜，金银是祝愿新娘日后财运旺，红蛋意为繁衍子嗣。这些东西都是新娘自己收着，不分给别人。丈母娘要送给女婿一条金项链，新郎要在婚礼当天戴着，代表丈母娘疼女婿。新娘佩戴的首饰，一类是订婚时男方家的陪礼（彩礼），另一类是女方长辈如舅舅等人给的陪嫁礼物。如今这些陈规也有所变化，据笔者对桂林两家婚礼的了解，两家的新娘首饰都是由夫家提前准备好，并在婚礼前送到新娘家。

传统婚礼的拜堂仪式在房屋的前厅举行，大厅正面挂的图叫作"中堂"，崇奉的是中堂在上。"中堂"上绣着福禄寿图，正中间则绣着财神，写着"福寿双全"和"财丁兴旺"，整幅图用红色或金色交错辉映，非常喜庆。如果家里有长辈或其他亲人送的恭祝结婚的图样，也可以将其挂在中间，代替喜字。前厅左右墙面上挂着亲属送来的喜联，左边为尊，越靠前身份地位越高。

除了供桌外，从里往外依次摆放着供案、中桌、八仙桌，供桌两侧放置两把太师椅。房内左右两侧相对称摆放茶几和两把椅子，茶几的花纹古朴精致，雕刻精美。家人准备好供桌、八仙桌上的用品，跪拜用的草垫。供桌正中间摆放的是祖宗牌位，左右两侧是龙凤喜烛，要燃烧三天，家人要时不时修剪烛芯。喜烛两边又分别摆放着万年青和两个南瓜。万年青象征婚姻长久，南瓜籽象征子嗣多。最左边放的是七彩灯，最右边放的是五谷盒，寓意为五谷丰登。

八仙桌上正中间放着斗灯，斗灯像香火一样需要供奉，寓意是女子嫁过来后，传承香火。斗灯正中间装有一根点燃的蜡烛，也要燃三天。斗灯里还放着一面镜子、一把剪刀、一杆小金秤、两个红鸡蛋、一对金元宝、两颗金花生、十双红筷子，这几样都寓意着生意兴隆、子嗣繁多。还有一些红枣、桂圆和两个红底金字的小牌子，牌子上写有"福寿双全"和"财丁兴旺"，都蕴含着一些吉祥的寓意。其中，斗灯里的两个红鸡蛋可以捡，捡完后喜娘说一句"凤凰回头又生蛋"，再添上鸡蛋。斗灯里面的尺子和镜子都是用来保平安；麦穗寓意五谷丰登；彩头棍子用来掀新娘子头盖布；没脱壳的糯米稻谷象征存粮满仓，五谷丰登。斗灯两侧分别放着两炷香，左右两边摆着子弟官提的灯，右端放着金元宝。中间装了八盘食材，分别有鱼胶、梅干、五代糕、瑶柱、猪肉、八个红鸭蛋、粉丝、鱿鱼。这些食物是为了敬祖宗，摆法与祭祖摆法相同。桌上有十杯酒和茶，茶在酒的前面，所以酒的地位比茶低，意为"茶哥酒弟"，因为茶是敬活人，酒是祭拜用的。金色杯子装酒，红色杯子放茶，里面都各放一粒红枣与桂圆，前后两个杯子为一组，每相邻的杯子之间放一双筷子，总共十双。杯子左右两侧各放置了一个红色的酒壶。

供桌的下面放着一盆火炉，主人会把盐撒入火炉里，产生噼里啪啦的声音。这寓意着新娘进门后像盐花一样，为家中带来更旺的运势和多生子嗣等美好的愿望。

图 7-2　新郎、新娘家的中堂摆设　陈睿琦摄

笔者参加接亲时发现新娘家中的供桌摆放与新郎家一样，区别在于新娘家供奉的祖宗牌位是"历代远近宗亲之位"，斗灯中除了糖、麦穗、花朵外，其余东西也类似。斗灯前没有放五谷盒，而是放一盘水果，盘里是火龙果、荔枝、苹果、香蕉、小番茄。桌前的十个酒杯与十个茶杯呈弧形的样式摆放，杯子里同样装了茶水、酒水和红枣。但是茶杯之间没有用筷子隔开，筷子全部堆在一起，放在分家仪式用的盘子里。这个盘子里装着十粒红枣和十粒桂圆、两串钥匙，底下铺着一层稻谷。

（四）祭祖祈福

结婚作为人生大事，村民也会通过祭祖仪式将家中喜事以及新人问候传递给祖先。这一仪式不仅表达了后辈对先祖的尊敬，也寄托着希望能够得到祖先的庇佑和祝福的期盼。

结婚前一天，新郎和新娘要在家中举行祭祖仪式。祭祖仪式由家里的长辈安排，新郎要沐浴净身，以示对祖宗的敬重。首先由男方长辈点燃 12 炷香，点燃后拜门神。接着来到露天处，背对房屋正门，面朝天地拜三拜。最后回到供桌前，将手里剩下的三炷香插在供桌前的猪肉上。时辰到，祭拜祖宗仪式开始。地板铺上草席，门外燃放鞭炮。新郎手拿三炷香，背对供桌，先拜天地，而后向祖宗行拜礼。双手抱拳捧起，自右肩头向左腰以劈砍手势行礼，向祖宗行三拜九叩之礼。最后，将手中的香插入祖宗牌位前，拜祖宗仪式结束。

女方家的拜祖宗礼大体与男方家相同，但多了拜父母礼。父母亲遵循男左女右的原则分别坐在供桌两旁的太师椅上，新娘对着父母行三拜九叩礼。之后将新娘的爷爷、奶奶请来入座，同样行三拜九叩礼。最后新娘的长辈立于厅堂两旁，新娘从左边开始，对长辈们依次鞠躬行礼。行礼后，长辈会给新娘红包，名为"膝盖包"。现今这一礼节发生变化，长辈的站位无"男左女右"的讲究，依次鞠躬行礼也简化为面对一排长辈鞠躬行礼一次，新娘家拜父母的环节改到婚礼当天，以便更好地录制婚礼全过程。

图 7-3　祭祖时的大厅布置和供品　陈睿琦摄

245

二、喜娘引导下的女方家仪式

（一）迎亲

结婚当天，新郎家供桌上的物品摆放发生了一些变动，五谷盒从第二层供桌拿下放在斗灯旁边，桌子上的八盘食物已经撤走，又放了两个酒樽，酒樽的酒是用来敬天地的。五谷盒与樽为一合，两个酒樽为一对，献给天地。喜娘将放有"囍"字的鞭炮装在盘子里，用红色的绳子扎好，意味着百子千孙，红红火火。

图7-4 喜娘为迎亲做准备 陈睿琦摄

图7-5 新娘家的糖枣水 陈睿琦摄

新郎的亲戚将准备好的一只猪腿和一袋猪油装进迎亲车的后备箱里。有的人是送两只鸡，女方家收一只，再回赠一只母鸡，意味着出双入对。有的人在收到猪蹄后，蹄子留着，将猪蹄上的肉回给男方，有的人家怕麻烦也可以不回礼。接新娘的车子后备箱中放的是八卦镜和红伞，此外还准备了在路上燃放的鞭炮。接亲车辆多是单数，一般是男方的表兄弟姐妹去接亲，接亲时不能穿白色衣服，最好是穿红色的衣服以图吉利。喜娘迎亲唱词：

> 今天我们要去迎亲啦，大家一起排两排啊。
>
> 今天好日子好时辰啊，一帆风顺接新娘啊。
>
> 接亲的队伍长又长啊，帅哥美女排两排啊。
>
> 新郎官手捧红玫瑰啊，英俊潇洒好身材啊。
>
> 接亲的队伍跟着来啊，年年好运跟着来啊。

大家把掌声响起来,去接新娘啦![1]

众人在喜娘的指引下,出发去接新娘。到了新娘家,女方家人要放炮迎接。新娘家中早已做好准备,接亲的人一进门,就将用红糖蜂蜜泡好的红枣水端给他们喝。传统婚俗中,请喝糖茶是接待宾客的最高礼仪。随后,给所有来接亲的人吃新娘家煮好的线面。

(二)接亲

新娘子在屋中等待接亲,陪伴新娘的一般是兄弟姐妹或女性朋友。新娘身穿秀禾服,头戴金色首饰,胸前戴有一金一银的项链,手腕上各戴两个手镯,左金右银。手上戴的戒指也是左金右银。新娘戴的戒指数量一般是选吉利数,或者视家庭的情况而定。喜娘给新娘戴上八宝镜,主要是为了辟邪和保平安,并给新娘两只无名指戴上用草绳编好的戒指,戒指上绑着红色的绳子。

图7-6　新娘的桂圆手串　陈睿琦摄

图7-7　新娘的秀禾服
与首饰　陈睿琦摄

关于戴草戒指,当地有一个传说:相传两个姑娘斗法,其中一个要出嫁,怕另外一个来捣乱,就拿着麻戒指哭哭啼啼。另一个姑娘听到后以为在办

---

① 访谈对象:CJ,访谈人:马语瑄、陈睿琦,时间:2022年7月14日,地点:福源路。下文唱词都来自CJ介绍,不一一做注。

丧事，就没有捣乱。到了夫家后不好意思，就把麻戒扔了。故戴麻戒也有保平安的寓意。

随后，又给新娘戴上两串分别由十粒桂圆串起来的手环，目的也是为新娘保平安。村民认为桂圆有核，像在肚中孕育的孩子一样，有些人参加别人的婚礼，去沾喜气，如果怀孕了，会把新娘的子孙运也拿走。因此，新娘手戴桂圆手串是为了保护自己的子孙运，如果有怀孕的人来，手中的桂圆会将别人带走的子孙运破掉，严重的话，会直接影响孕妇的孩子。所以，怀孕的人一般不能参加婚礼。

一切准备就绪后，新娘家人安排家中小孩去叫迎亲的人来开门。新娘的朋友和亲戚会将门堵好，拦亲不让新郎开门，并向迎亲之人索要红包，气氛热闹。新郎拿出红包请求开门，有的时候，为了增加难度，还会安排一些节目或者活动拦亲，直到新娘家人愿意开门为止。

新郎手捧鲜花，在喜娘的指导下进行接亲。接亲时，喜娘唱道：

今天男方队伍到女方啊，帅哥美女排两排啊。

新郎官手捧红玫瑰啊，今天我们的新娘比玫瑰更高贵。

现在要准备单膝下跪呀，动作要快、姿势要帅啊。

鲜花送美人，玫瑰送爱人。

牵起老婆的手，让幸福跟你们走。

八宝镜戴身上啊，新娘子存钱千百万啊。

八宝镜新又新啊，夫妻恩爱结同心啊。

八宝镜亮堂堂啊，荣华富贵万年长啊。

桂圆一束花呀，新娘嫁进富贵家啊。

桂圆圆又圆啊，新娘生子中状元啊。

喜娘念完唱词后，请出舅妈开始进行梳头仪式。新娘舅妈拿着梳子象征性地从新娘头前上方梳到后方肩膀处，但梳子并不真正挨到头发。梳头一般会由长辈履行，赋予婚姻长久、长命百岁等美好寓意。梳头仪式唱词：

一梳头富贵不用愁，二梳头年年好彩头。

三梳头夫妻共白头，再梳头到尾比翼又双飞。

五梳头儿子戴金冠，六梳五六状元郎。

前梳七来后梳八，新娘嫁到富贵家。

九梳金来十梳银，好子好孙一大群。

祝福两位新人，幸福美满，万年幸福啊！

新娘舅妈再将准备好的红线系在新娘的脚腕处,先系左脚,后系右脚。以前这个仪式是用红线缝在红布鞋和袜子上,现在简化了。这个仪式是讨个好彩头,意味着以后的路要自己走,有红红火火的寓意。仪式唱词:

> 红线缝脚西边长,好子好孙排满行。
>
> 芙蓉牡丹双对对,结发夫妻百年年。
>
> 红线鞋弯,生子当大官。
>
> 红线系红跟,早添好外孙。
>
> 左龙右凤,百子千孙,好儿郎啊!

新娘舅妈为新娘穿上左脚的鞋,另一只鞋让男方家里人去找。旧时没有这一习俗,这是为了增加一些活动内容、活跃气氛特意引入的。找到后,新郎为新娘穿右脚的鞋子。梳头仪式结束后,喜娘将新娘父母请进房间,坐在床边。在喜娘指引下,新娘要向父母进行跪拜告别。拜别父母唱词:

> 一拜父母养育恩啊,恩重如山记在心啊。
>
> 二拜父母养育情啊,情深似海伴儿行啊。
>
> 三拜父母身体好啊,长命百岁永不老啊。

仪式结束后,喜娘叮嘱新郎、新娘要孝顺父母,常来看望父母。随后喜娘在前面引路,女方舅舅牵着新娘走,新郎跟在身后,一同来到新娘家的供桌旁。新娘踩在铺了红布的簸箕上,面朝门口,背对供台,站在供桌旁边。与此同时,其他接亲的人陆续将新娘的嫁妆抬出门外,只留下了两个红色的箱子,箱子正面锁扣处,放有一束万年青,箱子里主要是放着钱财。抬嫁妆时将新郎的被子、衣服、皮鞋等物品放在最前面。

(三)分家礼

婚礼当天,新娘家还要举行分家仪式。村民认为"嫁出去的姑娘泼出去的水",女儿嫁出去后家里的财产就跟她没关系了。传统上是由女方舅舅搀扶新娘到大厅拐角处举行分家宴。分家宴象征着新娘跟哥哥或者弟弟分开。分家时喜娘会在一旁唱哭嫁歌,歌词主旨是祝福娘家人日后一切都好,也祝福女儿嫁去夫家一切都好。分家礼中,喜娘根据女方与其兄弟所夹的食物,即兴创作寓意幸福吉祥的唱词。

分家仪式开始时,新娘站在铺着红布的簸箕上,兄弟站在新娘的面前,将准备好的分家菜装在托盘中,新娘和兄弟分别手端一边。分家菜总共有七碗:两碗米饭,两碗面条,一碗腊肉,一碗鱼放于正中间,还有一碗装有四个鸡蛋。喜娘站在旁边，一边唱分家仪式的唱词，一边指引两人进行分家。按照顺时针的方向，首先分米饭，新娘和兄弟将自己碗中的米饭相互夹到对方的碗中。紧接着指引两人将碗中的四个鸡蛋对半夹成两块，再将碗中的两块腊肉放在双方对面，又将鱼一起夹碎，最后将两个碗中的面条夹到对方的碗中。

分家仪式完成后，喜娘指引新娘站在供桌前，三拜祖先，然后背对供桌，随即将新娘右手的草戒取下，扔到供桌下面。拜完后，新娘就不能回头，被人牵到轿子上。喜娘在整个过程中指引新娘并唱着吉祥的歌曲。

图 7-8　分家礼的端盘　陈睿琦摄

分家意味着新娘独立门户，与原家庭没有了关系，从此变成了"客人"。所以在这个过程还有分财产仪式，这意味着原家庭的财产也与新娘没有关系，新娘不能带走娘家财产。娘家主人将稻谷和十双筷子放在茶盘上，里面铺一层没有脱壳的稻谷，并在里面放两把钥匙。新娘和娘家人各拿一把钥匙，以前人们使用铜锁而非钥匙来

图 7-9　分财礼准备的物品　陈睿琦摄

进行这个仪式。旧时新娘会在轿子前分财产，背对轿子，将稻谷和筷子扔向前方或后方，分好后退回轿子。轿门一般朝北，背对着女方家中的供桌。新娘背对供桌，是因为新娘嫁到别人家，不能回头。分筷子的时候一般准备十双筷子，有三种分法：第一种是喜娘唱一句，拿起一双筷子从茶盘的一端放

到另一端;第二种是十双筷子放中间,喜娘唱一句,向两边分;第三种是唱完后,直接把所有筷子扔掉,有的往后抛,有的往轿子上抛。

在喜娘指引下,新娘随着唱词不停地将托盘中的稻谷抛向身后。抛稻谷象征着跟兄弟分财产,往后抛回供桌,代表不想将家中的财产分走。整个过程充满了离别与不舍,令人动容。分财礼唱词第一段:

> 姐妹脚踏进宫前,今天嫁去做外人。
>
> 炊班师傅追出门,双脚移步到堂前。
>
> 姐妹脚蹈米筛前,兄弟子孙都贤人啊。
>
> 姐妹脚蹈米筛心啊兄弟! 兄弟存钱又存金啊兄弟!
>
> 姐妹脚蹈米筛又有空啊兄弟! 兄弟生仔做祖公啊兄弟!
>
> 姐妹脚蹈米筛又有底啊兄弟!
>
> 今天嫁去做夫人供奶奶啊兄弟!
>
> 姐妹脚蹈米筛面啊兄弟! 锦上添花富贵人啊兄弟!
>
> 脚蹈米筛面手扶金桌前,兄弟金砖垫桌前啊兄弟!

分家仪唱词第二段:

> 手扶茶盘八角圆,兄弟财余千万年。
>
> 手扶茶盘又有花,兄弟生子中探花。
>
> 手拿筷子新又长,姐弟做亲常常想。
>
> 舍筷挟面挟得深,姐弟本是血肉深。

分家仪发五谷米唱词:

> 一把谷头发楼上,兄弟做事逢逢上啊兄弟!
>
> 弟弟存金又存钱,妹妹发财平平起。
>
> 二把谷头发楼台啊,兄弟生子双胞胎啊兄弟!
>
> 文武双全多富贵,一代更比一代贵。
>
> 三把谷头发里厅,兄弟建房建宫厅啊兄弟!
>
> 弟弟代代生好子,儿孙代代做高官。
>
> 四把谷头发进宫,生意过省发过州啊兄弟!

结束后,喜娘开始说吉祥话,指引新娘兄长进行锁箱礼。兄长用红色的胶带将写有"五代金堂"和"百子千孙"字样的红纸封住箱口,并用两把金色的小锁子,锁住箱子。新娘母亲将装有红包的红袋子放在新娘手里,又将两袋花生递给新娘。这个红包叫回头包,一种说法是给兄弟分掉的,表示不希望新娘把家中的财带走;另一种说法是回头把里面的糖果给来宾一些,属于礼仪上的一个小红包。锁箱礼唱词第一段：

> 十把锁锁嫁妆，荣华富贵万年长。
>
> 二把锁锁田庄，亿万家财家里存。

锁箱礼唱词第二段：

> 弟弟锁箱时日好，好事好运都来到。
>
> 弟弟手抶金箱边，福禄寿喜年年添。
>
> 金锁了金箱，金银财宝箱里座。
>
> 大箱装有摇钱树，一代更比一代富。
>
> 小箱装有金宝盘，装书装本装学问。
>
> 箱内装红袍，夫妻恩爱同到老。
>
> 金银财宝年年有，荣华富贵更永远。
>
> 新郎新娘出大厅，开启红伞接千金。
>
> 牡丹遍地开满花，明年早添龙凤胎。

（四）出门礼

一般在婚礼前一天，迎亲轿子会提前送到新娘家里。喜轿送往新娘家之前，要送去男方家举行"祭轿"仪式。男方家用红酒喷轿，以酒祭轿神，希望抬新娘时平安顺利。旧时还会在轿子正前方挂上给轿夫的腊肉，有的会挂在夫家正门口，轿子到夫家后，肉由轿夫拿走。有好事者会提前等在夫家门口，以便先于轿夫拿走腊肉。

新郎的被子、衣服、皮鞋、婚礼用的家具等提前放在女方家，新郎的衣服、鞋子一般由他的姐妹提供，每一件东西都用红绳绑好。以前还会将这些物品放在小八仙桌上，抬到夫家。现在一般是用竹棍和木板搭建的简易搬运工具来抬运这些物品，俗称"抬杠"。抬杠就是把两个人共同生活所用的一些用具装在里面。

轿子分为八抬、四抬、两抬，不同类型的轿子使用有不同讲究。村民认为命格好的人才能坐八抬大轿，说明娘家人"很厉害"。平常人家普遍用四抬轿子，如果轿子较小，也可由两人抬。旧时农村还有不用轿子而是步行去娶亲的现象，主要是由于交通不便，村路较窄，婚轿无法通过，或经济困难，只能由男方背着女方去夫家。一般条件较好的家庭还会请唢呐班子，如果陪嫁多，当地人会将送亲队伍喜庆的场面称为"陪嫁陪女满路红"，以此来体现女方家财力雄厚。

图7-10　婚轿的里外　　陈睿琦摄

如今大部分村民是用汽车接新娘,因此一些习俗发生了变化。迎亲时,喜娘指引接亲的人抬着两个箱子,走到门口又退回来,连续三次后出门。喜娘将贴着符纸的八卦镜正向放在新娘手中,八卦镜上面有剪刀、金元宝、继承堂、金花生、小金秤。八卦镜和符纸本来贴在轿子上的,如果没有轿子,就由新娘拿在手里。轿符和八卦盘都是为了驱邪、保平安;八卦镜圆盘上的剪刀相当于武器,也是为了保平安。夫家选的姑娘为新娘子撑红伞,在喜娘的带领下,缓缓走出家门。红伞在当地有两种寓意:第一种是代表女方开花散叶,"伞"和"散"同音不同字;第二种是为了辟邪。

随着喜娘点起香烟说"千金出门啦",喜娘走着莲花步,引领着新娘出门,门口响起炮声,众人一并走出大门。新娘手提一把红尺,并挂有两个红袋,红尺是保护新娘不被邪物冲撞的护身符,红袋内里装着象征开花散叶的食物,在喝完交杯茶后会放入红盘,分给来宾。旧时由女方舅舅扶新娘上轿子,请童男童女提着灯笼和迎亲牌,走在队伍的最前面。喜娘在前面引路,边走边跳舞,随行人拿着扇子和手绢花跟在喜娘后面,轿子或婚车紧随其后。如果是婚车的话,则由亲人送到车门口。迎亲路上途经三岔路口、桥或者碰到其他结婚婚嫁队伍,都要放炮,以辟邪、防犯冲。

图 7-11　轿符和迎亲队伍　陈睿琦摄

三、喜娘引导下的男方家仪式

（一）进门礼

传统婚俗中会有一名家宴头（指负责操办婚礼的人）负责男方家里的事务。当喜轿抬至新郎家门口时，男方家放鞭炮。

图 7-12　轿夫、喜娘烧轿符　陈睿琦摄

轿夫将贴在轿门上的轿符取下，折好后与一叠元宝纸放在一起点燃，起烟后在轿子的每一面逆时针方向画圈，围着轿子走一圈，此举也是为了辟邪。夫家负责陪伴的姑娘撑伞在轿子门口等候，而后打开轿门，男方的舅妈搀扶新娘下轿，来到供桌面前。如果是婚车，由喜娘代替轿夫做辟邪仪式。舅妈将新娘扶下车后，喜娘取出贴在八卦镜上的符纸，与准备好的黄纸叠在

一起点燃,顺时针在新娘面前转三圈,再由舅妈扶向供桌。本来应该是在轿子前面进行的,由于没有轿子,就在新娘面前烧掉。新娘子走到供桌前,喜娘将新娘手上的桂圆手串和左手的草戒指扔在供桌下面。喜娘唱道:"新娘进门口一地都安好,新娘进大门高官福禄都来到。"夫家人拿起准备好的红枣、桂圆等干果分发给众人。

新娘旁边站着一位女童,在当地又叫"中间花",寓意为花好月圆。两侧站着子弟官,子弟官由男方家挑选的两个小男孩担任,通常是亲近家属的孩子。

（二）拜堂礼

1.坐椅子

拜堂仪式开始,门口又放一次鞭炮。喜娘拿来椅子让新娘坐下,随即又站起来,并将椅子放回原位,这个仪式是"坐椅子"。这张椅子本是给婆婆坐的,现在给新娘坐带有表演性质,意思是堂上的椅子轮着坐,先做世事(福安话,即媳妇)后做婆。原本这个仪式在洞房仪式结束后举行,如今仪式被喜娘提前了。如果在洞房举行仪式,是先把椅子搬到新房床的侧面,让新娘面对床头,暂时坐在椅子上,由喜娘说唱词,结束后,让新娘坐在床尾。

图7-13　新娘旁的"中间花""坐椅子"　陈睿琦摄

新娘坐椅子唱词:
　　　　高堂柱联红又长,新娘抬来作五代婆。
　　　　(观看婚礼的众人喊"好啊!")
　　　　金边柱联红又新,新人进门发财又添丁。

255

（观看婚礼的众人喊"雀啊！"）①

高堂金瓶装金花，儿孙状元榜眼又探花。

临喜红树挂中心，新娘生子出贤人。

龙凤喜烛长又长，斗里宝镜照乾坤。

果盒圆圆圆的好，财神进财又进宝。

高堂喜酒排两行，儿孙做官上朝堂。

堂上座椅轮流坐，先做媳妇后做婆。

"坐椅子"仪式结束后，开始请新郎。此时，由子弟官提灯三请新郎。

子弟官前两次不必上到新郎房间，但每次请都要比前一次上的楼梯阶数更多，意为"步步高"。此仪式旧时由家宴头主持，第一次请时说："子弟官提灯，请新郎官！"两个子弟官第一次提灯上楼，未能请到，下

图7-14　子弟官提灯　陈睿琦摄

楼回到供桌旁，将提灯放回原位。接着由家宴头再说："子弟官提灯，再请新郎官！"两个子弟官拿着提灯上楼再请新郎，还是未能请到新郎，将提灯放回原位。家宴头再说："子弟官提灯，三请新郎官！"子弟官重新提灯去请，此时新郎站在两位子弟官中间被请了出来，随即门口开始放鞭炮。子弟官将提灯放回原位，新郎站在新娘右边。通过这种方式体现男子地位尊贵，有男性为尊的习俗。

2.挑盖头

新郎与新娘一起进行拜堂仪式。子弟官分别站在供桌的两侧。挑盖头的仪式一般要经过三个阶段：第一个阶段是由命好吉利的人挑，条件是家庭圆满幸福、五代同堂、儿子是亲生子；第二个阶段是由男方大舅挑；第三个阶段是融合现代婚俗，由新郎挑盖头。挑盖头使用的工具一般是杆秤或者尺

---

① "雀"：方言，意同"好"。喜娘唱一句，众人喊一句，交替进行。

子,杆秤取"称"字,意为"称心如意";尺子上标识着十个数字,意为"步步高升"。此外,尺子在道教传承中属法器,所以在挑盖头之前,会手持红尺顺时针绕新娘头三圈,避免外来的邪物进入家门。如今有的家中挑盖头,是由男方舅舅挑,有的是由新郎挑,随各家情况而定。随后,喜娘指引新郎新娘戴胸花。戴胸花唱词:

　　　　戴花带喜庆,戴花带牡丹。

　　　　戴花带幸福,戴花带富贵。

　　　　(代表开花散叶,儿孙满堂。)

　　　　新郎新娘共戴胸花。

　　　　新娘戴胸花,今天进到新的富贵家。

　　　　连生三子登科第,状元榜眼又探花。

　　　　新娘戴花笑盈盈,鸳鸯成对会佳期。

　　　　左边红梅多结子,右边金竹又生孙。

　　　　两朵梅花漂亮佳,未来子孙发了家。

　　　　手拿金尺长又长,拨开新娘盖头巾。

　　　　新娘头上戴金花,娶到金花有荣华。

　　　　我提金带新又新,新郎新娘结成新。

　　　　千里姻缘来相会,天赐良缘结珠陈。

　　　　新带从左卷到右,夫妻有福又有寿。

　　　　全带从右卷到左,夫妻恩爱同到老。

　　结束后,再由家宴头或者喜娘高声说:"子弟官提灯,请舅舅!"喜娘开始说吉祥话,舅舅站在子弟官的引领下被请出来,为新郎戴红袍。旧时是由家宴头为新郎披戴红绸,现在由舅舅戴。

　　3.拜天地礼

　　戴完胸花后,新娘新郎背朝供桌,面向正门口,开始拜天地,门外要放炮。新郎行礼时捧手自左肩到右腰行拜礼,新娘则将双手放在右边行拜礼。每次先行三次拜礼,再行三次跪礼,共重复三遍。拜天地唱词:

　　　　一鞠躬,恭喜新娘找个好老公。

　　　　("好啊!")

　　　　再鞠躬,祝你们生活事业万事好成功。

　　　　("雀啊!"——下面与"好啊"交替重复)

　　　　三鞠躬,喜相同,来年生个胖墩墩。

一拜天,感谢天,终于等到这一天。

一请礼,再请礼,三请礼。

二拜地,感谢地,新婚愉快,白头偕老。

一请礼,再请礼,三请礼。

三拜天地,万事都如意,来年再生两个小弟弟。

新郎新娘面向供桌拜高堂。在喜娘的指引下,站着行礼三次,跪着行礼三次。拜高堂唱词:

拜高堂,一请礼,再请礼,三请礼。

一拜祖宗喜洋洋啊,喜气临门大吉祥啊。

一请礼,再请礼,三请礼。

二拜祖宗,夫妻恩爱结同心啊。

一请礼,再请礼,三请礼。

三拜祖宗好又好啊,来年再生两个好宝宝啊。

夫妻对拜时,礼仪较为简单,新郎新娘面对面站好,在喜娘指引下互相行三拜礼。唱词不固定,由喜娘个人随兴而唱。例如:

夫妻对拜,今生今世永相爱,谁先抬头谁买菜。

夫妻再拜,今生今世永相爱,谁先抬头谁做饭。

夫妻再拜,谁先抬头谁管钱。

桂林村村民拜天地有两种方式。第一种是在拜堂前先进行敬天地的仪式。新郎披红绸后,请父母亲来敬天地。敬天地时,需要准备五谷盒和酒。古人尊重五谷,将其献给天地,作为五谷丰登之意。这里有两种

图7-15　新郎家中拜堂仪式　陈睿琦摄

献法:一种是先由父亲敬酒,再由母亲敬。另一种是父母各拿一杯,两人站在一起,叫作"一对"或者"一合",五谷上面放着一颗大冰糖,母亲拿大冰糖,父亲拿五谷盒,也叫作"一合"。此仪式相当于把五谷和酒献给天地,向天地

分享自己的喜悦。另一种方式是新郎和新娘先拜堂,后敬天地。这里有两种说法,先来的叫敬,后来的叫接。新郎新娘拜完堂以后请父母亲接"酒"和盒。

4.拜父母

由子弟官提灯去请父母,父母跟在子弟官中间出来。喜娘将装有酒樽的托盘交给新郎。新郎拿着酒樽三拜祖宗后,由新郎单膝下跪将酒樽递给父亲,父亲拿着酒樽,面向天地拜三拜,再转身面向供桌拜三拜。随后,父亲将酒樽递给母亲,母亲拿着酒樽面向天地拜三拜,再转身面向供桌拜三拜。喜娘上前将酒樽放回供桌。此后新郎和父母依次拿着五谷盒、鞭炮重复上述拜礼。拜完后,父亲与母亲入座。

新娘新郎对父母行跪拜礼,先拜父亲,再拜母亲。拜完后,父母要给红包。拜父母过程中,主办方开始给宾客分发喜糖、干果和糖水。拜父母唱词:

> 常言道,水有源,父有根,不忘父母养育恩。
>
> 一拜,祝父亲身体健康,万事如意。
>
> 再拜,祝父亲长命百岁,永不老。
>
> 一拜祝妈妈身体健康,万事都如意。
>
> 再拜,祝妈妈长命百岁,越来越年轻漂亮啊!

（三）洞房礼

入洞房仪式包括交杯酒等环节,展示嫁妆也在这个环节进行。一般是由舅舅负责将新人送回婚房,由子弟官在前提灯,中间依次是舅舅拿着红烛、新郎、新娘拿斗灯,再由另一个舅舅拿红烛,喜娘随行说着吉祥话。旧时要在地上铺红布袋,从厅堂到婚房的这段路,长辈要拿三到五个红布袋铺在路上,让送入洞房的队伍走在红布袋上面,不得落空。如若走到红布袋的尽头,便将走过的红布袋捡起并传递到队伍最前方铺上,如此往复,一路传送至婚房,寓意为"代代相传"。

到了新房,喜娘将斗灯放在床上,新娘和新郎坐在床边,两根红烛、提灯放在桌子上。新娘将新郎披戴的红绸取下,新郎与新娘两人各持一端,将红绸放于床头,寓意为永结同心。以前是由家宴头提灯看新娘,舅舅把斗灯从床上端到桌子上,再开皮箱。现在由喜娘提灯说着吉祥话称赞新娘和新郎,拍掌称赞斗灯,将斗灯放在桌子中间。随后将新娘带来的两个红箱子放在床上，喜娘边说着吉祥话边指引舅舅打开两个箱子，称赞新娘的嫁妆。箱子里面装着陪嫁品，一般有用红花绑着的现金、红色的围裙、一块红底的花布、一对红色的百年好合枕巾、一些红布袋。喜娘将里面装着红枣、桂圆的3个红布袋取出，接着又拿出了2个装着花生的红布袋，最后取出4个红色的鸭蛋。

新郎家属准备好两杯茶水，分别放入两个红枣和桂圆，各放一个小勺子。喜娘分别从两杯茶水中单独倒一些在另外两个杯子中，端起倒好的杯子，拿起来说着吉祥话，边说边喝水，然后象征性地将喝到的水吐出，这个仪式称作"喷床"。从前是将雄黄酒喷到床上，先将左边的酒倒进右边，再将右边

图7-16　嫁妆展示　　陈睿琦摄

的酒倒进酒杯，口中唱着："红酒添红壶，天送玉麒麟。"这个仪式主要为了驱虫辟邪。仪式来源于《白蛇传》中许仙将雄黄酒洒向床上熟睡的白素贞身上，使其现原形，喷酒的目的一是为了祛除妖邪之物，使其显形并消灭；二是山上居住多有虫蛇，雄黄酒在古人眼里能有效防止虫蛇入侵，为了使新人晚上睡得安稳，于是喷酒。

喜娘端起准备好的两杯酒给新娘和新郎喝交杯酒。交杯酒唱词：

> 手捧金盘八角琴，祝新郎新娘生意兴万年。
>
> 金盘内里换金盅，文武状元上朝中。
>
> 杯中有好茶，新郎新娘发万家。
>
> 杯中有花生，新郎给新娘幸福又一生。
>
> 杯中有红枣，夫妻同到老。
>
> 杯子有桂圆，升子中状元。
>
> 今朝共计以茶代酒，祝新郎新娘天长地久。
>
> 交杯酒情谊长，祝福新郎和新娘。
>
> 交杯茶一起端，手腕隔手腕喝的一起干。
>
> 喝了交杯酒，一生一世走到老。
>
> 喝了交杯酒，一生一世同到老。

喝了交杯酒，大家祝福新郎新娘。

天天顺心走鸿运，日日如意迎吉祥。

百年加好今朝合，恩爱夫妻百年长。

新郎新娘坐床前，一担金来一担钱。

金银财宝年年有，荣华富贵千万年。

祝新郎和新娘金银财宝。

送新娘，送你财源滚滚，每年能赚上千上万亿。

万事如意，再添小弟弟。

图7-17　喜娘端酒　　陈睿琦摄

图7-18　喝交杯酒　　陈睿琦摄

（四）厨房礼

旧时进厨房仪式通常是在婚后的第三天举行。新娘在凌晨三四点时开始整理着装，穿"灶下裙"，下厨房给公婆煮饭，表示媳妇很勤快，孝敬长辈。仪式由喜娘或者老嫂引导，先拜灶神，后进行煮饭的仪式。以前是新娘亲自动手做饭，在餐桌布菜，而后请公婆来吃饭，一同入席，而新郎还在睡觉。若女方家离男方家比较近，女方家会早早地由新娘的小辈提着点心，通常是线面或者代表开枝散叶的东西，抑或将线面等物品摆满一盘，送给新人，新人要包红包给小辈。送点心并不是所有女方家都会做。如今，这些仪式都消失了，新娘按照煮饭程序表演一番即可。

如今厨房礼在婚礼当天就进行，也并非在早晨，而是根据婚礼的程序进行，一般放在婚礼的最后阶段。仪式开始时，喜娘给新娘系上围裙，一边说吉祥话，一边领着新娘进厨房，先让新娘的手摸一下厨房的门，将碗中的米饭倒入漏勺中，指引新娘将装有米饭的漏勺放入锅中，没过水后，将米饭捞出。接着，喜娘点燃三炷香，新娘子拜灶公灶婆。之后，喜娘便领着新娘逐

261

一认识并使用厨房中其他设施，再用抹布擦桌子，仪式即结束，最后将新娘送出厨房。

图7-19　新娘拜灶神　陈睿琦摄

（五）敬酒仪式

旧时婚礼当天接亲时，女方家有出门宴，男女同席。男方家中午摆席，称为妇女宴，宴请女性宾客，包括女性亲戚和朋友的妻子等。晚上的正席，宴请男性宾客。现在没有这种讲究了。

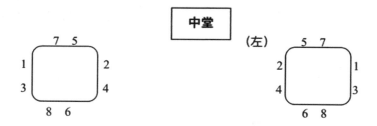

图7-20　宴席八仙桌座位示意图

晚上七点钟，酒席正式开始。当地村民一般会在自己家里举办酒席，根据酒席的规模，请大厨师傅来帮忙做席。以前喜菜是八菜八汤加两点心，现在是七菜五汤或者六菜六汤。亲朋好友到来时，门口要放鞭炮。结婚当天的正席上，只有两张八仙桌，其他桌子不讲究。第一张八仙桌由新郎官的男性长辈，如舅舅等人坐，通常不安排女性就座；第二张八仙桌给新娘的兄弟姐妹等陪同人员坐。两张八仙桌的座位都有八个位置，序号呈对称形式。两张八仙桌一般放在中堂的左右两侧，以中堂左侧为大，坐的是男方家舅舅等人，右侧坐的是新娘陪客。按顺时针顺序来看，中堂左侧八仙桌的座位顺序为1和3、2和4、5和7、6和8，这个数字是按照辈分大小来排的。1代表辈分最大的舅舅，2代表二舅等，依次排列下来，坐不下的依次安排到中堂右边的桌子上,右边桌子可以坐女性长辈。座位的顺序与左侧相对称,依次为1和3、2和4、5和7、6和8,两张桌子上的第8个位置,旧时一般都是由家宴头坐,如今没讲究。

(六)敬茶礼

宴席开始前,新娘在喜娘的指引下先敬糖茶。以前敬茶仪式新郎不用参与,新娘由喜娘扶着,把灶下裙放地板上,在大厅里寻找长辈,给双方至亲长辈行跪拜礼。如今新娘敬的茶里一定要加糖,敬茶时按照八仙桌的座位顺序,依次向长辈敬茶。当第一桌敬完后再到第二桌去敬茶,到第三桌的时候,茶杯如不够用,就将第一桌的空茶杯收回,空茶杯里面会放红包,每一桌都会在茶杯里放红包,旧时这些红包是给喜娘的,现在是给新娘子。新娘按照顺序继续敬茶,一直敬完。

(七)双杯酒

双杯酒是男方舅舅喝,一般是由家宴头作陪,只有第一桌有双杯酒仪式。新娘用酒盘端着两个酒杯、一瓶酒,由喜娘指引、新郎陪同。新娘先把酒盘放在舅舅前面,家宴头端起酒,一番美言后,盛情请舅舅喝双杯酒,舅舅故意推辞,家宴头再次详细地陈述理由,请舅舅喝双杯酒。酒先倒在舅舅面前右边杯子里,再倒入舅舅左边的杯子里,然后舅舅拿起酒杯,先将右边的倒入左边,左边回倒入右边,说一句:"红酒添红瓶,天送玉麒麟。"然后喝完右手杯子里的酒,再将左边剩下的倒入右杯,右杯的再倒入左杯,将左杯的酒喝完。此时右杯中还剩有酒,将右杯的酒平分到左杯。由家宴头拿过酒杯,将两杯中剩下的酒一同倒入空碗,然后将空的两个杯子按照座位顺序,放在下一位长辈面前,继续重复同样的流程。如果没有家宴头,就由喜娘代替。喝双杯酒的时候,没有敬酒。有些人家将双杯酒仪式和敬酒一起进行。旧时喝完双杯酒,新郎新娘敬完酒并行跪拜礼,给每一位长辈都要进行相同的仪式。如果在其他桌上遇到男方外婆家长辈,也要进行这个仪式。如今一般的亲戚朋友就是一起敬酒,不需要行跪拜礼。

由于旧时的敬茶、敬酒仪式比较复杂烦琐,现在没有了敬茶仪式,一般开席一小时左右,新娘新郎准备进行敬酒仪式。敬酒仪式中需要特别注意敬酒顺序,要先敬舅舅,接下来是舅妈、姨婆、姑婆,第三桌、四桌敬表亲,最后敬朋友、街坊等人,敬完酒后散席。

（八）云头送子

旧时婚礼会专门请唢呐班吹奏，迎宾、拜堂、酒席会吹唢呐，吹的曲子会随着仪式的进行而变化。现在是由喜娘自带的多功能小音箱，既能扩音，又能播放不同的音乐应景。唢呐班最后一曲演奏的就是"云头送子"。由唢呐班的领头拿着一对布娃娃唱闽剧，新郎新娘在旁边候着，仪式结束后由新郎新娘拿着两个布娃娃回房间，寓意"观音送子"，以后会生多子。如今，这个仪式也逐渐消失了。

等宴席结束，宾客散尽时，由家宴头负责看家。家宴头会请七个人，一起吃东家安排的酒席直到天亮。天亮后，新郎家人早起做饭，家宴头和七个看家的人回去休息。现在，家宴头的角色不存在了，就由喜娘来主持。

（九）回门宴和请丈人

当地的回门宴，又叫新郎酒，一般在结婚后的第三天举行。通常是早晨九点多，新郎和新娘一起回门到女方家吃酒席，与女方家结婚当天准备的出门宴差不多。去的时候，新郎有一个到两个酒保陪同。酒席结束后女婿回家时，女方家人给女婿送只猪蹄，由酒保把猪蹄拎回去。旧时一般将酒保叫畲客，他们的职责是去给新郎挡酒打杂的，但酒保不一定是畲族。一般是中午开席，只有圆桌，按照长幼顺序入座。女婿坐在上位，新娘不上桌，只负责端茶、倒酒、端菜、打杂，因为新娘回娘家要尽到地主之谊，给娘家人帮忙。

女婿回家时，会邀请女方父亲或者兄弟等人去新郎家。请帖是在迎亲时送来。男方家主事的人将十张龙凤大帖送达女方的父亲和其他长辈，帖里放着一张长条红纸，邀请女方父亲上门做"老丈人"。因为是新郎家的父母请老丈人，所以男方家长辈和父母作陪，老丈人作为上宾。男方家要向老丈人敬酒，新娘新郎不参与敬酒，也不入席老丈人那一桌。新郎母亲对老丈人的称呼也要低一辈分，称为"亲家公"。老丈人一行人离开男方家时，需放鞭炮，表示仪式结束。

四、趋向商业化的喜娘新角色

喜娘已经成为一个职业，这是婚礼日益商业化的产物。喜娘的来源，要从"老嫂"说起。老嫂专门为出嫁的新娘子服务，一般是请熟悉仪式的亲戚或当地比较出名的老嫂。因为女性有一些事不方便讲，需要一位年龄大、有经验的妇女帮忙处理。老嫂需为新娘子准备好去男方家携带的物品,教导她到男方家需要注意的事项。老嫂在结婚当天随同新娘子去新郎家,在新郎家待一天后跟随新娘子回门。旧时婚礼中,老嫂只是作为陪同,偶尔会说一些好话或客套话,帮助新郎家和新娘家沟通传话。

"老嫂"逐渐融合当地闽剧的元素,将其中的说唱、舞蹈集合在一起,又融入当地媒婆的形象,进而演变出了"喜娘"这样一个新的婚俗角色。由于喜娘这一角色能为婚礼增添喜庆氛围,因此在当地婚俗文化中逐渐流行开。据村民说,老嫂变为喜娘有一个有趣的过程。

> 2004年,福安八一市场有一家店老板跟一位年长的老嫂非常要好,长期介绍她去当老嫂。于是就有客户叫他成立一个队来招揽买卖。他专门去请一些唱地方戏的人,特别是一些年轻时当过角的女性,后来年长退下来了。这个人年龄大概就是40多岁,她们退下来后还想获得一些收入。然后有几个唱戏的人纷纷介绍,大家就加入这个队。队长的名字叫永龙龙(音译),我们叫她龙阿姨,五十几岁,因为她说得非常好,很多人请她去当老嫂,也有很多人慕名而来拜她为师。传统上一般是由男性来讲,也就是家宴头,这些人懂文化,能说会唱。但是家宴头人数非常少,男性懂这方面的人更少,于是老嫂去学了这一方面。因为老嫂在婚礼作陪的时候听多了,就学会了。一些新婚人请不到能说的家宴头,但老嫂很多,于是福安的新娘子都开始请老嫂,就解决了这个问题。后来,在下白石有一人叫作如意喜娘,她早年是唱戏出身,别人是说唱,而她会跳,于是把说唱和跳结合,每次帮人做喜事时,老嫂说,她来跳。大家感觉这个很新颖,就把闽剧中一些有关媒婆的形象和舞蹈结合到里面去说唱。由于龙阿姨很多徒弟都是唱戏出来的,一看认为自己也会,这群人就把闽剧中一些关于媒婆的素材加以艺术化,把老嫂的东西、家宴头、说好话,三者结合,起了一个好听的名字,就是现在的喜娘。[①]

由此可见,喜娘这一职业大概是在2004—2005年出现,是由当地有经验的老嫂结合闽剧和传统媒婆、家宴头的形象和职能创造出来的。这些女性不仅会唱戏,还具有较好的表演能力,引起了当地人的关注,轰动一时。由于第一批喜娘人数很少,因此价位高。据了解当年一场录像才200—300

---

① 访谈对象:MSM,访谈人:陈睿琦,时间:2022年7月10日,地点:百岁街。

元，而喜娘出场就高达 1600 元。后来喜娘人数逐渐增多，受到福安当地市场和交通条件的限制，喜娘团队逐渐在各自的地方发展，形成各自特色的"派系"。喜娘学成后又接着收徒，于是就衍生出了喜娘培训班。比较出名的培训班有两个，一个叫作巴黎喜娘，另一个是陈氏三姐妹的金牌喜娘。

起初对于"喜娘"的文化程度要求较低，但是她们有丰富的社会经验，懂得唱戏，因此还是能够与东家顺利交流。随着社会发展，对于喜娘就有了文化基础、口齿伶俐、能唱能跳的要求。由于这些能力因人而异，第一步先要培训，再评估是否适合继续学习。喜娘培训班会收取一定的学习费用。第一批学习的喜娘，由于具有一定的唱戏和跳舞功底，加上最初学习的人较少，培训费为 3000 元。随着人数增多，学习费用增加到 5000 元，如今已到 8000 元。培训班主要学习的内容包括喜娘的说唱词、舞蹈、注意事项等，不同地方有不同的讲究。培训到一定程度后，会由师傅带徒弟到东家去做喜娘，引导她唱跳，当地称之为"做场"。因此，当地对于喜娘的要求主要有三点：有一定的文化素养；年轻、身材面貌较好；能说会道。

喜娘的唱词本没有专门的文本，一般是靠口口相传，喜娘培训班则将这些唱词记载下来，方便学习和传承。由于市场对传统婚礼有较高的认同度，喜娘一般会按照传统学习说唱，也有一些经验丰富的喜娘会添加一些新内容，但是效果不理想。因为传统唱词是严格按照当地婚礼流程进行编排的，句与句之间衔接紧密，改动唱词不仅难以连贯，还会影响押韵，导致唱词效果不佳，难以获得老一辈人的认可。但是现在年轻人对唱词的关注并不多。一些喜娘也会将十八句唱词改为十三句，既简短又好听，符合年轻人的需求。因此，喜娘的唱词也会根据市场的实际需求不断调整和变化。

喜娘的服饰和妆发最初是借鉴戏剧中的媒婆形象，后来又结合了秧歌舞的服装演变而来。随着喜娘培训班的成立，妆发和服饰稍作加工和完善，形成了自己的特色。最初一批喜娘因为是戏班出身，因此懂得妆容和服饰打扮，现在的喜娘培训班一般统一着装，每个公司都有自己的特色。在公司学习早期，由公司安排着装。由于市场对喜娘的要求较高，喜娘公司一般是先派优秀的喜娘打响公司的名气。如果喜娘还没有出师，会由师傅带队到现场进行指导和学习。初学者跟场去学习，一般没有收入，但有的师傅会给一点辛苦费。学员学成后如果没有资源，培训公司会提供一些渠道，但要收 20% 到 30% 的抽成。培训公司会提前和喜娘准备协议合同，喜娘学习期间接到的客户单都要上报给公司，再由公司统一安排派单。在公司学习前期所获得的收入,部分需交给培训公司。一旦学业有成,便可以自己登场,喜娘之间也会相互介绍顾客。

喜娘的收入也随着社会发展而变化。老嫂陪新娘给宾客敬茶,也叫新娘茶,喝完后要放小红包。这个小红包一般是给老嫂的,有一两分钱,也有一两毛钱,后慢慢变成一两块钱,再到二三十元。宾客越多,红包就越多。如今新娘茶的习俗逐渐消失,这个钱就由东家给喜娘。在 2005 年前,老嫂参与一场婚礼的服务,会有 300 元到 500 元的收入。

后来随着喜娘的出现和市场需求的增长,喜娘收入逐渐增加,底薪也涨到 1600 元,加上红包能达到 2000 元。随着喜娘的增多,价位又开始下降,现在一般稳定在 1200 元左右,加上双杯茶和交杯酒的红包,收入一般在 1600 元到 1800 元。如果时间和路程增加,价格会根据实际情况上下浮动。如果是请有名气和有资历的喜娘,出场的底价是 1600 元到 1800 元,加上红包收入,总价可达到 2000 元左右。村民认为,每年适合结婚的日子有 60～90 天,一般结婚的日子比较集中,七月至九月是结婚的淡季,因此喜娘的收入相对也比较稳定。

笔者参加了两场婚礼,发现不同的喜娘,费用有较大的区别。喜娘不同,婚礼的节奏与礼仪便不同,唱词各具特色。据了解,第一家邀请的喜娘经验老到,所学礼仪与唱词都是从老一辈媒婆或者喜娘那里学的,因此更为接近当地婚俗的传统,许多被年轻人忽视的礼仪细节,她都能指导并纠正。婚礼当天,她手拿烟袋,走起莲花步来灵活自如,对于整场婚礼细节和氛围的把控恰到好处。她在指导新人遵循传统礼节的同时,也增加很多喜庆欢快的气氛。而另一家邀请的喜娘,从业仅三年,因此从准备工作到婚礼仪式,都略逊一筹,唱词更加倾向于普通话,婚礼氛围与礼节较为随意。因此,前者的喜娘费用也高于后者 1000 元。

随着当地婚俗的变迁与流传,喜娘逐渐成为婚俗活动不可或缺的人物。旧时的轿夫、家宴头和媒婆等角色现在都由喜娘一人承担。喜娘作为融合当地婚俗诸多角色的代表,无疑是婚俗文化融合其他传统文化演变而来的新元素。喜娘在整个婚礼过程中扮演了多重角色,形成地方婚俗的新特色。喜娘成为一场婚礼是否热闹隆重的重要人物。"喜娘"已经成为一种谋生职业。从传统文化传承来看,"喜娘"除了带有传统文化的属性,更多的是以商业化的形式呈现。喜娘在保留一些传统仪式时,也导致更多的婚俗文化被淡化。受到商业化影响,喜娘行业的发展和培训更加注重商业效益,致使许多传统婚俗文化被有意无意地忽略。

婚俗文化是民族文化的重要组成部分,内化在人们的观念和生活中,与社会环境的发展和不同地方文化的影响息息相关。桂林村的婚俗文化具有明显的地域特征,家族本位与香火传承的特征贯穿始终。许多传统的婚俗延续至今,具有明显的传承性。当地婚俗文化的变迁由政治、经济、文化等诸多因素综合促成,婚俗礼仪在简化的同时,也不断融入新的元素。

村民的择偶形式以及婚俗用品等方面的变化,都体现在婚礼细节。从媒妁之言到自由恋爱,婚车代替喜轿,定制婚服到选择流行婚纱,传统陪嫁的奁箱被红色行李箱替代等等,都将传统婚礼变成了中西方结合的现代婚礼。结婚仪式上的用品也会根据实际情况进行调整。虽然在时代变迁中,当地婚俗融入了许多新元素,但传统婚俗背后蕴含的深厚寓意却流传至今,形成中西合璧、新旧并存的现象。

随着快节奏的生活到来,不同区域间交流愈加频繁,村民的思想观念也更加开放。多数村民已经不拘泥于繁文缛节,婚俗礼节删繁从简,婚礼时间也从原来的三天缩短为一天。拜别父母的仪式和拜堂仪式,不再向父母之外的其他长辈行跪拜礼,只留存其中一些具有代表性的仪式。对于经历过传统婚俗的新人来说,婚礼不仅是一种仪式,也是一种责任,更是尊长重礼意识的强化。

第二节　繁复有序的丧葬仪式

丧葬仪式作为生命历程中的最后一个环节,是民俗文化的重要组成部分。桂林村作为佛教、道教、民间信仰并存的地区,丧葬礼仪与当地人的信仰密不可分,也融合了多种信仰仪式。

一、备丧

(一)选墓

村民认为墓地风水的选择关系到后辈的运势。墓地的选择有两种:一种是村民年老但身体还健康的时候就委托风水先生寻找墓地,风水先生找好之后,征求老人家的意见,如果满意,就请做墓的师傅,把墓做好;第二种是人百年之后,或者是家里人还没提前准备的情况下,由家人请风水先生去找墓。有的风水先生找一天两天,也有持续两三年的,如果一直找不到合适的墓地,入殓后放在老房子的后面,就是后厅,或者放在空地较大的地方。这种现象并不少见。

我还是小孩子的时候,我爷爷的棺材就在空地放了好多年才入殓。风水先生把墓地选出来后,家人会请人去做墓。也有人把棺材放在山上一个空地,有的人在山上有一块属于自己的空地,就把棺材先放在那里,搭一个防水的小帐篷,放那里风干好几年,有的十几年的也有。①

如今村民选墓仍会请风水先生择日,具体事宜由风水先生安排。风水先生找好墓地后,陪同东家去看,如果满意,也就是一两天就可以确定下来。如果特意去寻找一块很好的风水宝地,这个价格就不固定。风水先生要去观察山的地势地形,每天拍视频向东家汇报,需要工钱 3000～20000 元。而且墓地质量越好,价格就越高,加上给风水先生的红包,大概要花 8 万～10 万元。现在的风水先生还通过无人机将观察到好的地势发给东家,如果东家满意,就可以确定墓地的选址。墓地寻找过程的时间没有期限,价格也没有上限,完全是看当事人对于墓地的重视程度和经济能力。

（二）动土

风水先生寻到风水宝地后,定向、动土之前需要择日。一般由风水先生择日、选吉时进行动土仪式。动土仪式就是打桩、测面积,打好桩后把墓地的大体范围圈出来,然后做仪式、放鞭炮,最后还要给风水先生一个红包。

（三）选棺

棺木的选择有两种,第一种是在专门做棺木的店里,由东家根据逝者的体型大小去挑选,或者找做棺木的师傅按照不同的尺寸和规格定制。第二种是老人家有一定的钱财,根据自己的喜好和身材大小,找师傅定制棺木,然后把棺木放在家里比较偏僻的地方,百年以后就用这具棺木。现在实行火葬,大部分村民都使用水晶棺。

二、报丧

村民非常重孝,一般临终之前,子女都会回来陪伴父母。老人临终之前

---

① 访谈对象:WPZ,访谈人:陈睿琦,时间:2022 年 7 月 20 日,地点:东旭街。

子女一定要回到他身边，叫"送终"。旧时报丧，一般会请左邻右舍或者家族宗亲帮忙。如果姑娘出嫁后，要找家里堂兄弟等宗亲之人去姑娘家报丧。报丧的宗亲到女儿家后，女儿要给红包，旧时一般是两块、五块，现在要三五百块钱。女儿家还要给报丧的人煮一碗放两个荷包蛋的线面，不能放肉，并给报丧人一条毛巾，以作答谢。现在报丧一般由老人的子女或至亲负责，首先通知老人家的内亲，由老人家子女商定丧事分工，并通知其他亲属。如今通信简单快捷，直接电话通知，报丧的方式也就简单了很多。

图 7-21　逝者家门口、供桌　　陈睿琦摄

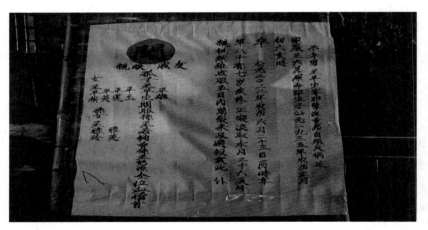

图 7-22　门白　　陈睿琦摄

当地人去世后，会在老房子的柱子上贴上白色的对联，大门上贴着两张菱形白纸。人去世后每动一个地方，都要挑时辰。长子拿着亡者的生辰八

字请风水先生选择吉日吉时。风水先生会算好换衣服、进后厅、入棺、火化等仪式的时间。选好之后，把逝者的出生年月、临终时间等基本信息用黑笔写在白纸上，贴在用竹子编的一个帘或门板上，放在大门口。当地人称这张白纸为"门白"，也就是讣告。左邻右舍通过"门白"得知丧事，并在选好的时间去参加葬礼。等到收棺的时候，"门白"才能取下来烧掉。

三、做丧

（一）净身

当地人认为一切万物都有神灵来主宰，每一位神灵主宰的东西不同。水底娘娘主宰的灵水可以洗净人的心灵和肉体上污秽的东西，起到洁净心灵和肉体的作用。灵水是取天地之灵气的水，当地人又叫"龙头水"，其功能是洗去逝者身上污垢的同时洗涤灵魂，将生前的罪孽一并洗去。村民认为人生在世，会经历尘世的风霜雨打，通过灵水可洗净身体、净化灵魂。

择日子的同时，一般由长子向水底娘娘买水，并用这个水洗涤逝者身上的一些秽物。向水底娘娘取水的时候要烧元宝和蜡烛，还要点上三炷香，嘴里念："请水母娘娘卖水。"以此表达对神明的敬畏，诚心祈求水底娘娘赐灵水。

> 长子去买水时，拿着一个红色的桶，还要拿着一捆元宝、红蜡烛、三炷香，然后到溪边烧元宝、点蜡烛、点香。长子跪在那里，跟水母说："水母，水母，水母。"要叫三声，告诉水母去世人的名字和日子，并说："来向你买点水。"然后用桶装水，只装一下，不能多装，桶放下去拉上来，装多少就是多少。还要拿秤，称一下几斤，秤完跟水母说："水母啊，我向你借几斤水啊。"装完水就回来了。[①]

一般会在近处取水，井水或者溪水都可以。取水的时候要倒数逝者的年龄，直至数到零为止，代表将逝者从出生到死亡的污垢与罪孽逐一清洗掉。倒着数是因为人出生的时候一尘不染，是最干净的。

水买回来以后，用柚子叶泡开水，泡好后再由子女给逝者洗身体。洗的时候讲究前三后三，象征性地洗。水还要留一部分给亲人洗手用。一般逝者临终之前有一口气，口里有异物，抬到后厅后，要用一条白色的布把脸盖

---

① 访谈对象：WPS，访谈人：陈睿琦，时间：2022 年 7 月 25 日，地点：福源路。

起来，再将一块冰糖放到逝者的嘴里。一方面因为冰糖是甜的，代表到了阴界以后，日子很好过；另一方面，放入冰糖后也可以防止逝者嘴里的异物掉出来。

逝者经过灵水净身后，穿上他生前准备的一些衣服，根据选好的时辰将其抬到后厅。同时派人去请入殓师傅，商量入殓仪式的细节问题。有的人会在穿衣服的时候就请入殓师傅指引，有的家中长辈有经验，就不需要入殓师傅指导。穿好衣服后，将逝者抬到后厅，旧时一般是放在木板上，现在会先放进棺木中，待选定的时辰到来再进行入殓仪式。此外，传统上，人们要在逝者的棺材旁边放油灯，油灯不能灭。如今都是点两根蜡烛，烧完后就续上，一直等到出殡为止。

后厅还会摆放一张小的供桌，供桌上第一层正中间点一炷香，一般是一炷大香或者三炷小香，以单数为原则。大香左右两边各摆一个花篮。第二层是四支蜡烛，正中间是两支红烛，红烛两侧各放一支用红带绑在瓶口的蜡烛，红带是为了讨个吉利。前面供放三盘水果，每盘水果的数量都要用单数。水果前面安放燃烧的四支红色的蜡烛和一盘龙香（盘香），更前面放置盛有茶水的三个红色小杯。敬茶是一种传统习俗，用来敬天、敬地、敬先祖，象征着一种吉利和好运。供品整体分层结构为"三四三"，在当地代表"三财四喜"。在丧葬习俗中，三就代表生，四代表死亡。

早年还会请布墓师（本地称"布踏踏哟"）来重新布置棺木，并有请鲁班神的仪式，目的是答谢鲁班师傅给逝者"房子"住。家人会在棺盖上放一盘肉、三盘素菜、三杯酒，并给鲁班师傅上香，嘴中念词是在夸菜和肉的好。现在已经没有专门做这种仪式的布墓师，而是由入殓师完成。在入殓前两个小时，要修缮棺木，主要是对棺木进行加固和防腐处理。还会将棺木旁边的缝隙用纱布和油密封住，防止漏水和尸体腐烂。入棺时要将逝者的头和脚放入棺正中位置，旁边用木炭、灯芯草、纱布袋等吸附性强的物品进行固定，防止抬起来后晃动，同时也为了吸附尸体流出的水和异味。①

（二）夜会

做完准备后，要等吉时进行入殓。在此期间，家人根据逝者的信仰请道士或佛堂师父为逝者念经祈福。信仰不同，做法有区别，但顺序相似。这个

---

① 访谈对象：MSM，访谈人：陈睿琦，时间：2022 年 7 月 26 日，地点：百岁街。

过程就是夜会仪式,在当地又叫"会晚"。一般会在去世当天下午,请道士来给逝者念经祈福,有的人做三天,有的人做七天或可能更久,每做四个小时休息一次,具体几天要根据选好的时间来安排流程。据说信仰道教和佛教的人家都会做这种仪式。因为宗教信仰复杂,且每个人的信仰不同,做法就有差异。虽然都是做法事,但有所不同,普遍都会为逝者作法祈福。^① 在丧葬仪式中,当地人经常把道教仪式和佛教仪式融合在一起。例如选吉时烧符作法一般是道教仪式的一部分,而念经祈福是佛教仪式的一部分。信仰天主教的家庭,则按照天主教的丧葬仪式进行,区别较大。

（三）开天门

开天门仪式就是让逝者的灵魂升天,一般会在去世当天晚上十二点过后在房子大门外举行。仪式开始时将碗翻过来扣在地上,旁边放着砍柴的斧头,手拿三炷香站在凳子上,嘴里念:"某某人,什么时候生,什么时候死。"这是告诉三界逝者去世的事。再呼喊"皇天啊皇天,开天门啊",连念三遍后就拿斧头把碗打掉,意思是人已经去世,不需要再用碗吃饭了。一般举行开天门仪式的是儿子,没有儿子就由女儿来做。

（四）守夜

开天门仪式结束后,子女至亲要穿孝服守夜,一晚上至少两个人。守夜时不能喧哗,偶尔要到后厅去看一下,防止老鼠、蟑螂等骚扰逝者。守夜时还要在供桌上点香,给逝者烧纸。现在大部分人家是整夜烧纸钱,旧时是家人烧一下,缓一下。信仰佛教的家人会吃斋念佛,还会专门请人去家里念佛。守夜时,子女一定要穿黄色的麻衫。据了解,这是当地最高的一种礼仪。从逝者入棺、祭拜、火化等各个环节都要穿黄色麻衫。一般尽孝的时候要发白布,根据亲疏远近发布条,娘家人要七尺布条,其他亲戚朋友一般穿白色的麻衫,表示对死者的尊重。^②

（五）入殓

等到吉时,家人会在入殓师的指引下,进行入殓仪式。一般由至亲拿着

---

① 访谈对象:MSM,访谈人:陈睿琦,时间:2022 年 7 月 5 日,地点:百岁街。
② 访谈对象:WCQ,访谈人:陈睿琦,时间:2022 年 7 月 20 日,地点:福源路。

火把，顺时针绕棺木转圈，边转边念经，以更好地超度亡灵。所有的儿媳妇要用梳子梳头，把头上的东西梳一点到棺木里。到了封棺时辰，入殓师傅会让所有人退开。村民认为，若至亲的影子投射到棺木中，会对子女不好，灯光也不能照进去。村民认为生者为阳，死者为阴，如果有灯光照进去，对逝者不好。入殓后，家中的至亲要举行一个小的告别仪式，逝者的女儿跪在右边，儿子跪在左边。棺木在后厅封好后，等待下葬的日子。旧时要在家里放三年时间，20 世纪 70 年代改成在家里放一年，这期间有的人会将棺木抬到厕所里。棺木放在家里时，要用布把棺木盖住，防止灰尘掉入棺木。等安葬的日子到了，提前一个晚上抬出去打露水。打完露水，第二天早上就抬走。现在最多放三五天就安葬。

四、出殡

（一）家中告别仪式

出殡前一晚，要将棺木抬出后厅打露水，这是为了吸收天地灵气。家里人提前联系好殡仪馆的车、唢呐班、锣鼓队，并选好骨灰盒等物品。在家门口较为空旷的地方摆放供桌，供桌放在棺木前，棺木周围用花圈围住，为第二天早上的告别仪式做准备。同时请法师继续为逝者诵经祈福。据笔者观察，供桌上会铺上写有"源远流长"字样的布，代表家族后辈能够千秋万代，兴旺绵长。供桌上的摆放分为三层：第一层正中间是用黑布包边的遗像，遗像左侧是一张黄色的符纸，符纸上写着逝者的生辰八字和功过，也是逝者一生的写照。遗像正前方点着六炷香，左右两侧各放一瓶矿泉水。香前再放三杯茶水、三杯酒。茶水左右两侧各插一支白烛。第二层摆八种水果，如李子、桃子、苹果、香蕉、葡萄、橘子、火龙果、芒果。第三层是七道菜，包括用面筋模拟做的荤菜，香菇竹笋做的鱼、龙虾、五花肉、猪筋，剩下一盘是用纸卷起来的帛，这是向神灵进献衣物之意，做完仪式后要将帛烧掉献给神灵。还有一盘用黄纸或白纸包好的祭礼钱，是家中亲戚送来的红包，做完仪式后再分给家属。每一盘菜上面要插上一炷香，当香被点燃，烟雾升腾，象征着食物被逝者享用。此外，每盘菜上还放有一片红色的纸，红色通常代表活人的世界，以此告诉逝者这些祭品是由在世的人做的。

准备好所有的东西后，就请法师围绕棺木和供桌诵经祈福。到出殡吉时，家里人放鞭炮示意，锣鼓队开始奏哀乐，一行人走到供桌前进行拜别仪

式。最前面的两个是挑
竹子的挑夫,中间是唢
呐班,后面跟着子女。
一般老人百年后,伴侣
不用参加拜别仪式,但
去世后,原配夫妻要埋
葬在一起。如果中途母
亲改嫁,母亲百年后,第
一任夫家子女要将母亲
遗体带回,埋在自己父
亲的旁边。即使母亲先

图 7-23 出殡当天的供桌 陈睿琦摄

去世,也会带回先建好墓穴,最后埋在一起。当地的说法是"长妻不离开"。①

出殡当天的拜别仪式最为隆重。子女和儿媳都要身穿粗麻衣、头戴麻帽,腰间和胳膊上系着白布条。他们手中还拿着红白相间的龙杖,也叫作哭丧棍。龙杖与目连救母的传说有关,主要是为了表达对父母的孝敬。还有一种说法是父母百年后,路不好走,给父母当拐杖用。其实还是为了表达子女对父母的孝顺。此外,儿子腰间还要挂一双草鞋。旧时出殡的时候,儿子要将草鞋穿在脚上走路,认为父母历经千辛万苦养育子女,通过穿草鞋走路的辛苦来体验父母的不易,代表着对父母养育之恩的感念。一旦穿上草鞋,只能往外走,不能回头。如果半路鞋子丢失是不能捡回来的。如果穿到山上,最后要将所有的麻绳、麻鞋、麻衣等物品烧掉。亲属关系近的穿白色麻衣,其他亲属一般穿白色的衣服。朋友、邻居等一般穿白色衬衫就可以。女性亲属一般会在胳膊上系三尺六的白布条,男性一般会在腰间系七尺七的白布条,所有人系的白布条上面都有一部分红色作为点缀。

仪式开始后,子女一般会以男左女右的方位站在供桌两侧。先由长子跪在供桌前,将供桌上的三杯酒从左到右,依次倒在地上,第一杯敬天,第二杯敬地,第三杯敬逝者,并向逝者行跪拜礼。结束后长子手拿龙杖,站在供桌左侧,主要是祈求好运与平安。家中所有男性按照亲疏顺序上前一一行礼拜别,再由所有女性按照亲疏顺序行拜别礼。如果是长辈前来行礼,子女

① 访谈对象:WCQ,访谈人:陈睿琦,时间:2022 年 7 月 20 日,地点:福源路。

要平举龙杖，跪下来接礼，表达对长辈的尊重。如果逝者家中有子女已经去世了，由在世儿子或儿媳代替行礼，并多拿一根龙杖和一件粗麻衣。祭拜过程中，每隔一段时间要放炮，并由锣鼓队奏乐表达哀悼之情。祭拜结束后，供桌上的祭品装在盘担中挑回家。旧时食物比较珍贵，有的人家挑回去后，会将祭品吃掉。现在一般不会吃，等仪式结束后会扔掉。以前还会将供桌上一部分供品挑到山上进行祭祀。

（二）火葬场告别仪式

仪式结束后，灵车将逝者送到火葬场。旧时没有火化的时候，会直接将棺木送上山进行下葬。出殡队伍的顺序有所讲究，队伍最前面是载有遗照相框的车，表明逝者会去西方极乐世界。后面跟着挑竹子的两名男子，一根竹子上挂着黑白两块布条，表示黑白无常引

图7-24　挑竹子引路的挑夫　陈睿琦摄

路；另一根竹子上挂着红色布条，代表亲人相送。后面跟着锣鼓队，一路奏乐，家中孙子或请来的人手持黑色或绿色的祭奠幕布和花圈跟在锣鼓队后面。长婿要将遗像抱在胸前，走在灵车前面，相伴在灵车左边的是儿子，右边是儿媳和女儿。其中长子手拿写有父亲生辰八字的黄纸与点燃的三炷香，队伍最后是其他亲戚朋友。由于是火化，要将逝者送到有水的地方后放鞭炮。

去往火葬场的途中，长子一路上要向逝者传达信息，例如过桥时喊："过桥了。"到了火葬场，有些人家会再办一场告别仪式，一般只有生前德高望重的人才举行，大部分人家不再举行仪式。由于逝者不能见光，子女会手拿一把黑伞遮挡。到了火化的时辰，子女会将逝者送到火炉口，并在伞上倒一碗水，意思是告诉逝者，这些水会把火淋掉，不会烫到逝者，以此来消除逝者的恐惧。一般火化需要两个小时，结束后，子女抱着骨灰盒上山安葬。

五、安葬

（一）安放供桌

当地人下葬时会请风水先生作法，由于下葬时间也是择好时辰的，风水先生会提前两个小时到达墓地等待，并提前准备好两张供桌，一张用于祭祀福德正神，另一张用于祭祀逝者。福德正神的供品一般按照常规摆放酒和肉等。如果逝者生前吃素，供桌上就不能有荤腥。子女手拿黑伞，遮在骨灰盒上，一路上还是按照辈分顺序将逝者骨灰送上山。上山后，墓地的泥瓦匠将一个装有黄色陶瓷罐子、

图 7-25　福德正神　缪少明供

木炭、盐、茶油饼等物品的大火盆放在坟墓里面烤，替逝者将墓穴烤热一些，意思是下一代可以红红火火，非常热闹。[①] 烤热后，将火盆拿出，并将里面的火分到其他的火盆，再放一支蜡烛引出火，引燃准备好的提灯。供品摆上后，法师会请家里人点香，墓的左右点三炷，金银财富点三炷，福德正神点三炷，总共点九炷。逝者家中有几个儿子，就准备几个提灯、火盆和炉担。炉担是用木篓编的，外面贴着写有"五代同堂""百子千孙"的红纸。

（二）请神

棺木进坟墓之前，风水先生会撑一把伞，站在坟头做法事。首先请銮驾，主要是请当地的龙神、山神、土地神等三界的神明和祖先，以此表达对神明的尊敬和请求护佑。在作法过程中要点香、念请神科仪，并用阴阳杯问神。请到神后，要念买山契，内容是"什么年，什么日，什么人，埋到哪里。东到多少，西到多少，南到多少，北到多少"等内容，念完之后将请銮驾的科仪

---

① 　访谈对象：WCQ，访谈人：陈睿琦，时间：2022 年 7 月 20 日，地点：福源路。

文书和买山契都烧掉，并对泥瓦匠喊三声："进棺了，师傅。"泥瓦匠师傅就把棺木推入墓穴并进行封棺。除了泥瓦匠，所有的子女等人都要往边上退，不能站在坟的中间，以免影响气运。请銮驾科仪（部分）如下：

> 吉日时良，天地开张，致敬名香一炉。
> 十方清净，法应三临，香烟线起神。
> 通千里，神必灵，必降灵。
> 一召一请，二召二请，三召三请，拜。
> 初旬请两正月中，富贵荣华旺儿孙，
> 酒至徘徊奉金语，琉璃盏内正芙蓉。
> 二旬清酒满悠悠，奉劝龙神定筵中，
> 大□思光重庇佑，阴益儿孙做三公。
> 三旬清酒三旬□，三杯五盏列成行，
> 名□出在言山下，旺出儿孙中状元。
> 四旬清酒绝绝红，奉劝龙神定筵中，
> 田园大熟人丁旺，牛马六畜自成群。
> 五旬清酒五旬浆，百福千祥共坛场，
> 真龙结穴临此地，进出儿孙中状元。
> 六旬清酒奉金杯，银烛光辉照满堂，
> 酒足刘伶奉李白，酒如畅饮圣贤欢。
> 七旬清酒劝圣贤，三杯五盏相排连。[①]

（三）呼龙仪式

棺木安放妥当后，风水先生进行呼龙仪式。呼龙科仪（部分）：

> 手抱罗庚八卦神，盘古初分天地人。
> 九天玄女阴阳法，济渡几问阳极贫。
> 吾是三男白鹤仙，手把罗庚照四边。
> 手把罗庚摇一摇，二十四山都来朝。
> 手把罗庚照一照，二十四山都荣耀。
> 南山石上凤凰飞，正是杨公安葬时。
> 年通月利无禁忌，今日打开生龙口。

---

① 访谈对象：WPZ，访谈人：陈睿琦，时间：2022 年 7 月 20 日，地点：东旭街。

轻轻移通大封君。①

此举主要是请龙神保佑选好的这块风水宝地。子女将准备好的一条红色被单取出，拉起四角，风水先生念完呼龙科仪后，往红色被单上撒龙籽。龙籽包括谷子、豆子、茶叶、竹钉（七个）、桂圆（一把）、铜钱、芝麻七种物品，且食物都是生的。谷子和豆子寓意五谷丰登，竹钉代表人丁，铜钱代表财富，整体寓意是希望子孙能够兴旺发达。撒完后，风水先生将龙籽平分给每一个儿子，分好的龙籽装在准备好的龙籽袋中，挂在脖子上。

（四）回龙仪式

桂林村丧葬仪式中最具特色的是回龙仪式，这是下葬仪式中的一部分。呼龙仪式结束后，所有人要换上红色衣服，并请人将炉担挑回家。炉担放着一个火盆和一个斗灯，斗灯里面放谷子、剪刀、小红尺、十双筷子等物品。这些物品立着围成一圈，外面用红纸包起来。提灯一般会分给儿子和儿媳，旧时一般不给女儿分提灯和炉担，现在不这么讲究了。

旧时出殡队伍将逝者送到有水的地方时要放炮，家中女性换上红色的衣服就回去。等逝者上山安葬后，家中男性也要换上红色衣服下山，并与提前等待的女性结伴回家。现在子女都可以上山参加逝者的安葬仪式，结束后男女一对结伴下山。回去途中，车上的白色花圈全部换成红色物品，回到出殡的地方下车。这个时候，家中子女和儿媳必须穿上红色的衣服，女性一般穿结婚时的秀禾服，所有人都肩披红布袋，也可以披在手臂上，寓意为代代相传。子女每人左手拿着三炷点燃的大香，右手提着分好的提灯，其他亲属手拿一炷香即可。幕布也换成写有"回虞"字样的红布，所有人按照出殡队伍的顺序原路返回，一般要回到供有逝者牌位的房子里。队伍回到家门口要放炮，所有人按照男女一对的形式依次将手中拿的大香插在门口的桶里，再进到房间内，面向挂着寿锦的供桌行跪拜礼，有的凑不到对的，可以两个女性为一组或两个男性为一组。先由子女和儿媳一起跪拜，结束后以男左女右的方位站在供桌的两侧，再由其他亲戚朋友行跪拜礼。如果是辈分较高的长者，子女和儿媳要跪下来接礼。跪拜结束后，每个人都会喝一杯红糖水，有的人家还会给一块面包。此时锣鼓队开始奏乐，家中男性在大厅中吃饭，名为"下山酒"，一般规模较小。

---

① 访谈对象：WPZ，访谈人：陈睿琦，时间：2022 年 7 月 20 日，地点：东旭街。

图 7-26　回龙队伍　　陈睿琦摄　　　　图 7-27　回龙后家中祭拜的供桌　　陈睿琦摄

　　桂林村的丧葬保留许多传统仪式,其中蕴含亲人离世的悲痛之情,对后辈子孙繁荣兴旺的期盼。村民对生死的态度也以顺应自然为主,对死亡持乐观的态度,期盼将逝者的生命和好运世代延续,在死亡中获得新生。一些风水先生会将丧葬仪式中的环节与逝者后世、家族兴旺联系在一起,仪式过程以及具体节点成了检验子女孝心的标准。大部分村民都会举办完整的丧葬仪式,一方面是表达对逝者的挂念与悲伤,另一方面是表示对逝者的尊重。

　　丧葬观念来源复杂,受民族、宗教、政策等各方面的影响。丧葬习俗反映了人们对鬼魂和祖先的崇拜。丧礼作为人生中重要的仪式自然会贯穿在整个丧葬过程。村民相信人去世后灵魂仍在。对于逝者的后人来说,不仅要敬天拜佛,还要祭祖拜神,以祈求护佑与安宁。

　　桂林村繁复有序的丧葬仪式有其特定的意义。村民通过厚葬的仪式,安抚逝者的灵魂,表达对死者的怀念,希望死者的灵魂可以升天,送死者灵魂去往极乐世界安息,不再困扰生者。通过仪式表达子孙后代的美好希望,用香火和拜祖将生死观念合为一体。整个仪式,既有对鬼神的敬畏,也有对逝者的尊重与思念,更多的是对未来美好生活的期盼,是一个由死向生的过程。

第三节　吐故纳新的人生礼仪

桂林村的人生礼仪也具有自己独特的习俗。随着社会的发展,一些人生礼仪逐渐被简化,另一些礼仪随着社会发展而不断加入新元素,也更加符合现代生活的习惯。

一、婴孩礼仪

桂林村浓郁的信仰文化,衍生了许多不同的礼仪习俗。按照当地习俗,求子之人一般会去奶娘宫上香,希望自己能够早日怀胎,怀孕的女性也常去奶娘宫中祈福保胎。一般是将奶娘脚下的小鞋子带走,等成功怀孕或诞子后再带一双新的小鞋来还愿。桂林村禁止孕妇参与他人婚姻,不能看嫁娶,也切忌触摸喜轿,不能进入婚房。当地人觉得"喜冲喜"不但有损新人的美满和谐,甚至还会影响孕妇本人与胎儿健康。孕妇也不能看葬礼,参加葬礼,吃安葬仪式食物,避免接受丧家的馈赠、避免接触葬礼用品等。当地人认为葬礼为凶,而妊娠为喜,"凶冲喜"会对孕妇和胎儿的健康安全造成不利影响。所以,在婴儿还没有出生时,已经有多种禁忌来保护他的安全。

婴儿出生后就要洗澡。家中的婆婆或者丈夫会去奶娘宫上香。待孩子满月,家人带上蛋酒以及五种水果到奶娘宫里上香。除此之外,家中要准备肉包子和酒送给亲戚,一些村民还会到奶娘宫找法师为孩子起名字。

宝宝出生1个月后称为"满月",又称"出月""弥月"。满月当天,亲友们照例送上礼物祝贺,称为"送满月"。礼物多是衣服、食物、摇篮或者是婴儿车。婴儿戴的帽子最为讲究,须缀有银饰寿星、兽头以及写上"金玉满堂""长命富贵"的词。外婆家送的礼物通称为"送头尾"。"头"和"尾"是指婴儿从头到脚穿的全部衣物和配饰,包括帽子、衣裳、鞋袜、包巾、纸尿裤、被子、银质胸牌(胸饰)、金锁(胸饰)、手环、金脚镯等。主人收完礼物后要回礼,以表达同喜之意。回礼的形式有两种:一种是设宴,俗称为"满月酒";另一种是以点心馈赠朋友和邻里。

当地人对于婴孩的"百日"不太重视,一般是以家庭聚会为主。而周岁生日是人一生中第一个生日,是重要的生辰礼,不同寻常,礼仪也颇为盛大。周岁当天小孩身穿红衣,头戴红帽,脚踩红色虎头鞋,胸前戴有金制和银制的长命锁各一条,有的家庭也会给孩子准备金银手镯等贵重物品,寄予美好的祝福。外婆会给小孩的手脚系上红绳，其寓意有二：一是防止孩子长大后能避免不良行为，二是为孩子正骨塑形，以免四肢不协调。[①] 婴儿周岁当天，家人要祭祖拜神，准备的供品包括馒头和一只整鸡，香菇、粉丝、豆腐等放置在一起，并放上红色的纸，代表生命的延续与喜庆的氛围，另准备两个荷包蛋则代表圆满之意。

村民会在周岁时举行"抓周礼"，根据孩子抓取的物品预知未来。"抓周"是周岁当天最受欢迎的仪式。抓周的物品是象征各行业的小件东西，至少准备六种，如书本、文具、算盘、戥秤、钱币、金银、刀、尺、田土、种子等。这些物品置于供案红布上，让孩子自己去拿，以孩子首次抓取的物品为准，从中卜定孩子将来的爱好和未来，表示对孩童寄予美好的期望。若孩子拿书本或文具，表示聪明伶俐、学习好，日后可望读书为官，名利双收；拿算盘或秤，表示省吃俭用，会做生意；拿钱币或金银，表示财源广进，会成为殷富之人；拿刀子或尺子，表示心灵手巧，会成为能工巧匠；拿田土或种子，表示安守本分，会种田勤耕；拿粮食或玩具，表示有吃有喝，终生乐天知命。抓周结束后要由父亲抱着孩子进行跪拜之礼，并将抓好的物品保管起来。随后家中长辈给祖先烧元宝，祈求祖先保佑婴儿茁壮成长。最后在家门口放鞭炮表示抓周仪式结束。[②] 仪式结束后会举行周岁宴。

现如今，周岁宴还会为孩子准备蛋糕，人们也不再重视抓周仪式的内涵，抓周礼更多的是增加周岁生日时的快乐与喜气。

二、庆生过寿

桂林村祝寿习俗广为流传，主要体现在为子女祈寿、向年长者祝寿。以往孩童逢生日时，家长会煮一碗线面或是米粉，再加上两个鸡蛋。线面和米粉象征长寿和安宁，并以此来祝福子女们平安。村民通常把年过半百的人叫作"上寿"，所以寿庆也叫"做十""贺十"，寓意着祝老人健康长寿。当地人认为寿辰逢九便是凶年，难以跨越，所以一般不是整十岁时祝寿，而是逢九贺寿。60 岁生日开始称作寿，80 岁为大寿。一般庆生过寿的规模与家境和岁数有关。

当地老人过寿，一般会选择初一或初三日。做寿前要事先知会亲朋好

---

① 访谈对象：WCQ，访谈人：马语瑄，时间：2022 年 7 月 23 日，地点：桂林村王氏祠堂。
② 访谈对象：MSM，访谈人：马语瑄，时间：2022 年 7 月 16 日，地点：百岁街。

友,届时亲朋好友备贺礼前来祝寿,一般是赠送寿联、寿幛、寿轴、寿桃、寿烛、衣料、鞋袜、生鸡蛋、猪蹄、猪肉、米线面之类。其中寿面要长三尺,每束要百根。礼品要贴上红纸,或染红以表吉庆。祝寿送礼要根据亲疏关系的不同而定。一般亲戚朋友送布、寿面和寿联之类。女婿给岳父母拜寿时,礼物应该最丰厚。桂林村的女儿女婿们不但像其他亲朋好友那样送布、送鞋、送袜、送巾、送寿联,还必须送去猪蹄以表示敬意。

寿庆之日,主人家常张灯结彩,寿堂装饰华丽。寿堂用红幛做底贴"寿"字,或者将百寿图挂在中堂,点寿烛,两边高挂着亲友祝贺的寿联、寿幛和寿轴,下有香案和寿烛。寿家陈设三牲、酒肴、果品、寿桃于寿堂供桌之上,烧纸放炮,子孙跪地磕头,以祈长命富贵,保佑子孙平安。仪式完毕后,寿翁、寿婆坐堂上,受儿孙、亲友祝贺,称为"拜寿"。拜寿时,寿星位于高堂之上,若寿星夫妻二人均健在,则同坐受拜。子孙及亲族晚辈都要行叩拜之礼,对于其他亲友,寿者则谦避不受叩拜。寿者回礼的红包称为"百岁包"。寿家一般在寿庆日的午间或傍晚设宴款待祝寿客人。筵席中必有线面,俗称"长寿面",面线不剪断,旨在预祝寿翁和寿婆长寿。在旧时,当地人会称过寿为"暖寿",意为主人家与来客在宴席之上愉快地品酒,酒越喝身子越暖和,故有此称呼。席面吃得差不多的时候会上蛋糕,此时开始放鞭炮,以示拜寿礼结束。拜寿这一礼节随着社会观念的进步,跪拜之礼逐渐被淡化。

现在祝寿习俗已经简化,一般在酒楼饭店宴请宾客,家人定做蛋糕,准备祝寿佳语等。近年村民不愿意过寿的原因大多是由于"花费甚巨",在各种节庆宴席之中,过寿的宴席是档次最高、价格也最高。寿家置办的酒席有梭子蟹、对虾、黄瓜鱼、粉扣,还会上牛羊肉。另外还有线面,线面要拉得很长很长,吃的时候不能用筷子搅断,表示寿命很长的意思。更为关键的是过寿时客人来送礼,寿家必须按照送礼数目返还其双倍礼[1]这种习俗导致很多人不愿举办寿宴。

三、分灶仪式

如果过生日意味着家人寄予寿星更多的期望和祈福,那么"分灶"则意味着年轻人要承担起更多的家庭和社会责任,是一个家庭独立走向社会的开端。

---

[1]　访谈对象:WCQ,访谈人:马语瑄,时间:2022 年 7 月 23 日,地点:桂林村王氏祠堂。

分灶一般发生在儿子结婚后，家人提前选择一个良辰吉日，找辈分高的亲戚，一般是请舅舅主持。父母统计好仓库里的粮食、家中的土地、房产和金钱，并根据孩子的数量，买好相应份数的碗和锅。在舅舅的主持下，这些财产分成等份给每个孩子。村民认为老房子的风水好，应由长子传承，故有"长子不离基"的说法，其他儿子分得新房，若无新房子，老房子的前厅则归长子所有。

分家时辰一到，家人就要在老房子的灶里塞进木炭，把灶烧起来，烧得红红火火，还需要炒糯米，即爆米花，代表"发"的意思，希望分家后人丁兴旺。父母还会准备相应数量的盆子，从烧得红红火火的灶里取出木炭，装在盆里给孩子们，每个孩子端着火盆将其放自家灶里烧。分家并非一定要举行，主要取决于父母的意愿，特别是儿媳妇进门后，兄弟、姐妯生活能否协调，如果协调得很好，也可以不用分家。

第四节　特色鲜明的节日礼仪

一、春节之礼

百节年为首，广义上，从腊八节开始再到新年的元宵节，整个春节期间的各种活动才算结束。村民对春节十分重视，除了有复杂的祭祖、游神礼仪外，也是全村民众相聚的盛会。

（一）祭灶

祭灶（送灶君）日各不相同，有"官三民四乞丐五"的说法。在桂林村，相传开闽王王审知建立闽国后，依据身份划定祭灶日，以腊月二十三日为官家祭灶日，腊月二十四日为民家祭灶日，二十五日为乞丐祭灶日。俗称的"祭灶"，就是祭灶神（也称灶公爷），民间称为"司命菩萨"或"灶王司命"。桂林村家家户户都设有灶王神的神位，大多位于灶房的北侧或东侧，正中供有灶王爷的神像。临近祭灶的日子，许多商铺便开始出售祭灶堂。村民家中的祭灶堂每年都需更换，上面会注明更换的日期。但现在很多村民入住楼房，祭灶堂一般都镶嵌在厨房灶台上方墙壁，固定后就无法更换，所以祭灶堂上便不注明时间。缺少灶王龛的人家，则把神像直接贴于墙上，有的神像上仅画灶王爷一人，有的则有二人，女的称为"灶婆"。

灶王爷从上一年的除夕开始便长期留守在家里,以守护和监督全家。村民认为灶王是玉帝派遣到世间监察善恶的神仙,每逢腊月二十四日都要去朝奏玉帝,上报所住之家的善恶行为,而玉皇大帝则根据灶王爷的呈报来决定每家每户未来的吉凶祸福。因此,家家户户对灶王爷都十分尊敬,不能怠慢。"祭灶"就是给灶神饯行的意思。"祭灶"晚上各家都要把锅台清洗干净,点上红烛、烧香、放鞭炮,然后用酒、大米、灶糖、灶饼、五果等祭拜灶王爷。以糖祭灶,有两种不同说法:一是糖是甜的,灶王食后,能够在玉帝面前甜言蜜语;二是糖黏嘴,灶王食用后,在玉帝面前开不了口,坏话说不成。

旧时,祭灶晚上,各家各户都会摆酒席,名为"祭灶酒"。席上菜品多为祭灶神的祭品,摆上菜品后家中长子要走出门外对着天地点香拜神,之后按照长幼顺序大声叫喊一代一代祖宗的名讳,意思是叫祖先回家过年吃饭。仪式结束后,村民还会到各家串门吃席喝酒,一晚上可能去参加好几家的宴席,非常热闹。如今,这一习俗逐渐简化,仅家人聚餐或是三五好友一聚。

（二）除夕

村民需花很长时间来准备除夕用品。从腊月二十二日开始备年货,大年三十上午前完成。年货包括蔬菜、畜禽肉、水产品、豆米、面粉制品、酒、香火、烛、鞭炮、水果、瓜子、糖果、香烟等。总之,要备足春节期间祭祖敬神、待客和自家吃用的物品。

除夕前需要大扫除,房子里里外外,包括大门、窗口、床下及房柱、屋梁等地方的灰尘全部加以清理,天花板上的蛛网、地板缝隙的尘垢等犄角旮旯也不能放过。除此之外,还要清洗厨房、桌凳,洗晒被褥、蚊帐,要有焕然一新的面貌迎接新年。

桂林村过往还有"锤钉子"的习俗,这与传统民居多为木质结构有关。木柱上有加固的钉子,在除夕晚上,老人会去捶打柱上的钉子,使其更加稳固,有时还会钉上几颗新的钉子。此举目的:一是"添丁",希望家中人丁兴旺;二是希望家中老人牢牢地守在家中,也就是祝愿老人健康长寿;三是把媳妇也"钉"在家里,不能被拐跑。[①]

贴红纸也是必不可少的环节。每家每户大扫除结束后即可贴红纸。灶

---

① 访谈对象:WMH,访谈人:马语瑄,时间:2022 年 7 月 23 日,地点:桂林村王氏祠堂。

台、窗户、农具、猪圈、仓库、大门上等都要贴红纸，贴好后相当于把家里的
"气运"给封起来，起到"封印"的作用。① 自此至新年的前三天都不得再往
外倒垃圾。若有垃圾，只能扫在屋内，并且要从靠近屋外的地方往屋内的方
向扫，与平日相反。废水也不能倾倒在屋外，而是先倒进屋内的桶里，至少
等到正月初三日吃过晚饭后才能倒出屋外。一般而言，正月初三日前不可
以提东西到屋外，所以在初三之前若去他人家拜年，则不能提礼品上门。家
里的储藏室也不可以打开，需提前将这三天所需的粮食或其他物品取出。
村民认为新年开始之际财气会汇聚进屋内，若向屋外扫除垃圾，会将财气也
一并扫出去，那么新的一年就没有财运了。

长辈赠予孩童的压岁钱也在除夕晚上赠出。村民忌讳年头时从家里往
外拿钱财，所以会提前在年三十的晚上给孩童压岁钱。但这一忌讳逐渐被
淡化，各家各户在正月串门拜年时，也会给孩子压岁钱。

村民相信除夕守岁能延长自己与家中长辈的寿命，所以每逢除夕夜，每
家每户灯火通明，一般会守到零点之后再睡觉。为避免守岁途中挨饿，村民
会准备米花糖、脆豆等点心。守岁时还要照看灶台里的火种，村民认为"压
火种"能将上一年的东西沿袭下来。火种从除夕夜一直烧到初三，烟囱持续
不断地冒烟，以祈愿家里香火绵延不断、人丁兴旺。

（三）春节

农历正月初一日黎明前，全家人起床，穿新衣裤、新鞋袜站列厅堂前，由
长辈或家长主持礼神、敬祖、祈年，恳求神或祖先赐新年万事如意。由于桂
林村王姓是历经迁徙而来，他们有着强烈的思乡意识，尤其注重敬祀祖先。
正月初一日开始，每家每户都会点香放炮，在灶台上摆上香、烛、供品祭拜。
初一、初三、初五、十三、十五日的早晚都要点香。早晨点香要在早饭前，从
屋里厨房的灶台开始祭拜，再到中堂拜祖先，之后到屋外，对着门口插香拜
门神，顺序是先左后右，再到大门外的香台点香，祭拜天地，意为送祖宗出
门。屋外的顺序不定，先拜门神或者先拜天地都可。晚上点香是在晚饭前，
拜神的顺序与早上相反，意为将神灵迎接进门。点香之前需要净身、洗脸、

---

① 访谈对象：WMH，访谈人：马语瑄，时间：2022 年 7 月 23 日，地点：桂林村王氏祠
堂。

洗手,否则会将不干净的东西带到神灵面前,对神灵不敬。[①]

正月初一日第一餐要吃素,且要吃线面,寓意长寿、日子长久。村民在春节还会选择隐含美好寓意的菜,比如红嘴绿鹦哥——寓意红红火火,豆腐干——寓意平安,年糕——寓意年年高升,竹笋——寓意节节高升,花菜——寓意开花结果等。午餐时餐桌上摆满了鸡鸭鱼肉等,象征着在一年中五谷丰登、财源广进。吃完早餐后,子女要给父母倒红茶,如若父母喜欢喝酒,也可以倒酒。子女还要将"年包"给父母,祝福父母健康长寿。

(四)拜年

在桂林村,村民之间互相拜年是从正月初三日开始,因为正月初一日村民在自己家里忙活,正月初二日过白年。也有正月初一日拜年的情况,但这种情况较少。在旧时,去别人家拜年的礼物,每一份都需要贴上红纸,寓意红红火火。拜年时,主人家必定会用糖、蜂蜜或冰糖泡制的糖茶来招待客人,祝愿新的一年生活甜甜蜜蜜。如路上遇亲友,拱手拜年即可。已婚妇女,必携儿带女和丈夫回娘家拜年。女婿给丈人家拜年要准备好年糕、鸡鸭,再揣上红包,以感谢岳父母养育一位贤惠的女儿,为自己操持好家务,生儿育女。

随着时代的发展,古老节俗与现代信息化生活方式相融合,越来越多的村民选择通过电话、短信来拜年。

(五)过白年

"过白年"习俗凝聚着福安一段悲惨的历史。明嘉靖四十一年(1562)十一月间,倭寇进犯福建沿海地区,烧杀抢掠,福安百姓奋起反击,惨遭倭寇杀戮,死亡多达上万人。直至戚继光率军将倭寇击退,逃亡山里的百姓才于正月初二日回到家乡。他们在家门上张贴白联,哀悼亡故的亲人。[②] 因此,后来正月初二日就被称作"过白年",当地人也都不串门拜年,也不走亲访友。

在桂林村,若外人不知有过白年的习俗,在正月初二日那天来拜访,主人家在接待客人时不泡糖茶。过白年的习俗已经演变成家中有人过世,也称之"过白年"。若前一年有家人过世,那么在第二年的正月初二日开始过

---

① 访谈对象:LNG,访谈人:马语瑄,时间:2022 年 7 月 20 日,地点:商贸街。
② 访谈对象:WAS,访谈人:马语瑄,时间:2022 年 7 月 27 日,地点:城北路。

白年,中堂墙上摆放白底黑字的"白联",将祖先的牌位摆放至供桌正中,两旁放白烛,中间放置香炉,门口的春联外围会镶白边。此外,还会将所有春节布置的红色装饰用白纸白布覆盖。① 过白年祭品与中元节一致,摆放八盘菜祭拜。家人按照长幼顺序跪拜,已出嫁的女儿或者媳妇回来也要哭奠,名为"哭白年"。跪拜完后上香,等待一炷香时间后烧送冥钱。祭拜祖先完毕,需燃放鞭炮。

(六)接神日

传说正月初五日是降神日,当地村民为了迎接神灵,会去宫庙烧香拜佛,最常去的便是五显大帝宫。如不去宫庙则在家焚香。子时之前完成供品等布置,过子时开始迎神。仪式开始和结束时都要燃放鞭炮。迎神之前也要沐浴净身。一炷香后开始烧元宝。村民从迎灶神到正月初五日之前不烧元宝,除非家里过白年才会烧元宝。当地人认为,神明们会在祭灶那天回到天宫过年,正月初五日才下界"上班",所以春节期间没有神灵在"工作",故不烧元宝。② 此外,因神在初五下界,村民怕碰上凶神恶煞,冲撞对方,所以除了到宫庙参加活动外,当天村民一般不会出游。

二、游神之礼

(一)散福会

正月,桂林村每年一度举行隆重的游神活动。如此盛大的游神活动,要有专人对活动事宜进行管理、组织协调。王氏祠堂会组织选出一个由庆诞首组成的庆诞组,又称庆诞委员会来料理此事。起初桂林没有庆诞首的名称,请神游神的活动均由祠堂协调,村民主动前往帮助处理杂事。近几年,随着游神日益隆重,需要大量的人力和财力做后盾,祠堂便决定在高寿之人中选若干人,主持正月神事。祠堂根据本村人口资料,选定当年六十大寿的老人,并从中挑选财力雄厚和声望卓著之人。因为主持人拥有财力可以支持游神活动的经费,拥有声望可以更好协调活动。每年正月二十四日,庆诞

---

① 访谈对象:WMH,访谈人:马语瑄,时间:2022 年 7 月 21 日,地点:桂林村王氏祠堂。

② 访谈对象:LNG,访谈人:马语瑄,时间:2022 年 7 月 20 日,地点:商贸街。

委员会和祠堂理事会欢聚谢元帅宫,共赴筵席,召开散福会表示该年度"神事"结束,村民开始"人事"活动。来年的庆诞首在散福会上由参会人员选举产生,然后对入选人员发出邀请函,接到邀请函者可以拒绝,但这种情况很少出现,因为村民认为组织游神活动是为了村民的利益,于己也是一种功德。[①]

（二）头哥

如果到临水宫请神,请神前一年新婚和刚添丁的男子需要作为"头哥"参加,女性也可以参与迎神。在众多头哥之中,还要安排一位总头哥来组织,但总头哥不一定是新婚或者刚添丁之人,而是由祠堂安排有经验、当年过五十大寿的长者来担任。祠堂请五十岁的人参与迎神活动,寓意是要求他开始承担宗族管理的责任。[②]

（三）启杯

在宫庙中请香要经过巫师问杯,即试探神明旨意。所谓"问杯",就是把两只约掌长、圆形,侧面扁平、一边圆弧凸起的珓杯掷出,凸面"阴",扁平为"阳"。掷珓前先向神明点烛上香,再向神明解释掷珓的缘由,而后拿起珓参拜后在香炉里的香上绕圈,再往上一掷,合掌感谢神明后,捡起地下的珓,再往上一掷,须连续九次"一阴一阳",才算是获得神灵的许诺。在问杯过程中,请神队伍要一直跪着,到正式启杯时,众人呼喊"呜",以示助威。请神时用的神龛里放着香炉,写有神灵尊称,当地人认为神灵在神龛之中,故将其称为"香灵"。选择挑香炉的人也需要"问杯",连续三次一阴一阳,最后一次双阳,此人即获准挑香炉。

（四）游神

正月十二日,祠堂理事会和庆诞会人员将游神的神像和神轿打扫干净并置于祠堂大厅。正月十三日早晨六七时,将神轿抬到桂林大桥桥头与国道交接处,等待游神队伍出发。游神队伍最前面是身着黑、红两色衣帽的法

---

① 访谈对象:WAS,访谈人:马语瑄,时间:2022 年 7 月 27 日,地点:城北路。
② 访谈对象:WMH,访谈人:马语瑄,时间:2022 年 7 月 21 日,地点:桂林村王氏祠堂。

师，鸣锣开道、持令旗之人紧随其后，另有两人扛着"肃静"和"回避"之旗。令旗队的后面是宫灯队，再往后跟着牌队和旗队。村民还抬着"桂林传统文化"和"时和景泰"两块牌匾紧跟其后，再往后就是10个宫庙神灵的神轿。

10个神灵所坐的轿子分为两种类型。第一种是整座轿如同微型凉亭，在装饰部分使用夸张手法放大花纹图案，增强其寓意。轿的顶部为重檐歇山屋顶，屋角翘起，正脊之上装饰龙吻，镶有宝顶。收山部分有悬鱼或牌匾，左右两旁不一致，但相互对应，如"日月""国泰民安""风调雨顺"等，发戗和檐口都做了装饰处理，多为黄铜制花纹。使用这种轿身的是五显大帝、谢元帅、连谢法祖、黄十三相公、虎马将军、福德正神。

第二种是整座轿的形制结构如轿辇。木制长方形框架，由底座、边框、立柱、顶盖构成，轿前挂着红色轿帘，正面上用黄色丝线缝制神灵的尊称，侧面和后面缝制双龙戏珠或花草树木等图案，帘下坠满各色吊穗，立柱上刻有代表吉祥喜庆的半浮雕或浮雕花纹。使用这种轿身的是林公大王和通天圣母。

齐天大圣走在最前面，村民扛着齐天大圣领队牌，牌为长方形木匾，领队牌后是齐天大圣神像。神像放在神轿上，金身缠绕红绸，轿子里面放着元宝。神轿后面是两人手持日月对，将细长的竹竿漆成红色，竿顶黏着黄色扇面，分别书有红色的"日""月"二字。再后面是一人撑着龙伞，即为华盖。此外还有戏剧团的人扮演唐僧、孙悟空、猪八戒和沙僧，孙悟空手持金箍棒，边走边如猴子般左顾右盼，惟妙惟肖。仙桃树放在一辆三轮车上，树是塑料制成的，绿色的枝干上结满粉红的蟠桃，上面还挂着红色小锦旗。仙桃树后是锣鼓队，不时演奏一些流行歌曲。

其余神灵神驾形制大体与齐天大圣相似，都是领队牌、神名对、神轿、日月对、龙伞。而林公忠平侯王、通天圣母、天后除了神驾外，还带有从祖宫迎请回来的香火。开始巡游时，香火亭在神名对之后，一人肩挑香亭，尖的一端放在前面，旁边一人手持龙伞撑在香亭上，一人手持系着龙旗的竹枝。每个香亭旁有一名法师护持，法师戴头甲、红帕巾，腰系裙子，手持铃刀和号角，不时吹奏号角。这三位神灵的神驾后跟随着许多参加请香仪式的村民。通常一位村民参加哪个神灵的请香仪式，就拿香跟随在这位神灵的神驾后。各宫神驾后还有乐队、戏剧队等具有娱乐性质的队伍。其中通天圣母神驾后跟随三十六婆神，婆神是由数十名孩童化妆扮演，之后为马六夫人，由一孩童扮演成一名老人模样，坐在滑椅上，两名男子一前一后抬着她前进。

游神队伍要巡游村中各条巷道,每至一条巷道便燃放鞭炮,往地上洒神水。每经过一户人家,这户人家需放鞭炮迎接,并点香叩拜。拜完后把迎回来的香火与自己家的香火交换,然后插到自己家里。有的村民会摆上一桌好酒好菜敬神,桌上放着给法师的红包,当迎神队伍经过时,扮神之人会做出"品尝"供品的动作,法师则为主人算卦,言吉祥语,而后拿走红包。

图 7-28　迎请妈祖香火用的八角亭　刘琥摄

请神回来后,村民要集中在祠堂祭拜祖先。晚上要请祠堂供奉的诸位祖先看神戏,剧目有《五女拜寿》《天女散花》《送财宝》《八仙过海》等。每年神戏最后一场均为《云头送子》,这是期盼来年多添丁、香火绵长。

三、节日之礼

(一)元宵节

除了春节之外,一年中还有一些重要节日值得重视。农历正月十五日为元宵节,桂林村元宵节民俗流传已久。桂林与周边村落一样,元宵夜有烧篝火习俗,俗称"烧弥堆"。晚饭之后,大家围在一起,在房前屋后的路边上烧篝火,寓意红红火火过元宵。火烧得越旺越好,不可使其熄灭,火堆中间最好有一两块耐烧的大木头,才能使篝火一直燃烧到第二天。村民认为篝火燃旺之后可以辟邪避灾、添丁发财、猪肥牛壮,生活上顺顺利利,日子就如同整夜燃烧起来的炉火一样红红火火。桂林村把烧篝火的习俗放在元宵夜,意味着过完元宵,年就结束了,篝火象征着驱邪避害,人们好开始新一年的劳作。"烧弥堆"的"弥"字指的是佛教中的弥勒佛,即未来佛,"烧弥堆"便是通过旺火向"未来佛"求得万事如意、兴旺发达。

旧时元宵烧篝火(烧弥堆)有一定的讲究。比如要全家老少一起拿柴添炭烧旺火堆,这样全家人都能享受到顺顺利利、兴旺发达的福分。旺火燃起

291

来后,人们要在火边一边祈祷一边转圈,顺转三圈,逆转三圈,三三见九,祝福财源兴旺、人丁茂盛、岁岁平安。如农历2022年是壬寅年,全家人就围着火堆边转边念,"寅年财广进,六甲(六甲指甲子、甲戌、甲申、甲午、甲辰、甲寅)人无恙……"还要时不时地往火上"添财""加薪"图吉利。全家所有人都要来参与到这一活动中,以图旺气冲天。烧篝火是为了祈福,在祈福之后,小朋友们也要走街串巷看红火。村民认为,谁家的火堆旺,谁家的旺气就大。若是有人去年遇到晦气和不顺心的事,就要把旧鞋子旧衣物在火上烤一烤,并将新一年还要穿的旧衣服拆下几根线丢到火中烧掉以示"除秽"。年龄逢九和本命年的人,还要拿五色线、米包等丢进火中"祈福"。① 总之,烧篝火就是为了新的一年顺利美满,是村民对美好生活的一种期盼。

2018年之后,桂林村通过"白改黑"工程,将原来的水泥路面改铺成沥青。由于沥青经受不了持续的高温,所以元宵烧弥堆的习俗也受到影响。一部分村民到溪边烧篝火,一部分村民淡化这一习俗,另一部分村民则在路面上置火炉或锅来烧火堆。

(二)二月二

农历二月初二日相传为土地公(福德正神)诞辰的日子。村民认为劳动耕种的收成受土地神控制,所以村民拜土地神非常虔诚,把二月初二日视为每年农事活动开始的重要节令。村民通常会准备糕点供品,到土地祠烧香、点烛,祭祀土地公,以保佑开春耕种顺利,五谷丰登。

(三)清明节

清明节通常在农历的二、三月间,处在仲春与暮春之交。每年清明节前后七到十天都可以进行祭扫,选在清明节前后五天的人较多。祭扫日子还需要考虑生肖的对冲,一般会选一个与家人不会对冲的日子。清明节的祭扫一般是上午举行,但需要在十二点以前完成。村民认为阳间中午十二点已经是阴间世界,此时阴间是下午三点。阳间的下午三点是时辰交替的时间,也是阴间下班的时间,阴间与阳间相交汇,阴间的阴魂会出没,此时进行祭扫活动对生人不利。清明扫墓,被看作是对祖先的怀念,长者要带领后辈上山,拜访先人墓地,让后辈了解先辈墓地所在,叮嘱后人勿忘先人。而远

---

① 访谈对象:ZRS,访谈人:马语瑄,时间:2022年7月18日,地点:桂林村王氏祠堂。

在外地者,通常也要回家过节、扫墓,全家团聚。

在福安,有给娘家祖宗扫墓女儿女婿一家也要去的说法,以显示男女平等的观念。但桂林村对此并不强求,女性亲属一般不参加扫墓。旧时人们认为女儿无须承担供养父母亲的责任,但现在观念有所改变。祭扫的时候以男性为主,女性在家准备菜品。祭墓选择的日子不能和牵头人犯冲,且要尽量保证不和家族参加祭墓的人犯冲。

清明节的祭扫是在坟墓旁进行,需要准备一些供品。如果有人去世,当年日子对冲就不能安葬,而是在三年内择到合适的日子再下葬。如果去世当年未能下葬,在下葬时要摆猪肉、竹笋、豆腐干、鸭蛋、墨鱼、鸭子、螃蟹、虾、干谷、年糕、蔬菜等供品,且需丰盛一些,这次祭祀被称为"开山祭"。这八大盘要用盘担挑着到墓上(盘担类似于扁担,中间是一根长杆,左右分别四层,放四个盘子)。一般清明节要摆三盘祭品(一刀肉、墨鱼/带鱼、鸭蛋),八盘菜(寓意着平安大吉、吉祥如意)和五果(五果是指香蕉、苹果等水果,不能用梨,因为梨与"离"谐音),此类祭品规格较高,具体数量和种类一般也会视家庭情况而定。此外还需要准备三杯茶、三杯红米酒和光饼。光饼又被称作"祖宗饼",清明节祭扫必须带上。当地有俗语道:祭墓不带饼,祖先偷拿锅。还要准备烧给祖先的纸钱。村民需将元宝箔纸叠成长条形,当地人认为这样能让纸钱的面值增大;三开大的纸钱,撕成三段,拉起来呈一串的样子。此外还需要准备金包、香、蜡烛、鞭炮等。

图7-29　光饼　王乾明摄

图7-30　祭祀用品　周敏摄

在祭扫之前,需把祖先坟墓旁边的杂草打扫干净,然后摆上供品,放一挂鞭炮表示仪式开始。再点上三炷香和两支蜡烛，表示欢迎祖先和神灵。然后按照天地、土地神、祖先顺序祭拜。当地的墓穴左侧都会立碑，上面写着"福德正神"，即土地公（土地神），祭拜土地公时面向该碑进行祭拜。祭拜天地不需要摆祭品和香烛，祭拜时手握三炷香拜三下之后将香插入香炉里，最后双手合十拜三下，即礼成。祭拜土地公的拜法同祭拜天地一样。其他祭拜都要放两支蜡烛、三炷香，祭拜祖先的最后还需要叩拜三下。

供品的准备有两种，第一种是将土地神与祖先的供品分开准备，等祭拜土地神的香烧至一半，再祭拜祖先；第二种是土地神与祖先使用同样的供品，祭拜土地神之后，等香烧至一半，再将供品端到墓碑前祭拜祖先。祭拜用的三杯酒与三杯茶不能通用，必须分开准备。香烧完代表神灵或祖先已经用过祭品，此时才能烧纸。土地神作为神灵，用的是专门烧给神的元宝。给祖先烧的是"三开"纸钱。纸钱烧完以后，下山之前要再放一次鞭炮，代表祭扫结束。下山时，要把带的光饼分给路人吃，不论男女老少，认不认识，每个人都可以领两个。给路人分光饼有两层寓意，首先是分享食物，告诉他人来扫墓了；其次是在食物匮乏的年代，光饼是难得的食物，哪里有鞭炮声传来，人们就会过去帮忙打扫卫生，从而分得两个光饼。如今，清明节祭扫只带很少的光饼，路人往往也不吃，一般带回家分给左邻右舍。清明节祭扫用的是半生不熟的菜品，祭扫结束后，一部分会放在原地给山林野兽虫蛇吃；另一部分供品则会带回家继续加工用来聚餐，全家的人借此围在一起吃饭，共聚一堂，联络感情。

（四）端午节

在端午节这一天，村民们会在桂林大桥下举行祭河神、祭屈原仪式，当地称之为"桥头祭"。仪式前要准备两根香烛、香炉、祭品，祭拜前先念疏文，随后烧掉。祭拜时手握三炷香，拜三下之后将香插入香炉里，最后双手合十拜三下，即礼成，之后烧元宝。仪式开始和结束时都要放鞭炮。如果是在桂林大桥做祭祀，祭品会转移到桥下枕流石上，祭一炷香的时间，之后再将祭品拿走，然后举行赛龙舟。每年端午节前后，桂林村都会举行龙舟竞渡活动，场面壮观，气氛热烈。

村民在端午节这天还会在门前挂艾草、菖蒲等草药，通常会将它们用红纸扎成一束，然后插悬于门口。艾草和菖蒲都是药用植物，除有驱虫的药效之外，人们还认为二者能招福祛邪。除此之外，村民还会在房前屋内喷洒雄黄酒,有的村民也会喷在身上,起消毒作用,同时具有保平安的寓意。

端午时,桂林村村民还盛行送节的习俗。结婚后三年里,女儿的娘家在端午前要给孩子送节饼,俗称为"送节"。节饼外壳撒着芝麻,里面装着蜂蜜,经过熬煮后整个饼会膨胀起来。娘家将饼送到女儿家后,女儿要将饼分给左邻右舍或亲戚。此外还要送两把油扇给女儿公婆,油扇可用于扇风或遮挡太阳,另外再添上两套夏天穿的衣服,分别给女婿和女儿。作为回礼,女婿则要给岳父母送节鱼,通常是黄瓜鱼。

(五)六月六晒书

农历六月初六日,据传是龙王爷晒鳞日。村民认为当天晾的衣服不易滋生虫螨,故有读书人晒书、居家人涤井之俗,之后,慢慢演变成"晒书日"。这一天各寺院会晒经书。这个习俗是因为当地雨水充沛,雨季长,六月初六日进入小暑的日子,天气晴朗,日晒充足,所以人们会在这个时候将家里的东西拿来晒一晒。[①]

(六)七月半

在桂林村,除了春节,最重要的日子就是七月半了,也就是中元节。相传七月半是鬼门大开之日,鬼魂能够在这一天返回阳间归家探亲,阳间的人要提前准备迎接工作。村民通常会提前一个月开始准备冥钱。冥钱的种类多样,有金包、纸钱、元宝等。

金包,用黄纸叠成四四方方的形状,大约半寸厚,里面包着纸钱,侧面贴着红纸。给过世的人烧的元宝不同于烧给神明的金元宝,给祖先的元宝名为"元宝锭",先叠好,烧的时候再拆开。元宝材料分为两种,都名为"泊纸",第一种是在方形黄纸上贴上方形银箔;第二种是用两张纸制成,一张在底部,为贴有两处银箔的长方形黄纸,另一张叠在上面,置于正中位置,形状小于底部黄纸,上方印有白底红纹的符文,中间写着"老太乙正三开"字样,四周布满回字纹。叠法分为三种:第一种是折成立体的元宝形,顶部与底部都有封口,形如船舶;第二种是底部封口,顶部留口呈圆形;第三种是将黄纸横向先对折,将之分为两半,每一半从相反方向再对折一次,形成两条"屋脊",再将每条"屋脊"两端往里按压出折痕固定,最后呈船的形状。

---

① 访谈对象:WMH,访谈人:马语瑄,时间:2022 年 7 月 19 日,地点:桂林村村委会。

纸钱是将一张黄表纸撕成中间不断裂的条状，撕成三条为"三开"，撕成五条为"五开"。纸钱撕成条状，代表零钱。清明节通常烧三开纸，七月十五日烧五开纸。

图 7-31　祭祀用品　毛戈辉摄

七月半还要烧一份钱单，单子上需写明姓氏源流、祖先谱名、时间、祭拜人性别等。格式为"祖父某某某一位正魂收纳""祖父某某某、祖母某某某两位正魂收纳"，后面接着写"性别、关系"，如"阳男孙"。

据介绍，当天，要把单子放在家里供桌上，用筷子压在钱单上面，待祭祀仪式结束之后烧纸。纸钱摆成几堆，烧纸要从辈分最高的长辈开始。晚辈一定要交代给了多少钱，并告诉祖先这些钱拿去要慢慢花，要存到"银行"，不能拿去赌博，钱不要乱花掉，没事的时候不要回来，请你的时候再回来。烧的时候要把钱单一起烧，因为钱单上记录着纸钱的数量，每堆纸钱的金额，都写得很清楚。这样祖先才知道自己领到多少。祖先就拿这份钱单交给挑夫，存到阴曹地府的"银行"里。①

过中元节需提前将屋子打扫干净，布置供案，将祖先的牌位摆放至供桌正中，两旁放白烛，中间放香炉。家人准备一桌饭菜放置于供案前的八仙桌上。与清明节不同的是，中元节所用的供品会更加丰盛、更加高档，而且是用熟食祭拜。每家通常会像摆宴席一样摆上十多盘，最少也要摆上七盘，但一定要是单数，单数意味着祖先一个人来一个人走。选用的祭品包括：一整个猪头、墨鱼、黄瓜鱼、带鱼、虾、鱼肝（鲨鱼肝）、排骨、五花肉、绿豆扣、勾芡的豆腐汤、蟳（螃蟹）、笋、鸭子、鹅、馒头、饭以及祖先爱吃的菜等。五果、茶、

---

①　访谈对象：WCQ，访谈人：马语瑄，时间：2022 年 7 月 17 日，地点：桂林村王氏祠堂。

红米酒也都要准备。

家人把菜摆好后，再倒酒，先敬上一杯茶、一杯酒，并盛上一碗饭。此后，家里长子要点三炷香到大门外露天喊祖先名字，一代一代祖宗都喊回来过节，然后放鞭炮表示祭祖开始。

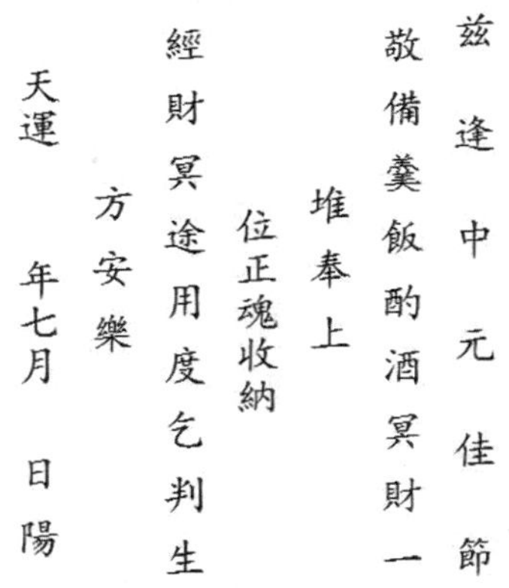

饭菜摆放在桌上后约半小时内不能动，这被认为是祖先用餐的时间，如果有飞虫落在饭菜上不能驱赶，因为人们认为这可能是祖先的灵魂。八仙桌的座位安排也有讲究，辈分最大的男性祖先坐在北面左侧的座位，其次坐在其右侧，以此类推。过世三年内不可上主桌，需在八仙桌旁配置小桌供奉。除了供给祖先之外，也考虑到了"挑夫"和"客人"的安排。在八仙桌的边上放几个盅碗，四个角放单根筷子，表示有客人来，要多摆几个席位。挑夫就是祖先带来挑金银财宝的。祭祖用到的食物虽已煮熟，但在祭祖之后还需要重新炒制才能食用。旧时物资匮乏，供品会被家人聚在一起吃完。如今，部分人认为祖先吃过的食物不干净，大都会把供品丢掉。除了祭品之外，还需要准备一盆洗脸水、一块新毛巾、一块香皂，供祖先回来时使用。

仪式开始时需燃放鞭炮，面对祖宗牌位烧三炷香，在每盘祭品上插一炷香，待一炷香时间后，在家门口烧纸钱和钱单，此后再次燃放鞭炮表示仪式结束。

村民认为在中元节祭祖的时候不能见到祖先，见到了祖先就意味着见到了鬼，接下来一年运气会非常差，故小孩子不能参加祭祖。村民有两种解释：一是认为小孩子活泼好动，会摆弄给祖先的祭品，引起祖先不满；二是认为小孩子可以看见大人看不见的东西，在祭祖的时候能看见祖先围着桌子吃饭。此外，当地人也认为祭祖的时候，客厅不能有镜子，否则从镜子里会看到祖先。

在中国传统文化里，祖先崇拜一直占据着举足轻重的地位。族人会将祭祀的过程记录在族谱之中，让子孙后代学习。如今祭祀祖先成了一种情感表达的方式。无论是否意识到这一点，这种习俗和礼节都会让子孙后代

兹逢中元佳节
敬备羹饭酌酒冥财一
堆奉上
位正魂收纳
经财冥途用度乞判生
天运　年七月　日阳
方安乐

图 7-32　钱单样式　马语瑄摄

对家族产生一种绵绵延续的情感。祭祀仪式既能教育后人遵守伦理，又能增强家庭成员之间的情感纽带和凝聚力。

（七）中秋节

农历八月十五日是中国传统的中秋佳节，俗称"团圆节"。在桂林村，中秋节前女婿要向岳父母家赠送中秋礼物，俗称"送中秋"。新婚、未婚女婿尤重此礼。女婿第一次送节，叫"大中秋"。"大中秋"的礼品要厚实，以月饼为主，再加上酒、鸭、黄瓜鱼等。女婿还需给岳父岳母送上十余斤的大猪蹄。娘家在收下礼物后要以粉扣（当地也称豆扣，主料为绿豆）及其他物品作为回礼。

（八）腊八节

农历十二月初八日是腊八节。在桂林村，这一天会举行施粥活动，施粥地点通常在文化站门口。村里的志愿者们用银耳、桂圆、核桃、红枣、花生一起煮成粥，然后分发给需要的村民。一些志愿者还会把腊八粥送到街口以及一些老人的家里，以方便更多的群众取用。很多村民还特地从家里赶到施粥点，将腊八粥带回，与家里人一起分享。这既有号召大家善待社会上生活困难的人的意义，也有一同过节的意思。

传统节日是自然时间和人文时间相结合的产物，能够彰显传统文化。在旧时，传统节日主要体现人类顺应自然、敬畏自然、传承记忆的功能。随着社会发展，人们更加重视国家和社会对自身生活的影响，传统节日亦渐渐世俗化，成为家庭聚会或者集体欢庆的重要时刻。传统节日的意义从本质上发生了改变，由自然性、宗教性逐渐转变为社会性和政治性。

节日礼仪的演变是社会发展的必然结果，是文化变迁和社会生活调整的产物。随着时代变迁，古代和现代的各种文化因子交织在一起，节日礼仪也呈现出多样性的特点。传统节日习俗在保存文化多样性和人类文化遗产、弘扬人类文明等方面仍具有重要作用。

结　语

　　桂林村村民在优越的自然环境下,勤劳奋斗,重农重商,孕育了独特的区域文化。今天,我们在桂林村调查发现,经济基础和传统文化是桂林乡村发展、凝聚村民力量的两个重要基石。

　　桂林村村民有重商的传统。这个传统的形成和延续主要有三点因素:一是村民所处区域多山少地,仅靠农业种植难以使宗族变得强大,且村庄位于穆阳溪边,水运便利,这为村民的发展寻得商机;二是王姓宗族要在区域中享有一定的地位,获得更多的权利,就需要强大的经济力量作为支撑。王氏与缪氏宗族存在竞争关系,尤其是历史上王氏与缪氏在螺峰山争讼时未能获得优势,使得族人更加重视发展商业;三是经济的发展促使宗族更加团结,反过来宗族凝聚力不断巩固,也有利于集体经济的发展。改革开放后,以经济建设为中心的观念深入乡村,村干部和村民时刻想着促进村里经济发展,在这种理念的指导下,经济建设成为乡村发展的核心,村集体多方尝试发展集体经济,村民个体积极创业经商,村委会抓住机遇谋划投资发展,这些都是将王氏经商的传统予以延续。

　　在经济得到发展的基础上,村委会对于村民的需求也积极予以回应,通过设置坐班制的服务窗口,优化村委会职能,为村民提供便捷的服务。村民的监督和民主权利行使也更加规范化,乡村治理成效突出。村委会职能的充分发挥也逐渐赢得村民信赖,承接了传统宗族的部分职能。尤其是在多种姓氏人口集中居住的区域,乡村治理规范化有利于稳定乡村秩序,保障村民的权利。与此同时,宗族的职能被进一步替代,村委会成为乡村治理的核心。

　　在优越区位因素和重商传统刺激下,村民各自寻求增加家庭收入的途径,这促成了桂林村经济类型多样化,三大产业同时得到发展,整体性经济效益更加明显。村民从事的不同经济类型得到了互补,使得经济发展进入良性循环。村民发挥各自特长，促使桂林形成完整的茶产业链条，且不断向周边区域扩展，传统产业成为保障村民收入的重要依托。桂林村不单纯地追求特色经济类型，而是鼓励村民发展多种经济，有效避免了因不可抗拒因素和市场变化带来的副作用。多样性经济的共同发展，有效地保障了村民的收入相对稳定，为他们过上美好的生活增添了信心。

宗族是继承和发扬传统文化的强有力依托，祠堂是重要场所，祠堂理事会是保障宗族凝聚和组织祠堂活动的核心。在传统社会，宗族之间矛盾的解决、族内集体事务、对外竞争、游神踩街都需要大量的人力，宗族在调配人力上可以充分发挥其职能，在传承传统文化上也具有优势，所以宗族已经成为传承弘扬传统文化的重要力量。然而，现代性文化，如网络文化、新媒体文化等都在一定程度上限制了宗族职能发挥，甚至部分地取代了宗族组织协调的职能。因为新媒体技术和流行文化的传播和发展深受年轻人喜爱，在这些文化世界中，年轻人几乎忽略宗族的存在，他们有自己的生活圈子和交往界限。所以，当宗族遇到现代性文化时就显得力不从心，至少对于现代性文化的组织和接受存在一些阻碍。宗族的承继延续，需要更多的年轻人参与其中。桂林村村民认为，宗族事务的传承需要老年人帮助年轻人来完成，通过组织游神活动、修谱、祭祖等具体活动来凝聚族内力量。今天的宗族理事会主要是维持宗族的繁衍和发展，而对于区域内集体事务如修路建桥、抢险救灾等方面的组织功能，都已经转移到村委会。

现代医疗技术的发展和全民医疗保险的推广有力保障村民的身体健康。但现代医疗技术的推广追求正规化、一体化，难以真正体现区域特色。而青草药则是村民食疗的主要来源，村民对于身体的日常护理离不开它。这一饮食传统仍然被村民证实是有效的，无论是本地村民还是已经外迁的村民，都难以割舍对传统的青草药的依赖。我们也见到，现代医学技术的发展，有力保障人口的繁衍，进而影响了村民对生育神灵的信仰。

新时代乡村振兴重视农村文化和教育发展。随着现代文化传播技术的发展，村民了解接受外界文化十分方便，但对于区域文化了解的不足或缺失也日益显现。宗族组织虽然在传统仪式上得以维持，但已少有人了解这些仪式的来龙去脉。需要注意的是，村民仍然积极探索将传统文化和新乡风有效结合起来的路径，部分村民也通过不同的家庭教育方式悄无声息地传承传统文化。但令人忧心的是，对于失去土地的农民而言，通过教育改变后代身份地位是最佳途径，然而失去了传统文化植根的土壤，那么传统文化如何得以原真地传承呢?

　　在传统社会,多神信仰是村民精神生活的重要组成部分,也是保护本族文化的重要依托。在与天主教的竞争中,传统的民间信仰得以强化。在现代科学进一步普及、医疗技术日益先进、经济结构发生根本性改变、传统社会逐渐被重构的背景下,传统的信仰体系也不可避免地发生改变,但人口繁衍、平安健康仍然是村民最朴素的愿望,也是民间信仰持续存在的重要因素。

　　面对现代文化的冲击,影响最大的是传统礼仪。传统礼仪固然有其繁复的一面,简化虽已是趋势,但村民在简化的同时也加入了新的仪式。传统与现代礼仪可以通过礼仪程序、礼仪主持人等进行调和,令二者不断融合,以符合不同人群的需求。传统礼仪不可能一成不变,不断演变才是常态,也是适应剧烈变革的社会的最好方式。

　　综合而言,桂林村整体性经济是乡村治理、经济发展、宗族繁盛、教育提升、文化多样的基础,而多方参与的治理体系、多样性的社会需求、多层次的商业结构、多面性的乡村文化也成为整体性经济持续发展的重要保障。

参考文献

一、史籍论著

1.福安市教育志编委会编：《福安市教育志》，福州：海峡文艺出版社，1995 年。

2.周祖颐编：（光绪）《福安乡土志》，清光绪三十一年（1905）京华印书局刊。

3.福建省福安市穆云畲族乡志编纂委员会：《穆云畲族乡志》，北京：方志出版社，2018 年。

4.福建省闽王桂林祠：《桂林闽王文化》，内部印刷，2016 年。

5.桂林闽王祠理事会编：《桂林闽王文化》，内部印刷，2021 年。

6.郭专主编：《中国闽东茶叶大观》，香港：中国新闻出版社有限公司，2011 年。

7.侯谨度：（乾隆）《福安县志》，乾隆四十八年（1783）刻。

8.《开闽桂林太原王氏族谱》（1945 年），手抄本，桂林村王氏祠堂藏。

9.蓝炯熹主编：《穆云畲族乡志》，福州：海峡书局，2014 年。

10.林炳钊主编：《闽都女神陈靖姑》，福州市仓山区旅游事业局、福州龙潭角陈靖姑祈雨处编印，2004 年。

11.刘晓恩、刘毓华主编：《秋园人物》，香港：中国档案出版社，2015 年。

12.陆以载纂：（万历）《福安县志》，李健民整理，北京：中央文献出版社，2003 年。

13.缪小宁：《闽东苏维埃 1934》，北京：中共党史出版社，2014 年。

14.宁德地区地方志编纂委员会编：《宁德地区志》，北京：方志出版社，1998 年。

15.欧阳宗书：《中国家谱》，北京：新华出版社，1992 年。

16.唐永基、魏德端:《福建之茶》,福建省政府统计处,1941年。

17.陶宗仪:《陶宗仪集》,徐永明、杨光辉整理,杭州:浙江人民出版社,2005年。

18.王维梁、刘孜治修纂:(民国)《明溪县志》,厦门:厦门大学出版社,2008年。

19.张景祁等纂修:(光绪)《福安县志》,台北:成文出版社,1967年。

20.张天禄主编:《福州人名志》,福州:海潮摄影艺术出版社,2007年。

21.张先清:《官府、宗族与天主教:17—19世纪福安乡村教会的历史叙事》,北京:中华书局,2009年。

22.政协寿宁县委员会编:《廊桥流韵:寿宁廊桥文史资料大观》,福州:海潮摄影艺术出版社,2008年。

23.政协寿宁县委员会编:《寿宁文史资料》第11辑,内部印刷,2000年。

24.钟敬文主编:《民俗学概论》,上海:上海文艺出版社,1998年。

二、论文及其他

1.陈婷婷:《村落的神明——桂林人的宗教信仰世界》,厦门大学硕士学位论文,2013年。

2.范建华、秦会朵:《关于乡村文化振兴的若干思考》,《思想战线》2019年第4期。

3.《闽福安职中机制改良茶试验成功》,《中国实业》1935年第1卷第6期。

4.宋纬文:《刍议民间青草药食疗方的特点》,《中国民族民间医药杂志》2002年第3期。

5.詹绍江、黄秋云、李晓玲:《浅谈青草药》,《海峡药学》2014年第5期。

6.张昆玉:《穆阳社会剪影》,《省行通讯》1940年第4卷第5期。

7.中共福安县委办公室:《闽东首家茶市开业前景看好》,《福安快报》1989年第4期。

后　记

　　2022年5月，三峡大学民族学院安排我于7月份带领2021级11名民族学硕士研究生，赴福建福安市桂林村开展田野调查。这个田野点是经民族学院院长曹大明教授、特聘教授蓝炯熹老师考察后，并与桂林村村委会多次协商沟通才确定下来。我虽然做过田野调查，但是带领这么多学生要在田野点停留这么长时间还是第一次，顿感不易。第一个不易是安全问题，这么多学生在外地，如外出调查、高温天气、饮食习惯、人身安全等一系列问题都需要有充分的准备；第二个挑战是语言，我担忧的是学生因与当地村民语言不通，无法快速进入田野，也就无法完成学院交办的任务。桂林村虽是个大村，文化资源丰富、地域文化鲜明，但如果我们不能深入田野，恐怕有负重托。然而，已经领命了，也只能靠我和同学们共同去克服。

　　从接受任务开始到田野调查之前，大概有一个月的时间。我每周和同学们见面，共同熟悉桂林村的基本情况，学习蓝炯熹老师编撰的《穆云畲族乡志》以及其他书籍，通过网络尽可能多地找到桂林村的相关资料；拟定一些专题，做好调查问卷，以备不时之需；准备好田野调查需要的物品，不断强调田野调查的注意事项。与此同时，民族学院积极与桂林村联系，明确我们此行的任务和目标，请求村里为同学们的日常生活做出安排。

　　在临出发前，我和周敏、吴嫦、陈怡妃、刘琥组建了临时党支部，积极准备党建活动的相关资料。在一切准备就绪后，我能明显感觉到同学们有一些期待。7月1日凌晨4时，学院副院长罗凌教授送同学们到宜昌东站。我提前至福州火车站迎接同学们，并一同前往宁德。桂林村党总支书记兼村委会主任王全忠安排了三部车将我们从宁德动车站接到桂林村，到达桂林时已近23时。

　　7月2日上午，桂林村委部分成员和负责编写村志的乡贤同我们一行召开座谈会，较为详细地介绍了桂林村的基本情况。后来在调查过程中证明，这些乡贤是我们搜集资料最有力的保障。在座谈会上，蓝炯熹老师提出了希望我们成为"新桂林人"的期望，我们十分赞同并期待。座谈会结束后，我们一行即开始调查。

调查一开始，不出所料，大家都遇到了语言问题。同学们就在卡片上写着"村志""暑期实践"这几个字，很多村民一看卡片就明白我们的用意了。后来一些村民告诉我们，"你们刚来时，村里有人在传，来了十几个说普通话的骗子"。我们稍感震惊，竟然成了"骗子"。三四天后，随着沟通的深入，同学们已经可以把卡片收起来，慢慢进入了田野调查的状态。同学们回来常说"上午茶喝饱了""今天桃子吃饱了""今天遇到一个超热情的村民"。这些都是他们发自内心的感谢！我听到这些话，顿感欣慰，暗自高兴。半个月后，我们在入户访谈时，有村民对我们说："哦，你们就是那些说拜拜有礼貌的学生啊！"听到此话，我们倍感欣喜。

调查的时间是短暂的，但收获是丰硕的。我们利用调查所得的资料撰成此书，主要分工如下：第一章，黄祥深；第二章，陈怡妃、张向阳；第三章，谭雅云、吴嫦；第四章，周敏、毛戈辉；第五章，潘宏特、蒙祖娟；第六章，刘琥；第七章，陈睿琦、马语瑄；结语，黄祥深。黄祥深负责统稿，并对部分章节内容进行增删或改写。在调查过程中，张向阳、毛戈辉将桂林王氏族谱电子化，周敏、蒙祖娟、谭雅云、吴嫦抄录了部分档案。

我们一行能有收获，要感谢各方的帮助。感谢桂林村两委为我们提供良好的田野点，使我们有机会充分了解桂林村厚重的历史和丰富的乡村文化。感谢桂林村两委和桂林村王氏祠堂竭尽所能地保障我们的日常生活，为我们顺利完成田野调查提供了最基本的保障。感谢桂林村王氏祠堂理事会为我们提供了良好的工作和饮食环境，还为我们体验桂林村浓厚的宗族文化提供了帮助。感谢桂林村志编纂委员会为我们提供宝贵的资料。感谢福安市档案馆、穆云畲族乡政府在我们搜集资料时提供帮助。感谢福安金山王氏祠堂理事会、南岩村委会、竹洲山村委会的热情接待。

感谢桂林村党总支书记兼村委会主任王全忠、副书记王成书、村副主任王进忠、村妇女委员陈碧英为我们调查提供帮助。感谢桂林村志编撰人员王长青为我们提供丰富的资料，耐心地为我们述说桂林村的历史文化。他还特别关心我们的日常生活，常常为我们送来自种的穆阳水蜜桃。感谢桂林村王氏祠堂理事会理事长王少雄照顾我们的日常生活，一直努力地想办法改善我们伙食。感谢桂林村驻村干部王茂华日夜陪伴我们做调查、整理资料,为我们解决很多困难,成为同学们亲切的"叔叔",从您身上我们感受到了您对家乡文化的热爱和深厚的文化素养。祠堂理事会认为我们来自湖北,口味偏辣,特意找了一位四川籍村民李春梅照顾我们的饮食,不曾料到,我们一行真正来自湖北的只有一位同学,其他的都来自全国各地,口味也不尽相同。桂林村村委会得知这一信息后,告知春梅大姐尽量照顾我们的饮食习惯,一些菜放点辣,一些菜清淡点,面食和米饭轮流供应,让我们十分感动。春梅大姐也成为我们的"信息员",为我们调查提供了很多线索。

感谢王建华茶厂负责人王建华、螺峰正传烤肉店负责人王乾明、万丰农业机械有限公司负责人王柳的热情接待和帮助。感谢穆云中心小学王月霜老师和她的团队为我们一行展示了自编的快板和舞蹈。感谢穆云中心小学张荣声老师为我们提供了丰富的资料。感谢王寿城、王建梅、王少华、王安生、林奶贵等村民为我们提供大量资料。还要感谢众多接受我们访谈的热情村民。

感谢蓝炯熹老师为我们到桂林村开展田野调查牵线搭桥。我们一行在调查期间,蓝老师不辞辛劳带我们走访了福安市档案馆、穆云畲族乡政府、福安市民宗局、南岩村、福安金山王氏祠堂,拓宽了我们的视野。蓝老师十分关心同学们的日常生活,帮助同学们解决调查时遇到的困难,耐心指导同学们写作。

感谢三峡大学民族学院给予我们田野调查的机会,并全力支持我们开展调查。感谢民族学院原党总支书记鲁春立、原党总支副书记田辉、民族学院特聘教授董建辉、党总支书记兼执行院长曹大明、副院长罗凌、副院长王彦淞、院长助理宋雨熙等领导的大力支持和鼓励。感谢罗凌、刘冰清、李虎、皮泓漪、周红英、李扬、周慧慧、唐普等老师对田野调查提纲提出宝贵意见,并认真细致地修改部分章节。感谢厦门大学出版社薛鹏志、陈金亮、黄友良等编辑尽力审读校理,避免了诸多偏差失误。

参与这次调查的同学,他们当中有部分是第一次走进真实的田野,但所有的同学都能坚持到底,冒着酷暑依然行走在桂林村的田野上。每天晚上我们共同整理资料、交换信息、撰写日志。虽然我们都遇到过挫折,但在桂林村村民的支持和帮助下,我们都收获了地方知识并感受到了村民的热情。虽然身子瘦了,但脑袋胖了。也感谢同学们的理解和包容。

因我们一行对福安历史了解有限,对桂林村的历史和现状了解还不够充分,加之田野调查时间短暂,本书不足之处难以避免,敬请读者批评和谅解。

　　在即将离开桂林村时,我们都认为这次田野调查是我们一生难以忘怀的美好记忆。我们期待与桂林村再次相遇,也衷心祝愿桂林村未来更加美好。

黄祥深

2023 年 12 月